36 lessons
of official document writing

笔杆子修炼36堂课

公文写作精进之道

薛贵辉——著

清华大学出版社
北京

内 容 简 介

本书是《公文写作32讲：从思维构思到笔法语言》的姊妹篇，旨在破解公文写作理论与实践的"相约难题"。作者将自己20年一线写作经验加以升华，围绕"洞见""学习""修改""修炼"，打造成36个写作专题，靶向式"挠痒痒"。

本书最大特点是跨界思考、迭代思维、激活思想，来自实践、拿出实招、指向实战，综合运用多学科知识，以灵动的思维、生动有趣的语言，循循善诱，揭示写作的"底层原理"，具有思想性、启发性、实战性，不禁让人感慨：原来，公文写作还能这样学！与其说本书是"公文写作技法"，毋宁说是"思维训练心法"，适用于所有从事文字工作的职场人士参考。如果你是爱思考的人，本书非常解你的"渴"。

图书在版编目（CIP）数据

笔杆子修炼36堂课：公文写作精进之道 / 薛贵辉著 . —北京：清华大学出版社，2022.9
（2023.5重印）

（新时代·职场新技能）

ISBN 978-7-302-60880-6

Ⅰ.①笔⋯　Ⅱ.①薛⋯　Ⅲ.①公文－写作　Ⅳ.① C931.46

中国版本图书馆 CIP 数据核字 (2022) 第 083106 号

责任编辑：刘　洋
封面设计：徐　超
版式设计：方加青
责任校对：宋玉莲
责任印制：丛怀宇

出版发行：清华大学出版社
　　　　　网　　　址：http://www.tup.com.cn，http://www.wqbook.com
　　　　　地　　　址：北京清华大学学研大厦 A 座　　　　邮　　编：100084
　　　　　社 总 机：010-83470000　　　　　　　　　邮　　购：010-62786544
　　　　　投稿与读者服务：010-62776969，c-service@tup.tsinghua.edu.cn
　　　　　质 量 反 馈：010-62772015，zhiliang@tup.tsinghua.edu.cn
印 装 者：三河市东方印刷有限公司
经　　销：全国新华书店
开　　本：170mm×240mm　　　印　　张：20　　　字　　数：359 千字
版　　次：2022 年 10 月第 1 版　　　印　　次：2023 年 5 月第 6 次印刷
定　　价：99.00 元

产品编号：096590-01

自 序

我在机关工作近 20 年，发现一个令人困惑的现象：磨刀的通常不砍柴，砍柴的一般不磨刀。

说直白一点就是，懂理论的一般不写材料，写材料的往往缺乏理论；会讲的大多不会写，会写的大多不会讲；好听的不好用，好用的不好听。搞研究的人热衷于"阳春白雪"的殿堂理论，实际写材料的人大多满足于屡试不爽的"独门绝技"，只要工作过得去，不管出拳是否符合"套路"。所以，在公文写作这片星辰大海中，理论和实践总差着"最后一公里"，二者如同牛郎与织女，难以相会。

所以，讲好公文写作课的关键，就在于解决好"最后一公里"难题，把理论引向实战，从实践中升华理论，因为公文写作是应用写作，以"用"为主，不接地气的理论如同空中楼阁、海市蜃楼，虚幻无用。

如何促成理论和实践的浪漫"约会"？

方法无非两种，要么让理论走向实践，要么让实践走向理论。对前一种而言，把懂理论的专家请来写材料最直接，但行不通，因为几乎没有哪位功成名就的专家还有必要或有意愿找这份工作。于是只有第二种可选，即让写材料的人懂理论，把实战经验系统化、理论化，变成可复制的东西，变"野路子"为"家路子"。

问题是，第二种方法有个前提：需要一群有实战经验的人来干这事儿，既舍得分享自己的"独门绝技"，还能研究理论，让理论与实践发生"化合反应"。谁愿意干这件难事呢？可喜的是，早有同行担起了这个使命，出版了不少优秀书籍，我为这种精神所感动和鼓舞。作为一个在机关写作近 20 年的人，既是前辈经验的受益者，也有义不容辞的"传帮带"责任，有必要把我的经验分享给更多的人，有责任为"最后一公里难题"出点力。

于是，我决定写书。

正所谓"春江水暖鸭先知"，以我在写作一线的切身体会，我懂大家需要什么、困惑什么，所以我心目中的书，首先应该来自实践，并从实践中得到理论升华；其次应以用户为中心，有务实管用、专挠痒处的干货。不仅如此，语言还要让人听得懂、记得住、忘不掉，不罗列硬邦邦的教条，只以柔软的文字靠近读者。最为重要的是，不简单讲"应该这样写"，而应注重思维启发，从实践中找到理论依据，讲清"为何这样写"。

打破公文书籍的"刻板印象"，把书写得既有实用性、理论性，还有启发性、趣味性、思辨性，是不容易的。幸运的是，一次偶然的阅读，给我开了一个脑洞，作者借军事策略来谈商业生态链的构建，于是我尝试跨界思考谈写作，跳出文稿思考写作，尝试用身边的事物取喻类比，揭示写作的基本规律。我尝试以军事眼光来思考写作，惊讶地发现，写作与领军打仗何其相似，稿子如战场，主题如主帅，素材如兵马，谋篇布局如同排兵布阵；以建筑视角来思考写作，发现文稿与建筑也很相似，二者都有主题、层次、框架、装饰。写作像极了建筑施工，设计、施工、审核、验收这些环节都体现在写作里。不仅如此，我还发现，雕刻、音乐、绘画、数学、医学、经济学等学科及镜子、梳子等日常物品都暗藏写作智慧。基于这个洞察，我大胆付诸实践，跳出公文看公文，从多种学科中取喻借鉴，跨界思考，探寻事物间的底层规律。几年下来，收获颇丰，先后借"相对论"谈写作方法的多变性，借"进化论"谈成长机制的建立，借"博弈论"谈写作中的协调，借打仗谈素材积累，借中医理论谈文稿瘦身，借数学"不等式"说精简文稿的误区，不一而足。我边研究，边分享，有的发表在国内公文写作核心期刊上，有的发在公众号"一纸文章为时著"上，有的通过"云岭大讲堂"讲授。很多人感叹"没想到写公文还可以这样思考"，认为跨界思考很有意思，不仅能打开脑洞，启发思维，直击本质，还让公文写作理论变得有趣了。

写作是一场辛勤的耕耘活动，这几年，辛苦的付出结出了甜蜜的果实，不仅赢得了大量读者的信任和认同，还迎来了"32 讲"和"36 堂课"两本书的诞生。我大胆跳出文稿讲文稿，用全新视角、多学科理论来讲写作，在结构设计上，采用"课"的形式，针对写作中"最关心、最直接、最现实"的问题，靶向式"挠痒痒"，语言上大胆使用网络热词、新颖观点，保持思维"在线"，可以说是有料、有趣、有味。另外，每讲（课）前都摘录名家观点，复盘构思过程，以便读者把握创作"机理"，解锁创意"密码"。两书虽是公文写作书，却不限于公文写作，也不限于党政机关，但凡搞文字工作的都可使用，还可当作思维训练书。

本书与《公文写作32讲：从思维构思到笔法语言》是姊妹篇，探讨如何认识公文写作、积累写作素材修改打磨文章、涵养职业道德和经验复盘，建议两本一起读更好。全书36堂课，分为4篇。第1篇从写作观点、本质规律、写作的难处和好处、写作习惯等讲写作认知；第2篇从收集、管理、运用素材，学习文件、阅读书籍，借鉴模仿等讲学习积累；第3篇从修改意识和方法，错误辨识和处理，文稿瘦身等讲修改方法；第4篇从笔杆子成长的方法、意志、情怀、路径、灵感、态度、实例和经验复盘等谈职业道德修养。

一路走来，真心感觉：写材料难，写书更难。

茨威格在《人类群星闪耀时》里写道："一个人生命中最大的幸运，莫过于在他的人生中途，即在他年富力强的时候发现了自己的使命。"我在不惑之年发现了自己的使命，并为之付出了努力，毫无疑问，我应该感到幸运。为此，五年来，为了写书，我忍受了无数的清苦、寂寞，很多人不解，认为这样不值得，但我选择了坚持，因为我知道我要做什么，正如王鼎钧先生《作文四书》里写的："我是赤着脚走路的那种人，路上没有红毯，只有荆棘。中年以后整理自己的生活经验，发生了一个疑问，当年走在路上，前面明明有荆棘，为什么走在前面的人不告诉我呢？前面有陷阱，为什么没有人作个标记呢？前面有甘泉，为什么去喝水的人不邀我同行呢？经过一番研究，我知道一般人在这方面是很吝啬的。于是我又衍生出一个想法：我一边赤脚行走，一边把什么地方有荆棘、什么地方有甘泉写下来，放在路旁让后面走过来的人拾去看看。"写了近20年的材料，我也不吝于"赤脚走路"的人，我因而特别希望把文字路上的"荆棘""陷阱"标出来，把规律找出来，把"甘泉"引出来，让路上的同行好走一些，让愿意走这条路的人多一些，更热闹一些。

当然，文字工作是场漫长的"马拉松"，是一个久久为功的过程，每一步都是学习力、思维力、意志力、创造力、道德力的综合修炼，千万急不得，因此我最担心初学的朋友急于求成，耐不住性子，吃不了这种苦。格拉德威尔在

《异类》里提出"一万小时定律"，这是成长型思维的体现，是有道理的，一个人不管干什么，一万小时的锤炼无疑是从平凡变成专家的必要条件。请相信，任何努力，只要在长期主义的复利下，一定会积累成奇迹。

你只要选择了写作，只管风雨兼程！

而我，愿意为你铺路搭桥，请跟我走吧！

薛贵辉

2022 年 4 月

目　录

第二篇　学习

汝果欲学诗，工夫在诗外

第三篇　修改

好文章都是改出来的

第四篇　修炼

人在事上磨，文从心里走

第一篇

洞见

认识写作，才能爱上写作

偏见比无知离真相更遥远。

——列宁《给〈莱比锡人民报〉编辑部的公开信》

在现实工作中，很多单位出现"一笔难求"的现象，大家都不想写材料，一个重要原因就是对文字工作的本质、价值、规律认识不清，或有偏见，这种错误的认知决定了错误的心态，从而影响了行为。

本篇围绕"如何认识写作"讲 7 个问题：

◆ 认识写作：笔杆子的"10 大心法"

◆ 本质规律：精进写作的"9 句箴言"

◆ 勇敢的心：笔杆子的难能可贵之处

◆ 写作红利：写作的"溢出效应"

◆ 写作价值：从登徒子的遭遇看能写的人有多厉害

◆ 写作习惯：高效率写作的 10 个习惯

◆ 以人为鉴：曾国藩给我们的写作启示

第1课	**懂得写作，才会爱上写作**
	——笔杆子的"10大心法"

　　有人说写作靠天才，其实这话并不尽然。所谓的天才是什么？天才的定义，是一分灵感，九分出汗，这句就是说要多写多看。关于多看，中外书籍都应当看，不但是文学，就是心理学、自然科学、社会科学等都应当抱着"开卷有益"的态度去多看。胡适之、梁任公，都有青年必读书目，要选择去读。因为多看可以：扩充情感上的经验，使未经验过的事能以从书上经验到。学习用字，用字对于写作，正像钥匙开锁一样，只要运用得纯熟，便可门门俱通。

——冰心

本课导读

　　在文字工作岗位上干了近20年，我发现很多人一谈写材料就害怕，能不沾手就不沾手，沾了手的希望早点脱手，有的人甚至说"干什么都行，就是别让我写材料"。结果就是，愿写的越来越少，会写的越来越苦，怕脱不了手，于是也不敢说自己会了，等到要写材料时，总是一笔难求。究其深层次原因，有文字工作辛苦的问题，有用人导向不对的问题，当然，最关键的还是认知出现了偏差。所谓"知为行之始，行为知之成"，正是因为很多人对文字工作的本质、价值、规律认识不清、有偏见，进而影响了心态，心态出了问题，就会影响状态，最后影响行为。因此，要解决写作问题，首先还得从认知入手，把思想上的问题解决了，再去寻找技术方法。本课将个人亲身经历凝练成十句话，希望能够引导大家树立正确的写作观，只有懂得了写作，才会选择写作、爱上写作。

本课核心观点

- 你有你的计划，世界另有计划
- 写作不是简单的文字工作

- 天赋是块挡箭牌
- 表面乐此不疲，实际都是责任
- 别怕当幕后英雄
- 贴个标签又何妨？
- 不是会了才写，而是写了才会
- 不能不会写，不能只会写
- 精进需要长期主义
- 越是没人干，越要顶上去

做任何事都是这样：懂得了，才会去热爱。

一个人对事物本质、价值和规律的认知，直接决定其态度。是否会选择它，接受它，热爱它，取决于能否读懂它。一个人要靠近文字工作、拥抱文字工作，先得读懂文字工作，深刻洞见其本质、价值和规律，即树立基本的写作观。

写作观是文字工作起航的地方，是写作之路的指南针、方向标，如果没有正确的写作观，写作之路就不能起航，更谈不上行稳致远。

我从自己 20 年"爬格子"的体验中萃取出 10 句话，姑且算是我的基本写作观吧！希望有助于你深化对写作的认知。

1. 你有你的计划，世界另有计划

很多人都有做职业规划的冲动，未来干什么、不干什么，期望按计划塑造自己的未来，可现实往往事与愿违。这让我想起曾经读过的两本书：一本是何帆的《变量》，一本是万维钢的《你有你的计划，世界另有计划》。这两本书的名字暗含一个道理：计划没有变化快。

在职场中，我们该按计划行事，还是顺其自然？

有计划固然是好事，不过有时还真得顺其自然。就比如我，刚参加工作时，就没有干文字工作这个打算，然而，却在文字工作的路上"爬"了十多年。

2003 年 10 月，我刚工作不到两个月，就摊上了大事儿——上级单位搞优秀社区评选，领导让我写申报材料。要求是：特点鲜明、案例翔实、数据准确。材料是这次申报的重头戏，领导说："能不能评得上，就看材料写得怎么样了。"我感到压力很大，心想：如果写不好，麻烦就大了。我的文字基础实在太差，那时的我连公文基本格式都不甚熟悉，遑论写出特点了，心里一点底都没有。我带着几近哀求的语气跟领导说："我没有写作经验，能否换个人来写？"领导笑了笑说："都是边干边学过来的，经验嘛，多写几次就有了。"话已至此，没啥可说的，华山一条路：只有硬着头皮上。领导还反复叮嘱我不要害怕，也不要着急，先拿个初稿出来再说。

于是，我开始了"爬格子"的痛苦旅程。那几天对我来说非常煎熬，白天到处找材料，向同事请教经验，晚上加班整理。心里着急，有天夜里还从梦中惊醒过来。三天后，我忐忑不安地向领导交了初稿，领导看完后，把我叫到办公室，先是一番表扬，说我如何如何用心，如何如何辛苦。说完以后，话锋一转，开始点问题，边说问题，边教我标题如何取、结构如何布局、语言如何规范、素材如何选取。由于基础不好，这些问题听得我云里雾里，没想到一个申报材料竟这般复杂，深深感觉写作不简单。庆幸的是，领导是个有耐心的人，虽然我接受慢，但他不厌其烦地教我，也不厌其烦地修改，如此反复"折腾"了六次，到第七稿方才定下来，让我叫苦不迭。

后来，社区申报成功，领导很高兴，在很多场合都表扬了我，说我能吃苦，顶得住压力，还说我有写作的潜质。我备受鼓舞，从此与文字结缘。几年以后，我从一个"门外汉"慢慢地入了门，口碑也越来越好。五年以后，区里从基层挑选工作人员，我因为"有"文字功底，幸运地被选中，调到区委办公室负责文稿起草，成了专业笔杆子。写作给了我一个很好的表现舞台，这是当初没有想到的。后来，因为文笔好，我顺利通过省里的选调考试，调到省级部门工作，直到今天，成为一名处级干部，都是顺其自然、顺应需求的结果。

现在想来，若是依我当时的想法，可能永远也不会在公文写作上有所领悟，也不会有后来的成长机会。我越来越觉得：一个人走什么样的路，不在于有什么如意的打算，而在于能否顺应变化和需要。有时看似明显的不可能，却能打开意想不到的可能。

2. 写作不是简单的文字工作

有些人以为，在机关里写材料，无非就是玩拼拼凑凑的"文字游戏"，只要文字功底好，都能写出好文章。这种认识显然过于肤浅了。写作不是简单的文字工作，绝非拼拼凑凑这么简单，更不是给人娱乐的游戏。

就拿我在基层工作时的一个例子来说：

有一次负责起草一个报告，当写到"重大项目建设取得新成绩"部分时，发现初稿中的一个疑点——"引进 2 个重大外资项目，总投资近 5 亿元"，我感觉这句话有问题，因为按当时招商引资状况，两个项目总投资才 5 亿元，进不了当年的重大项目行列，况且按外资项目的统计惯例，一般以美元为计量单位，怎么可能才 5 亿元？想到这一层，马上与原单位核对。果不其然，是部门在上报材料时，错把"5 亿美元"写成了"5 亿元"，少打了一个字，结果有天壤之别！正所谓"差之毫厘，失之千里"。这句话单从文字层面看是没有任何问题的，如果仅限于此，可能就要闹笑话了。

作为文字工作者，思考的不仅是文字的准确性，更要思考问题的合理性、对策的科学性、措施的可行性。通过这些年的实践，我深深感到，写材料不是简单的文字工作，它是要用文字来认识问题、分析问题和解决问题的。大稿子须有大智慧。在这个材料里，只有对招商引资和项目建设工作规律有准确把握和理解，才能洞察到问题所在。

文字只是表达的工具和手段，一个人写材料，不应仅仅停留在文字技巧上，更应该学会谋划工作、思考问题、当好谋士，从战略角度把握形势，对事情作出合理考量、准确判断和有效应对。所以，不要把写作当成简单的文字功夫，更不要把它当成文字游戏，它是一门思考哲学，也是工作的智慧。

3. 天赋是块挡箭牌

人与人之间会因性格、兴趣爱好、成长环境等因素，对某些事情的领悟表现出个体差异，有的领悟得快、领悟得深，有的则不然。

对前者，人们通常会说他们"有天赋"，或"这个人是干这事的料"。这就带来一个问题，有些人在不想干某件事情的时候，就会先预设一个"不是那块料"的前提，然后推出"干不好工作"的结论。

显然，这是一个逻辑错误。

经常听到身边同事说："太佩服你们材料写得好的人了，我是没有这方面的天赋，所以不是写材料的料，以后还是干点别的为好。"我不太赞同这个观点。我知道，这只不过是借口而已。但我想说：一个人能不能干好某件事情，很大程度上不是靠什么天赋，而是靠后天的努力。

　　拿我来说，就谈不上有写作天赋。记得上小学那会儿，最害怕老师布置作文题了，写的作文每次都干巴巴那几句，不像其他同学写得有声有色，富于想象。在我印象中，没有一次作文被老师表扬过，对写作也总提不起兴趣来。参加工作后，最怕的事情就是写材料，每逢接到任务，就备感焦虑，有时急得晚上睡不着觉，即便勉强憋出一篇来，往往也会被领导改得面目全非。

　　后来，由于工作需要，我开始研究写作。有段时间，几乎把写作放到了所有知识场景中去审视，心心念念。考建造师时，觉得写作就像建筑施工，"设计—采购—施工—监理—验收"过程与写作的"构思—调研—起草—校对—审签"过程有异曲同工之妙。考环评工程师时，发现生态环境受水（地表、地下）、气、声、固体废物等环境因子影响，文稿也受主题、结构、语言、材料、修辞等因素影响。考消防工程师时，感到消防的报警系统、灭火系统中有严密的逻辑关系，一篇文稿也是一个系统，文字单元间也应有严密的逻辑关系。不仅如此，在读历史、经济学、管理学甚至心理学方面的书籍时，都会习惯性地把知识跨界迁移到文稿写作中，寻找相通的底层逻辑。我仿佛把公文写作作为堆积知识的一个架子，一点一点往上摆，久而久之，架子上的东西越来越多，逐渐形成了体系，我也就获得了能力的迭代。

　　这让我想到弘一大师李叔同在《晚晴集》里说的："世界是个回音谷，念念不忘，必有回响，你大声喊唱，山谷雷鸣，音传千里，一叠一叠，一浪一浪，彼岸世界都收到了。"我对文稿的思考，也是这样，心心念念中回响。同时，我抓住每次写作机会，刻意练习，每写一个稿子，就总结一次经验。功夫不负苦心人，十多年下来，获益匪浅。

　　美国作家格拉德威尔在《异类》一书中写道："人们眼中的天才之所以卓越非凡，并非天资超人一等，而是付出了持续不断的努力。一万小时的锤炼是任何人从平凡变成世界级大师的必要条件。"这就是著名的"一万小时定律"。所以，在写作的道路上，我不相信天赋，更愿意相信"一万小时定律"，写作能力就像身上的肌肉，只要你按科学的方法去锻炼，时间长了，肌肉自然就会凸显出来。希望你也相信这一点！

4. 表面乐此不疲，实际都是责任

　　人们常说："干我喜欢干的事情，那是福气。"

人人都希望有这样的福气，然而能享这种福的人毕竟是少数，绝大多数只能接受这样的现实：放弃自己的兴趣爱好，干社会需要我们干的事情。

有一次，一位同事问我："你写材料写得这么好，一定是发自内心喜欢写了。"坦率地说，还真不是。

说到兴趣爱好，刚工作那会儿，我喜欢法律工作，恰巧干的是司法调解，很对我"胃口"，在工作中自得其乐，绝不想换。可好景不长，在司法所干了不到一年，领导就找我谈话，说办公室缺人手，尤其缺乏写材料的人，决定把我调过去。这太突然了，当时正准备司法考试，我十万个不愿意。可领导说了：这是工作需要，不是喜欢不喜欢的问题，得服从组织安排。就这样，我走上了令人望而生畏的文字工作岗位。虽然开始不喜欢，可干的时间长了，我也慢慢懂得了文字工作的价值，心态发生了变化，从开始的害怕、回避，变为坦然、淡定。

其实，现实经常欺骗我们的眼睛。当我们看见很多人做事情乐此不疲、自得其乐时，就以为是兴趣使然，事实并非如此。乐此不疲的底层逻辑不是兴趣，而是担当，或多或少，还有几分无奈。只不过，他们能说服自己干好它，并苦中作乐、痛并快乐罢了！

5. 别怕当幕后英雄

文字工作是一种幕后工作，这种工作几乎都是在办公室里独自完成的。通常，当业务部门同事结束一天辛劳，准备回家陪家人吃顿可口的饭菜，陪孩子玩耍，释放一天压力时，正是文字工作开始的时候，有时甚至要通宵达旦。

然而，不管你熬过多少个通宵、改了多少遍稿子，也不管你为"吟安一个字"拈断多少根须，抓破多少层皮，别人只关心材料好不好，很少有人会问材料是谁写的，过程有多艰难。

我越来越觉得，文字工作就像系统后台里默默运行的程序，缺了它不行，但程序是怎么运行的，往往看不见，也很少有人去关心。有些人正是惮于这种状况，不愿当幕后英雄。其实，文字工作看似在幕后，也有走到前台的机会。

2013 年 4 月，我写了一篇"关于新的工业革命的思考"的文章，发表在本省的一个重要刊物上，这个刊物是专送领导参阅的。我们单位领导看了文章后，认为写得好，既跟上理论前沿，又深入思考工作，于是作了很大一段批示，让办公室印发给全系统同志学习。文章印发后，有很多同事来找我，探讨写作经验，他们都称赞我写得好、有见地，说要向我学习。我完全没想到，写篇文章还能有这么大的影响。

在此鼓舞下，我这些年督促自己不要停歇，坚持每日思考，每日动笔。后来，我又陆续写了多篇文章，在《秘书工作》《应用写作》等刊物上发表，反响都很好，"名气"越来越大，很多单位请我去讲课，交流写作心得，我抓住机会，把我这些年的感受和经验与大家交流，获得了更多的理解和认同。通过这种方式，我从办公室走上了讲台，从幕后走上了前台，获得了表演的机会。现在想想，愈发觉得：所谓"台前""幕后"，并没有不可逾越的壁垒。

文字工作与其他业务工作，各有各的舞台，各有各的表现方式，只是上台方式、表现形式不同而已，关键看你如何把握。真心希望，已经从事文字工作的人和即将从事文字工作的人，千万不要害怕当幕后英雄。因为，你在暗地里付出的每一滴汗水、每一滴心血，你经受的每一点寂寞、每一次折磨，都会变成一面镜子，把你最精彩的表演反射到别人心里。

我一直认为，一个真正的笔杆子，不仅要做到肚子里有"墨水"，心中有自信，还要做到胸中有情怀。退一步讲，即便是当了一名永远上不了台的幕后英雄，那也是一种修炼，一种涵养。偶然间，看到路遥《平凡的世界》里的两句话："人处在一种默默奋斗的状态，精神就会从琐碎生活中得到升华！""即使没有月亮，心中也有一片皎洁"，我觉得，放到这里，特别合适。

6. 贴个标签又何妨？

曾有同行吐槽，最怕人夸他材料写得好，怕人管他叫笔杆子，怕叫顺口了，也顺手给他贴上一个"只会写材料，不会干事情"的"书呆子"标签，从而限制了未来的发展。这种担忧谁都有，不过，实践证明是多余的。

姑且分两个问题来论证。

至于"是否会限制发展"的问题，我看不见得会。事实是，很多人都是这样一路走过，一路向前，我也不例外。过去这十多年，我从基层街道到区级部门，再从区级部门到市级部门、省级部门，从一名普通办事员，成长为处级干部，每一次工作变动、职务调整，都离不开写作的加持，都是写作为我赋能。正是那些年写过的稿子，我在创造它们的时候，它们也创造了我。如果没有写作这个"撒手锏"，肯定不会有这么多改变自我的机会。对我来说，笔杆子这个标签不仅没有成为枷锁，反而变为阶梯，助我前进。事实证明：会写材料是好事，不是坏事，谁掌握了它，就掌握了进步的通行证。

关于"会不会干事情"的问题，关键还得看人。不管是谁，只要把问题琢磨清楚了，方法找对了，条件具备了，都可以把事情干好。从某种意义上讲，写材料就是研究工作的过程，会写材料，就等于会分析问题，更利于解决问题才对。本人在基层工作期间，也曾当过办公室主任，每天要协调处理里里外外很多事情。调到省里工作以后，一段时间还有幸被抽调参与对外合作工作，具体负责与兄弟省区的一个重大项目合作，涉及很多组织协调的事情，可谓事无巨细。说起来，这应该算"干事情"的范畴了吧？在干这些事情过程中，我不但没有出现"不会干"的情况，相反，还因为写材料的惯性，但凡动手之前，都习惯性地思考几个问题：是什么、干什么、为什么干、怎么干、关键在哪儿，把事情从逻辑上推演一遍，如果事情复杂，还会把问题一一记下来，以防遗漏。结果就是，做起事情来得心应手。

这说明什么问题？

这说明，会写材料不但不会使人不会干事，反而能让人顺利干好事。我真心想说：一个真正的笔杆子，应有对写作必要的价值认同，不能妄自菲薄，也不用怕被人贴标签。要知道：贴到身上的标签不可怕，可怕的是从心里长出的标签。即便被别人贴了也无妨，因为是骡子是马，拉出来遛一遛就知道了。

7. 不是会了才写，而是写了才会

这些年，我最怕听到的一句话就是："我不太擅长写材料，还是让 ××× 来写吧，他写得好！"

姑且不论此话的心态如何，单说推演的逻辑就有问题。这个逻辑问题在于，颠倒了事物的因和果。任何事情都不是会了才去干，而是干了才会的。你不干，怎么谈得上擅长呢？谁都是干出来、学出来的。

对于文稿写作，尤其如斯，光说不练，那是假把式。

刚参加工作那会儿，我是个如假包换的公文"小白"，不夸张地说，我连公文有多少文种、哪些是上行文、哪些是下行文、请示与报告有什么区别、标准格式该如何这些最基础的问题都不甚了了。但自从被领导赶鸭子上架之后，我就坚持做三件事情。

第一，看别人怎么写。大家都知道，收发文是办公室的一项重要职能，我利用这个便利，先睹为快，重点关注上级来文。从简单的通知开始，看人家如何排版，如何取标题，如何分条表述，慢慢就找到点感觉了。正所谓"观千剑而后识器，操千曲而后晓声"。

第二，问别人怎么写。每接到写作任务，我就先找有经验的前辈请教，一些专业问题还咨询具体负责同志。最重要的是，我会逮住机会，向领导报告自己的构思和考虑，请领导指点指点。领导见我积极，也乐见其成。写完以后，我再请他们看，帮我提意见，改正不足。这样，不仅让我集"百家所长"，避免走弯路，快速精进，同时还增进了情谊，营造了和谐的氛围。这叫站在巨人肩膀上，看得更远，走得更快。

第三，看自己怎么写。什么意思？就是构思时多问自己几个问题。譬如，写作意图是什么、要表达什么观点、如何谋篇更合适、材料怎么来、哪些该写、哪些不该写、哪些先写、哪些后写，不一而足。写完之后，再回过头来审视，与同类文稿作比较，综合审视差距在哪里、哪些是创新的、哪些是借鉴的，这叫"知人者智，自知者明"。

这几年，我反复做这三件事情，把每次写作当成练兵机会。从通知、请示、报告这些基本文种开始，一个一个地攻，从标题、结构、语言、修辞等要素着手，一块一块地啃。功夫不负有心人，七八年时间，常用文种写了不下百篇，终于悟出了不少道理，积累了经验，对文稿的理解逐步深入，不知不觉间，也就"擅长"写材料了。

若是有人问我这个过程的奥妙，我乐于打这样一个比方：写材料就像游泳，如果不下到水里反复游，即便你脑子里有一万种游泳的理论，照样游不动。所以，说一千道一万，关键还是要去做，其实世间万事何尝不如此，在"会"与"不会"之间，就差一个"干"字。那些表面看起来长在人家心里的才华，实际是在忐忑不安中试探出来的，看似出口成章的金句，实际是在千百次推敲中推出来的。

8. 不能不会写，不能只会写

笔杆子难当，不是随随便便就能练成的。

我记得以前有位领导讲过，当好办公室秘书，关键有三点：一是坐下来能写，二是站起来能说，三是走出去能干。说实话，这是一个很高的要求，不能不会写，又不能只会写，既要专业，还得广泛，这确实很不容易做到。

写是一种穿透力很强的硬核能力！会写行遍天下，不会寸步难行，职场中人真的要会写才行。一个人，无论在什么级别、什么单位，无论干什么，都需要动笔。哪怕在企业车间当工人，哪怕在基层一线当民警，或在社区服务群众，概莫能外。不会写材料行吗？三百六十行，行行需要写。想一想，工作开干之前得有个计划吧？干完后得总结成绩吧？如果工作干得有特色，说不定还要宣传报道，你得给媒体提供素材吧？

可以说，有工作的地方，都有写作。

有人做过研究，在党政机关中，70% 的工作都是文字工作，如果你不会写材料，很难适应工作需要。可是，话要说回来，光会写，不会说、不会干，也不行。现在任何单位都需要多元人才，老板也希望自己的员工是多面手，不仅能把问题想清楚，还能写通顺、说明白，遇到问题还搞得定。如果你只会写，那就很难适应这种多元化需求。若想适应这样的需求，关键在于提升综合能力。衷心建议笔杆子们始终保持一种开放心态、空杯心态，做到"知行合一"，把动脑、动口和动手结合起来，通过刻意练习，成为写作的高手、说话的"名嘴"、解决问题的能手。

9. 精进需要长期主义

在学习写作过程中，有的人渴望成长的心情过于迫切，巴不得写个一年半载，三五个稿子就炼成如椽巨笔。

这显然是不切实际的，不符合文字工作的规律。因为，文字工作本来就是一场漫长的马拉松，如果不调匀呼吸，遵循规律，是很难坚持跑下来的。

我读过同行一篇文章，作者提到一个观点：文字工作者的成长，需要经过"写得像""写得是""写得好"三个阶段，这三个阶段是循序渐进、逐步迭代的，从这个角度看，我的成长也经历了三个阶段。

第一阶段，追求"写得像"，花了大概五年时间。这个期间，我主要在街道办事处工作，可以说是从零开始，"依葫芦画瓢"，关键就是写得像，有公文该有的"范儿"。这一阶段，是学习写作的起步阶段，通常能做到写像就行了，随着工作经验的积累，才会由浅入深，从本质上去理解文稿。

第二阶段，追求"写得是"，花了大概六年时间。2008 年，我从街道调入区委办公室工作，这也成为我写作的转折期。这一时期，接触面广了，思考问题的尺度也大了，写作的要求自然要跟着提高。记得领导跟我们说：只有熟悉工作、理解工作，才能写到点子上。所以，在这几年中，我花大量功夫研究工作，抓住陪同领导下基层调研的机会，掌握工作情况，听一线的同志讲。时间一长，我看待问题更深刻了，基本能够抓住问题的核心和关键。这样，我写的稿子就更能贴近实际、反映规律性，把问题说清楚。"写得是"这个阶段，是文字工作者必不可少的境界。你想想，如果一篇文章脱离了实际，歪曲了事实，如何能够得出正确的观点？又如何能够把问题解决掉？显然不行。但我知道，真正的高手，还有更高的境界。

第三阶段，追求"写得好"，这个可能要花我一辈子的时间。写得好为什么是最高境界呢？因为它有不同的考量维度，它可以是美学的，可以是科学的，也可以是社会学、管理学、经济学的，不同的维度有不同的评判标准，写好一篇稿子容易，写好所有的稿子难。所以，我虽然在提升，但离"写得好"还有一段走不完的路。

古人说"罗马不是一天建成的"，笔杆子也不是一天炼成的，它需要一个人在这条路上持之以恒，永不停步地往前走！既然上了路，就不要怕遥远，慢慢向前走，迟早都会到达。有道是"板凳需坐十年冷，文章不写半字空"，文字工作这场马拉松赛跑，拼的是耐力、是时间，万万急不得，唯有久久为功、绵绵发力、心平气和的人，才有"撞线"的机会。

10. 越是没人干，越要顶上去

在机关里，文稿写作这个岗位被普遍认为是"冷板凳"。按人的本性，很少有人选择坐"冷板凳"，大家都有"蹭热点"的冲动。你想想，在热门岗位工作，干热门事情，多有吸引力啊！然而大家都想热门，就活生生制造了一个"超冷"现象：一笔难求。

我注意到，这是很多单位的普遍问题，即便在人才济济的各级党政机关办公室系统，也不例外。愿意坐下来写稿子的人，数量不多，能守得住清贫和寂寞的人，就那么几个，少之又少。

十年前，有个朋友跟我讲了一个故事。

那一年，他们单位内部机构改革，实行岗位人员"双向选择"，其实就是处室选想要的人，人也可以选想去的处室，双方都"情投意合"了，就成了。这一搞不打紧，我朋友所在处室的领导着了急。这个部门人很少，只有三个人，一个处长带着他和另外一个老同志，人手少，材料多，早就申请增加人手了。心想这次机会终于来了。不过，报名结果却出人意料。偌大一个单位，近两百号人，竟没有一个愿意到他们处，都往"热门"处室挤，更为雪上加霜的是，原来那位老同志还申请轮岗，报了其他业务部门。这让他们很受伤，也很着急，不得不去找单位领导"诉苦"，当然，领导自然站位高，顾得全。一看这架势，只有启动特别程序，通过做思想工作，进行"拉郎配"，调和"冷热不均"的问题。于是，展开了强烈的"思想攻势"，按处里相中的人员名单，一个一个地找人谈话，按图索骥。最后，还是两位新来的年轻人觉悟高，"积极"顺应了工作的需要。这样才算圆满解决了这次"报名危机"。

现在已经过去十年，他们的情况怎么样呢？

我不知道这十年他们付出了多少，不过可以看见的是：这位朋友和其余两位小伙伴都已脱颖而出，成长为处级干部，而其他人大多还在原地"打转"。其实，在任何一个单位里，岗位的"热门"与"冷门"是相对的，关键看你怎么干。如果你是积极向上的人，冷板凳照样能坐热，如果你是消极混日子的人，热板凳也迟早会冷。有时候，越是没人上，你的舞台越宽阔。在别人选择回避时，你顶了上去，这就是一种担当。你还没有出场，就已掌声阵阵！

费了这么多笔墨，讲了很多道理，可能有的朋友会认为过于小题大做了，没这个必要。可我觉得，有必要。知为行之始，行为知之成（王阳明），如果认识问题不解决，你走得越快，可能离目标越遥远。

最后，我还想说，写作就是自己为自己创造一个世界，正如葡萄牙著名作家费尔南多·佩索阿，他一辈子没有离开过里斯本，可他用《惶然录》向世人示范了一件事：心灵可以纵情于一只墨水瓶里，就如同置于巨大广漠的星空之下，任何生活都可以通过写作进入永恒。

每个人都渴望永恒，接下来你会怎么看待文字工作呢？

相信答案你已经找到了！

第2课　你若参透，便是高手

——精进写作的"9句箴言"

有思想的作家，若预备写出一点有思想的作品，引起读者注意，推动社会产生变革，应当做的第一件事，还是得把技巧学会。目前中国作者，若希望把本人作品成为光明的颂歌，未来世界的圣典，既不知如何驾驭文字，尽文字本能，使其具有光辉，效力，更不知如何安排作品，使作品产生魔力，这颂歌，这圣典，是无法产生的。人类高尚的理想，健康的理想，必须先溶解在文字里，这理想方可成为"艺术"。无视文字的德性与效率，想望作品可以作杠杆，作火炬，作炸药，皆为徒然妄想。

——沈从文

本课导读

如果说上堂课是解决"要不要写"的问题，那么本课解决的就是"如何才能写好"的问题。我发现，很多同志写了很多年，水平依然一般。究其原因，就是没有理解文字工作的本质和规律，舍本逐末，绕"道"而行，把公文写作当成文字技巧、"文字游戏"来看。有甚者，认为"天下文章一大抄"，按既定范式拼拼凑凑，认为形式像了、内容准了、语言顺了，就可以了。事实上，公文写作是一门高深的学问，绝非"雕虫小技"。笔杆子的修炼关键在于对写作规律、特点的理解和把握，如果理解不透，把握不准，可能长期在门外徘徊。本课分享有关写作方法的九句话，希望帮大家参透写作奥妙，找到正确的"方法论"。

本课核心观点

■ 文无定法但有一定之法

■ 写作，写的是思维

■ 想得清楚，才写得明白

- 好文章是改出来的
- 跨界是创新之源
- 大稿子要有大格局
- 袖手于前始能疾书于后
- 越难啃的骨头营养越好
- 学着把文字当朋友

经常有人问我：如何才能提高写作水平？

这是个很泛的问题，实在不好回答，因为这好比问人如何才能成功一样，谁都给不出只要照着办就能成功的"操作手册"。

事实上，精进写作的关键，不在于掌握出奇制胜的技巧，而在于参透写作的本质、规律，洞见写作的底层逻辑，并且参悟得越透，在文字之路上就走得越正、行得越稳、达得越远。

正所谓"君子谋道"，"道"是事物发展的基本规律。

所以，我希望大家在学习中，不要永远停留在经验、技巧的运用上，更应注重写作本质、规律的领悟，透过现象看本质，参透写作之"道"。

下面，我结合自己 20 年一线写作的体会，把对写作的基本理解和判断浓缩为 9 句话分享给大家，希望你也能得出你的判断和理解。

1. 文无定法但有一定之法

刚工作时，有人告诉我，一定要记住，写材料没有固定套路，每个人有每个人的方法，每个材料也有每个材料的写法。

实践证明，这话很在理。

首先，看文章开头。有的文章主张直白，不拖沓、不铺陈，不绕弯子。如请示、报告宜开门见山、直达其意，让读者第一句就抓住文章主旨，把握写作意图，快速进入状态。毛泽东《中国社会各阶级的分析》一文开篇就讲："谁是我们的敌人？谁是我们的朋友？这个问题是革命的首要问题。"首句破题，直白至极。

而有的文章开头则需委婉，不急于切入主题，不惜笔墨，刻意铺垫一番。如开篇先讲事情发生的背景、经过、原因、根据等，慢条斯理、娓娓道来。这种手法在讲话稿中很常见，经常开篇叙事、描写，以烘托气氛、拉近距离、引起共鸣，有的甚至"王顾左右而言他"，先绕一个大弯子，不知不觉中把读者带入"彀中"。

从笔法来看，前者是"直笔"，后者是"曲笔"。很难说哪一种好，哪一种不好，只能说各有千秋、因文而异。

其次，看文章内容。繁简、虚实、新旧、深浅、平奇等都不可一概而论。有的地方需写得详尽，把问题掰开了、揉碎了，有的地方却需简洁，点到为止、一笔带过；有的数据需精准，甚至精确到小数点后两位，而有的则可用模糊语言，表示一个大概即可。

最后，看语言风格。可谓"一千个领导就有一千种风格"，有的喜欢讲道理，有的喜欢摆事实；有的喜欢讲通俗易懂的大白话，有的喜欢引经据典。不管哪一种，没有优劣之分，关键看对象和场合。

这就是"文无定法"的道理。

然而，公文写作真没有"定法"了吗？我看不尽然。毕竟公文不是一个任人打扮的小姑娘，想怎么写就怎么写。一篇公文，不管主题、结构、版式，还是材料、语言、修辞都有极强的规范性。先写什么，后写什么，如何写，都有规律可循。

这需要从两个维度来理解：

第一，写公文有规范可遵。写公文要习惯"戴着镣铐跳舞"，所谓"镣铐"就是规范、规则、规定。比如写报告，主报单位是谁、报告什么事项、用什么样的语气和什么样的词语、如何编排格式等都有"定法"。

第二，写公文有规律可循。任何一种公文都有行文逻辑，只是表面上看不出来罢了。就拿写请示来说，内行都知道得按"什么目的、什么事情—存在哪些困难—请求上级支持什么、解决什么"这个逻辑来摆布内容，谁都跳不出这个大逻辑。

这就是有"一定之法"的道理。

公文写作到底有法，还是无法？依我之见，既有法，也无法。此话并不矛盾，说它"无法"，是说写作没有放诸四海皆准的方法，没有一概而论、一成不变的方法。说他"有法"，是说写任何文稿都有一定的写作规律、基本格式和写作要求。这是一种辩证关系，正如清代姚鼐说的："文有一定之法，有无定之法。有定者，所以为严整也；无定者，所以为纵横变化也。二者相济不相妨。""有"

和 "无" 之间是一种相对关系。很多公文写作法则都有相对性，需在一定条件下才成立，得看具体的时间、地点、场合，特定的人、特定的事。

不知你是否赞同，公文写作，从头到尾俨然一次求解数学函数 $y=f(x)$ 的过程，这个过程充满无数变量。如果把因变量 y 看作所写的稿子，x 就是影响因子，y 一定随着 x 变化而变化。这就是写作的 "相对论"。文字工作者一定要悟透这个原理，只有参透这一层，你才能泰然处之，以不变应万变。

2. 写作，写的是思维

写文稿，什么最重要？观点有多种，有人认为素材积累最重要，有人认为熟悉工作最重要，有人认为掌握技巧最重要，不一而足。

依我之见，思维最重要。

以上说法，表面看起来都没错，不过忽略了一个问题：写作的本质是思维活动。离开思维，就好比一个单位缺乏规则节制，一个社会缺乏法律规范，一切都会乱套。美国认知科学家、语言心理学家史蒂芬·平克说，写作是 "将网状的思想，通过树状的句法，组织为线状展开的文字"。缺乏思维支持，大概率是 "心中一团火，脑中一团麻，笔下一团糟"。

试想，把复杂的东西有条不紊地展开，没有科学的思维，怎么行？如果思绪是乱的，梳理出来的东西哪里有秩序可言？从认知科学角度看，写作就是一个外界输入信息，大脑加工生产，最后输出文字产品的过程。这个过程中，思维好比生产工艺，决定文稿品质、品相。换言之，有什么样的思维水平，才能有什么样的文稿水平。

写作源于思维，也成于思维。

有系统思维的人，能充分展开思考的扇面，多维度、多层面考虑问题，把问题表述完整，把原因分析透彻，把措施提得充分。

有逻辑思维的人，能有条不紊地叙事论理，按一定规律来安排文字、释放观点，写出合乎规律、结构完整、内容丰满、脉络通畅的文章。

有用户思维的人，能像产品经理一样站在用户角度思考问题，"以用户为中心"，换位思考，洞悉用户心理、把握用户需求，写出 "适销对路" 的稿子。

有相对思维的人，能考虑各种环境变量，既能持守不变，又能随机应变，相对性理解、柔性化写作。

有跨界思维的人，能另辟蹊径，在不同事物间掘出一条思想隧道，发现写作的底层逻辑，写出创意来。

有工程思维的人，能以精益求精的精神对待每一个文字、每一处细节，写出没有缺陷的文稿。

有模仿思维的人，能站在巨人肩膀上行走，借力使力，借题发挥，借风驶船，在模仿中创新，在借鉴中超越。

有数学思维的人，能规范、有序、严谨、科学、准确地表达问题，能运用归纳、概括、演绎、推理、抽象、综合、分析等方法，见人之未见，发人之未发。

一言以蔽之：写作，写的是思维。

3. 想得清楚，才写得明白

表面上看，写作就是拿起笔来，把心里的想法写下来。按此逻辑，写作就是大脑现有知识的自然流露，没有什么复杂的，只要腹有"诗书"、胸有成竹，就能写出好文章。

哪有这么简单！

写作不是简单的"写"，它是一种复杂的心理活动，是构思、表述、修改一连串动作的集成。事实上，"写"只是其中一环而已。所谓"一气呵成""挥毫立就"，实际上是百转千回、"蓄谋"已久。写任何一篇文章，动手之前都离不开精心谋划、反复思考，"想"是"写"的基础、前提。

"初唐四杰"之一的王勃有一个习惯，写作前爱蒙头"大睡"，等"睡"足后方才展纸挥毫。这给人制造一个假象：有才华的人写作可以不假思索、挥毫立就。谁知道，王勃的"大睡"是假，"大思"才是真。倘若他真的大睡了，想文思泉涌、一挥而就不可能的，恐怕是一筹莫展吧！

我要说的是，写作者一定要养成思考的习惯，遇到任务时不要着急，先让思绪"飞"一会儿，静下心来推演一遍，多问几个问题，谋划清楚了再动手。

成熟的写作者，要具备五个方面的功夫。

一是谋"道"之功。写任何一篇文章，先要跳出文稿来看文稿，尽量从大时空尺度来思考，分析事物发展规律和态势，把问题的来龙去脉搞懂。

二是谋"事"之功。学会就"事"论"事"，从过去、现在、未来三个维度，把文稿涉及的问题研究透彻。前世今生都懂了，才能出思想观点。

三是谋"人"之功。这不是让你去算计人，行钻营之事，而是站在别人角度思考问题。如果不"知人"，很难写到别人心坎里，挠不到痒处。

四是谋"材"之功。即围绕写作意图，思考素材从哪里来，用何种素材、用在哪里，用多少、怎么用，作出合理考虑。

五是谋"篇"之功。即作结构设计，对文章开头、结尾、层次、过渡等作出合理安排，确定好提纲的逻辑关系、内容摆布格局。

总之一句话：只有想清楚了，才能写明白。这是写作的基本规律，所以，我说写作者一定要会当"谋士"，在谋和想上下功夫，千万别让写作跑到思考前面。

4. 好文章是改出来的

文章不厌百回改，好文章都是改出来的。写作是一连串动作的集成，除了"想"和"写"外，"改"也是一门大学问，是写作的"关键一招"。某种程度上，稿子不是"写"出来的，而是"改"出来的。

首先，修改是必不可少的事。但凡写作，必有修改。历史上是有"倚马可待""文不加点"这样的佳话，然而现实中"一稿成"的现象却极其少见。无修改，难成文，修改是写作的基本功。"吟安一个字，捻断数茎须"说的就是修改的复杂性。曹雪芹写《红楼梦》"增删五次"，在我看来不算多，现在很多文稿少则三四遍，多则十数遍，几十遍的都有。

新华社曾发表过长篇报道——党的代表大会报告诞生记。十八大报告和十九大报告的诞生过程都是一个反复调研、推敲、修改、打磨的过程。报道说，一个报告的诞生往往要花 10 个多月的时间，"从瑞雪飘飞到春暖花开，从炎炎夏日到金秋时节"，起草组先后要召开数十次乃至上百次会议，对文稿进行反复修改、精心打磨。对一些重大理论和实践问题边研究边起草，字斟句酌，在一点一滴中逐步完善。在大会召开期间也不停止，还要根据讨论反馈的意见作进一步修改。

我读《关于〈中共中央关于坚持和完善中国特色社会主义制度　推进国家治理体系和治理能力现代化若干重大问题的决定〉的说明》一文，也有同感。这个文件年初就开始谋划，仅仅 9 月的一个座谈会，"各方面共提出修改意见1948 条"，起草过程之长，修改次数之多，令人惊叹。

其次，修改是件复杂的事。改稿是门大学问，不可小觑。刘勰在《文心雕龙》

里说："改章难于造篇"，修改不是简单的文字增减，得从主题、结构、材料、语言、修辞以及措施综合诊断。表面上看，修改只是做些收尾工作，实质却是"二次创作"，是"写"这个动作的延续。

"想""写""改"的内涵和关系，可以打个比方来说："想"好比雕塑里面的"铸模"，提前设计了文章结构外形，决定文章长什么样。"写"则如"浇注"，往模具里浇熔液，填充内容。而"改"好比拆模后的反复捶打、锻造、抛光、打磨、上漆、雕刻等，写成初稿只相当于拆模，打磨才是最麻烦的。

文字工作者一定要认识到修改的价值，别再"傻傻分不清"。

5. 跨界是创新之源

机关公文中有很多经常性文稿，如工作总结、工作计划。这些文稿每年都写，想写出新意来是很烧脑的。如何才能写出新意？有人主张用逆向思考获得创意，反弹琵琶，另辟蹊径。有人主张用发散思考获得创意，从不同方向扩散辐射，延展资源。也有人主张改变排列方式，重组要素获得创意。方法各有千秋。

而我，更推崇跨界思考。

所谓跨界思考，就是跨越不同领域，突破固有思维限制，用类比方法找到两个事物的相同点。

跨界思考听起来新颖，实则是人类古老的思考方法。自古以来，跨界思考推动着人类思维创新、科技进步。翻开科技史你会发现：历史上许多重大发明都是在跨界思考中产生的，如鲁班发明锯子、瓦特改良蒸汽机，乃至仿生学的发展都是跨界思考的贡献。为什么可以跨界思考？因为世界是普遍联系的，在无限的宇宙中，任何事物都不是孤立的存在，看似风马牛不相及的事物，内在却有相通相贯的道理，遵循着共同的底层逻辑。

文稿写作也不例外，只要善于转换思考维度，用不同视角审视，一定会找到与世界万物的普遍联系，获得写作灵感。

不妨从军事家视角看，一篇稿子犹如一个战场，定主题如同选主帅，收集素材如同招兵买马，谋篇布局如同排兵布阵。

不妨从建筑师视角看，文稿与建筑何其相似！二者都有主题、分层次、有框架、有装饰，写作活动俨然是建筑施工，设计、施工、审核、验收每个环节，无一不表现在写作中，写作者既是设计师，也是建造师。

不仅如此，数学、物理、雕刻、音乐、绘画等学科，甚至司空见惯的日常用品（如镜子、梳子等），都隐含着高深的写作智慧，只要洞明原理，有大学问在里面。我们可以用跨界思维来构思提纲，提炼观点，创意写作。

总的说来，跨界思考是将逻辑思考与创新思考交错、混搭并合而为一的融合力，是在无关中发现有关、无用中发现有用的探索力，是在没有为什么中找到为什么，在没有道理中讲出道理的洞悉力。

达·芬奇说："复杂的极致是简单"。那么，我们是否可以说：跨界的极致是"无界"呢？我想是可以的。写作者要敢于拆除思维的围墙，跳出原有领域思考问题，从大千世界中打开创新之门。

6. 大稿子要有大格局

越来越多的人提到"格局"这个词。曾国藩说"谋大事者，首重格局"。文字工作需要格局吗？当然要。不仅要格局，还要大格局。因为公文姓"公"，必须为大局着想。

什么是写作格局？

有句俗语说：再大的烙饼也大不过烙它的锅。意思就是你想烙一张大饼，锅得足够大才行，锅有多大，饼有多大。

如果把文稿比作饼，格局即烙饼的锅。锅的大小，决定饼的大小。

我读过一则故事：

三个泥瓦匠在砌墙，一个人走过来问：你们在干什么呢？第一个泥瓦匠没好气地说："你没看见吗？我正在辛苦地砌墙呢！"第二个人心平气和地答道："我们正在建一座高楼。"第三个人则眉飞色舞地说："啊，我们正在创造美好生活呢！"十年过后，第一个人仍在砌墙，第二个成了工程师，第三个则成了两人的老板。同样的起点成就了不同的人生，为什么？

答案是：思考问题的格局不同。

思考格局决定了文稿格局，只有大格局才能写出大文章。有大格局的文章"笔底伏波三千丈，胸中藏甲百万兵"，方寸之间能显万千气象。熟读三国历史的人知道，一介书生诸葛亮虽居于"草庐"之中，却能帮刘备分析天下大势，提出"隆中对"战略构想。凭的是什么？是诸葛亮碰巧吗？不是，是诸葛亮有大格局。他一直自比为管仲、乐毅，心中有"天下"格局。

那么，文字工作者如何扩大格局？

最好的办法就是学习。古人说"读万卷书，行万里路"，见识与格局有一定的正相关性。所以，文字工作者只有通过学习来拓宽知识面，打开视野，解放思维，转换看待问题的角度，用较大的时空尺度来思考问题，才能在分析问题时站得高、看得远、顾得全、想得深、跟得上，心居高位讲政治、胸怀宽广顾大局、与时俱进立潮头。

7. 袖手于前始能疾书于后

有些人写材料随意性大，拿起笔来仓促上阵，一点点往屏幕上"码"，就像一支没有施工图的施工队，习惯于凭感觉和经验施工，写着写着思维就断了路，走入"死胡同"。

究其原因，都是不写提纲惹的祸。一些人认为写提纲费时间，纯属多此一举，还不如直接写正文。一些人认为写提纲没有用，不过写几个标题而已，只要胸有成竹了，没必要写出来。

其实写文章如同盖房子，很有必要事先做好规划设计，按图施工。如果随意施工，不仅盖不好房子，还有坍塌的危险。一些人正是因为不写提纲，信马由缰任由思绪驰骋，写了几千字后，回头一看才发现不成体系、缺乏逻辑，字数多的部分一两千字，少的几百字，有的地方讲了七八点，有的地方只有一两点。结构完全失调，最后不得不返工。本想节约时间，却适得其反。

这叫欲速则不达。

有道是"磨刀不误砍柴工"。有了提纲就不同了，落笔之前就勾画出文章的轮廓，对各部分作出合理安排布局，对关键环节进行必要技术控制。在设计方案的引导下，写作就有条不紊地展开了。从这个意义上讲，写提纲不仅不浪费时间，还可以节约时间。

李渔是清代著名戏曲理论家。他曾说，写作"不必卒急拈毫，袖手于前，始能疾书于后"，也就是说，只有在落笔之前做足准备，方能迅速成文，完成写作。我想，所谓"袖手"，也有写提纲的意思在里面。

对写作而言，列提纲是件十分重要的事儿，它可以增强文章的系统性和逻辑性，增强写作的方向性和顺畅性，还可以增强素材的针对性和有效性，增强思考的稳定性和延续性。叶圣陶在《和教师谈写作》中说："先写提纲的习惯养成了，一辈子受用不尽，而且受用不仅在写作方面。"这句话很在理。

古往今来，许多文章大家都重视写提纲。列宁说"提纲确实是很重要的"，要"写得详细些"，他写文章，"通常是先写好提纲……把提纲改了两遍、三遍"。老舍说："尽管我只写二三千字，也需先出个提纲，安排好第一段说什么，第二段说什么……有了提纲心里就有了底，写起来就顺理成章；先麻烦点，后来可省事。"茅盾写《子夜》，光提纲就 4 万多字。

所以，写公文的人不能总是"跟着感觉走"，靠本能和经验写作，得养成写提纲的习惯，掌握写提纲的方法和技巧。

8. 越难啃的骨头营养越好

岁末年初，可以说是笔杆子最好的时候，也是最"坏"的时候，"苦难"与"辉煌"并存。说它坏，是因为要加班加点、紧锣密鼓赶材料，苦啊！说它好，是因为这是笔杆子表演的最佳机会，大家的注意力都在你身上。

通常，在这个时候，很多单位都要开一些重要会议，如"两会"、全会及其他专题会议。这些会议的成败就在报告上而这类报告综合性强、牵涉面广、影响深远、意义重大，是文稿中最难啃的硬骨头。

我要说的是：越难啃的骨头"营养价值"越高。

我在县区工作时，多次参与区委全会报告的起草。我发现，写这类文稿是一项系统工程。从安排任务、调查研究、拟定提纲、集体讨论到征求意见、修改完善、校对印刷，每个环节都要认认真真地走，到处都有门道。只要参与一两次，写作能力就会有大幅度提升。到省里工作后，我每年都要经历几次大稿子的"洗礼"，每逢同事们紧张害怕时，我就会跟他们讲：越难啃的骨头，越值得啃！

当然，写重量级的稿子，任何人都会紧张、害怕，都会因思路不济而焦虑。并且写作过程呕心沥血、加班加点，还会受到别人批评。写的时候是痛苦的，不过，写完之后却是快乐的。当看到自己亲手打造的文稿被大家竞相学习时，会有一种由衷的自豪感和成就感，经受住了大稿子的"考验"，心里还会有"会当凌绝顶，一览众山小"的自信——最难啃的骨头都啃下来了，还有什么稿子难得住你呢？

所以，"大稿子"就像营养丰富的骨头，虽然难啃，却值得参与。

9. 学着把文字当朋友

"一稿二稿，搞了白搞；三稿四稿，刚刚起跑；五稿六稿，还要再搞；七稿八稿，搞了再搞。"这是公文写作中常见的"折腾"现象。正因为写作过程很折腾，形成了一些不良文风文字工作者们才会叫苦不迭、望"文"生厌。

十年前，我游览杭州岳王庙时看见一副对联：青山有幸埋忠骨，白铁无辜铸佞臣。回到文字工作上，感觉那些被人厌恶的、可怜的文字，不就像岳王庙前"铸佞臣"的"白铁"吗？是多么无辜啊！写作者必须明白一个事实：你所厌恶的不是那些无辜的文字，而是不良的文风。

事实上，文字这个物种，你把它当敌人了，它就令人厌恶、生硬艰涩，如果你把它当朋友了，它就立马变得和蔼可亲、柔软无比。

问题是，如何把文字当朋友？

我的方法是写自己的文章，讲自己的话。没错，就是利用业余时间写点自己的小文。都说"公文姓公，言不由衷"，说的都是公家话，办的都是公家事，"带着镣铐跳舞"，无论如何也算不上令人愉悦的事。而"我手写我心"则不同了，它可以给你一种释放感，为你开辟一个精神世界。具体就是写日记、发朋友圈、投稿，加上微信公众号文章。

这样做，最大的好处是：找到一个不特定的倾诉对象，可以把所学、所思、所想、所感统统告诉"他们"，如果是在自己的日记里，还可以"肆无忌惮"地写，不用在乎篇幅，不用在乎语体和修辞，何其快哉！每当写完一则日记，我就感觉生命增厚了一分；每当发送一则朋友圈获得大家点赞，我就觉得多了几个知己；每当发表一篇文章，收到一笔编辑部寄来的稿费，我就下载了一份曼妙的乐趣。

这种感觉，需要有与文字交朋友的心态才能获得。有了这种心态，在落笔成章时，才能把文字当成能听你倾诉的挚友。我感觉每写一个字，都仿佛有一双友善的眼睛在看着我，听我诉说，让我不得不掏心掏肺地讲，不敢有一点欺瞒和苟且，生怕伤害了他们。

我把文字当成了朋友，这时的文字，已然不再让人感到生硬和冰冷，而是那么柔软和温暖，仿佛他们就是我的知心朋友，天生就是要听我话的。谁又会讨厌这样的朋友呢？

　　费了好大的劲儿，终于近乎深情地把道理讲完了。感到疲惫之余，也有几分惶恐，担心这样的说辞多了，大家心生厌倦，不看了。

　　我读过一篇文章——《世界上最傻的事情，就是对年轻人掏心掏肺讲道理！》，以此来看，我不仅做了一件最傻的事，还一本正经、不厌其烦。不过，之所以泛滥情感，确实不希望初学者走弯路。如果你真不喜欢，也请原谅，毕竟，这是掏心掏肺的话。

　　古人云："欲修其身者，先正其心；欲正其心者，先诚其意；欲诚其意者，先致其知，致知在格物。物格而后知至，知至而后意诚，意诚而后心正，心正而后身修。"如果参不透写作的"心法"，就很难从千姿百态的文稿中看出端倪，也不容易从千变万化的技巧中得到合理的解释，获得深刻的理解。

　　一句话：欲练写作，必先正其心意；爱上写作，必先认识写作。

　　你若参透，必成高手！

因为难能，所以可贵

——笔杆子的 7 种难能可贵之处

有不少初学写作的人感到苦恼：写不出来！我的看法是：加紧学习，先别苦恼。怎么学习呢？我看哪，第一步顶好是心中有什么就写什么，有多少就写多少。永远不敢动笔，就永远摸不着门儿。不敢下水，还学得会游泳吗？自己动了笔，再去读书，或看刊物上登载的作品，就会明白一些写作的方法了。只有自己动过笔，才会更深入地了解别人的作品，学会一些窍门。千万别着急……假若有个人告诉我们：他刚下过两次水，可是决定马上去参加国际游泳比赛，我们会相信他能得胜而归吗？不会。

——老舍

 本课导读

本课与下一堂课是姊妹篇，分别探讨写作的"不容易"和各种"好处"。一次，与友人相聚，交谈中朋友感慨："现在机关里的人都不喜欢写材料，一笔难求！"原来是单位轮岗，搞双向选择。朋友所在的文稿部门相中了几个写作的"好苗子"，可报名后无一人问津。非但如此，在岗的一位同志还有转岗之意，青黄不接不说，还有釜底抽薪之虞，朋友感到焦虑。听了朋友倾诉，我陷入沉思。在我们周围，这种现象不少见，愿坐下来写材料、钻研材料并持续把材料写好的人少之又少。到底什么原因？怎么破？本课基于这个思考，探讨了公文写作七种不容易，希望大家正视写作，以一种英雄主义的情怀，一颗"勇敢的心"来对待写作，并呼吁单位理解写作者、善待写作者。在我看来，笔杆子只有一种英雄主义，就是认清真相后还依然热爱写作。

本课核心观点

■ 肚中之货不易得，博学多识融通贯

- 冷静冷落又冷清，板凳太冷坐热难
- 学成出师非一日，久久为功耗时间
- 写作过程如磨墨，能力耐心靠修炼
- 心理压力如山大，一颗文心须勇敢
- 登堂入室谈何易，不慎即成门外汉
- 关键时刻难脱身，奈何只得继续干

先来一句鸡汤语，同大家一起品。

法国作家罗曼·罗兰说："世界上只有一种英雄主义，就是在认清生活真相后，依然热爱生活。"

转眼，我在机关材料堆里滚了近20年，切身体会到了其中诸多不容易。作为一个"过来人"，我心里因此对那些明知写作不容易，却还欣然面对、泰然处之、义无反顾地"热爱"着写作的人，始终带着崇高的敬意。他们虽然普通、平凡，但难能可贵。在我心里，他们配得上"英雄主义"的赞美。

毋庸置疑，写材料不容易。

这个活儿一般人不愿沾手，沾了手的人轻易上不了手，上了手的人轻易脱不了手。大部分人对此望而生畏，唯恐避之不及，通常的说辞是"不擅长写材料"，"一笔难求"的现象在职场上很突出。

怎么破解这个困局？

当然，不能向笔杆子一味说写作多重要、多有价值，如何如何值得干。关键还得正视问题，以科学之精神找准"不愿沾手""上不了手""脱不了手"的原因所在。只有充分认识写作的不容易后，才能在冷静中，义无反顾地热爱这份职业，拥有一颗"勇敢的心"。

根据我的体验，写作的不容易，体现在七个方面。

1. 肚中之货不易得，博学多识融通贯

俗话说：巧妇难为无米之炊。文字工作者如果没有深厚的积淀是写不出，更写不好的。

有个笑话讲，一位妻子央求丈夫代她写工作总结，丈夫不干，让她自己写。妻子说不会。丈夫说那有什么难的，你连孩子都生出来了，还不会写总结。妻

子抢白说，我生孩是肚里有货啊，写总结可没有材料。丈夫听了，哑口无言。

这个笑话告诉我们，无论生孩子还是写文章，肚里都得有"货"才行，如果没有，无论如何也"生"不出来。

况且，肚里的"货"，还不是简单的"货"，而是无所不包的"货"。光是掌握基本写作经验技巧是远远不够的。一个笔力深厚的写作者，政治、历史、经济、法律、哲学、工程，自然科学、社会科学，各领域各学科知识都得有所涉猎。不仅如此，还要对工作有深入研究、理解，还得有强大的研究能力、分析能力、思考能力、创新能力，可以说，"十八般武艺"都得懂。

显然，这种"诗外工夫"是不易练就的。"腹有诗书"不是一朝一夕的事，需十年如一日反复积累。这个过程是对人意志力的极大考验，得耐得住寂寞、经得住折腾，就像揉面一样，把所学的东西混合起来，反复揉搓，费劲得很。

2. 冷静冷落又冷清，板凳太冷坐热难

不管怎么说，在很多人眼中，文字工作就是一条"冷板凳"，不好坐。让我说，这是实话，不算"矫情"，文字工作的"板凳"真的有点"冷"，若非迫不得已，一般人不敢坐，也不愿坐。

这条板凳的"冷"，体现在三个方面。

（1）头脑冷静

写材料的过程，需要大脑十分冷静。不管写什么材料，都必须科学、理性、客观地思考问题、研究问题、分析问题，因为只有保持冷静，才能把问题想清楚、写明白、写客观。

（2）身受冷落

文字工作的最大特点是"后台运行"。当别人在场面上"热火朝天"的时候，你得坐在电脑前面"码字"，无论多苦、多累、"功劳"多大，都得坚守文字工作者的本分，乖乖当一名"幕后英雄"，做好"前台"的支撑。这个过程多少有些被"冷落"的感觉。

（3）场景冷清

写材料经常熬夜加班，每当单位人去楼空、万籁俱静时，你一人面对电脑，一盏孤灯相伴。有些时候，偌大的楼道里，只能听见键盘的敲击声，只能听见你自己的呼吸声。这种场景，不能说不冷清啊！

因此我们才说："板凳须坐十年冷，文章不写一句空。"这"冷板凳"是不好坐的，想坐"热"，更难。

3. 学成出师非一日，久久为功耗时间

据我观察，文字工作的新人，不管学历、专业、态度如何，没有长年累月的刻意练习，很少一来就能"提锅上灶"的，能独当一面写讲话稿、工作报告等"大稿子"的，少之又少。

有篇写飞行员是怎样炼成的文章，说一名飞行学员要成长为机长，除四年航校学习外，至少还需五年时间历练，加起来就是九年。这期间，每个环节都少不了精密的培训、严格的考核和残酷的淘汰，成长周期非常长。

虽然笔杆子的训练成本没有飞行员那么高，但锻造过程的长期性、复杂性一点儿也不亚于飞行员。这些年，我注意观察身边的人，在有人带的情况下，快的三年可独当一面，慢的五年还捉襟见肘。如果遇到打心底里不喜欢文字工作，平时也不善于研究，只以"过得去"心态随波逐流的人，时间还要更长。即便有热情，如果没有好的"师傅"指点，或是思维、方法不对，哪怕十年八年，再多时间，照样扛不起大稿子来。

我甚至觉得，培养笔杆子比培养飞行员还麻烦，因为飞行员的训练有严格的规程、详细的技术标准和操作手册。而这些，笔杆子的训练都没有。我从没见过有一所专门培训笔杆子的学校，从没见过一本万能的"笔杆子修炼手册"，工作中也从没见过有"标准的笔杆子"存在。事实上，每个单位、不同领导对笔杆子的期望都是不一样的，笔杆子只能在千变万化的实践中学习、体会、进化，不确定性很大。

4. 写作过程如磨墨，能力耐心靠修炼

写材料的本质就是研究。

什么是研究？

在古汉语里，研究的"研"与"砚"相通。这两个字都与古人写诗作画有关。古人挥毫疾书前，一般先得研墨，而研墨肯定离不开砚台，一方砚台、一锭墨，反复摩擦，一遍一遍、一点一滴，不厌其烦。这个过程既是磨墨，也是磨心，考验人的耐性。

写材料时一词一句、一点一滴，"吟安一个字，捻断数茎须"，反复推敲琢磨，像极了磨墨。我的理解，"磨"字的内涵表现在三个方面。

（1）绞尽脑汁费精神

研究讲求慢工出细活，一篇高质量的文稿往往要经过反复修改，少则数次，多则数十次，绞尽脑汁、呕心沥血。有时为了推敲一个传神的词语，为了雕刻一个金句而辗转反侧，达到"心流"状态，伤精又费神。

（2）熬更守夜伤身体

熬夜是文字工作者的家常便饭，年头岁尾尤其常见。写作是脑力劳动，科学研究表明，脑力劳动特别耗精力，人的大脑虽只占人体重量的 2%～3%，却消耗人体摄入能量的 20%，脑袋是人体绝对的"耗能大户"。

搞文字工作的人长期处于高强度思考中，如果得不到必要休息，神经、视力、腰椎、肩颈都会受到损伤。有人这样给写材料的同志画像："喝墨水、费脑水、流汗水、尿黄尿、省媳妇、费灯泡，谁干谁知道！"虽有调侃之意，却从一定层面反映了文字工作者的不易。

（3）加班加点难为情

在网上，有人描述某些高强度行业的从业现状为"996ICU"，所谓"996"，即每天工作从上午 9 点到晚上 9 点，每周工作 6 天，如果倒下，一般就进 ICU。其实对文字工作而言，"996"也是常事，甚至"607"都有，即早上 6 点开始，写到第二天凌晨，每周 7 天。在岁末年初材料密集时段，文字工作者加班加点，常常几天见不到老婆孩子，只能把煎熬留给自己，经受身心、道德的双重考验。

"写作这个职业，就是自找麻烦，自讨苦吃，其程度是你所想象不到的。"狄更斯这句话道出了很多写作者的心声，那些洋洋洒洒的文字背后，藏着多少个冥思苦想的白天与黑夜。

5. 心理压力如山大，一颗文心须勇敢

一直到现在，在各级党政机关中，很多同志仍然害怕到"两办"和研究室这样的部门工作。一个重要原因就是害怕写材料，受不了写材料带来的巨大心理压力。

这种压力，来自三个方面。

（1）来自材料的重要性

从某种意义上讲，材料是一个单位的"脸面"，是单位成绩、形象的"显示器"。工作干得好不好，是不是被认可，材料很关键。尤其在各单位同台竞技、交流经验的场合，材料写好了，单位形象就好，否则成绩就会被埋没，得不到上级的认可。这个压力首先就是由笔杆子来承担的。

就拿"两办"的同志来说，直接服务领导，经手的材料都是极端重要的，"失之毫厘，谬以千里"，哪怕一个字、一个数字、一个标点的失误，都会造成难以预估的损失和影响，这是有很多先例的。领导批评不说，很多损失是无法挽回的，谁也担不起这个责任。

令人倍感压力的是，文字工作没有谁敢保证不出错，没有谁敢保证领导都满意。

（2）来自时间的紧迫性

有些时候材料要得很急，比如上午接到通知，下午就要出材料，下午下班接到通知，第二天早上要开会。这些材料都是"火着枪响"的急事，一点喘息的机会都没有。在这种情况下写材料着实很惨，看到同事们一个个下班回家，自己走不了，而且找谁要素材呢？任务完不成怎么办？写不好材料怎么办？

问题是，写作的规律是慢工出细活，一旦时间紧急，出错的风险就特别大。于是，写作者既要"吃"熬夜加班的苦，还得承担出错的"风险"，进而面临领导的批评。这些"委屈"只能自己受，压力自然就来了。

（3）来自领导的高要求

一般来说，有思想的领导对材料的要求都特别严，遇到重要会议，材料就成了"重头戏"，领导一重视，写起来心里就"发虚"。写作者既要考虑文稿的基本范式、工作规律，还要考虑符合领导个人风格特点，契合领导基本观点。万一写不到位，或者写偏了，领导必然会批评。无形之中，压力就来了。

比如，一年一度的人代会报告，参与写作的人都知道，报告写作过程中必须照顾到各方各面的内容，听取各方各面的意见。在最终接受代表、委员审议前，还要上政府常务会等重要会议审定，接受检验。不仅如此，还得在一定程度上切合报告者风格，哪方面照顾不到都不行。报告涉及的都是一个地方发展的大事，影响巨大，谁都不敢马虎，写作压力可想而知。

还有个问题，人事都有代谢，"铁打的营盘流水的兵"，每个单位的领导都是会变化的。对写作者来说，适应了这个领导，一旦换一个人，不见得合"胃口"，就意味着要改变"打法"。如果遇到与前任风格差异较大的领导，对写作者来说，无疑是梦魇，不是简单适应的问题，而是要"换脑子"，来一次"洗心革面""脱胎换骨"。

问题是，任何人的思维、习惯都是有"定势"的，不是说换就能换的，骤然间改变，无缝对接，谈何容易！人毕竟不是电脑，半个小时重装一下系统就可以了。过程是螺旋式的、痛苦的、缓慢的，那样的境地，谁摊上了，谁的"血压"都会升高。

6. 登堂入室谈何易，不慎即成门外汉

我个人感觉，公文写作的门槛不算高，不管学什么专业，在哪个学历层次，只要有一定工作经验，凭借学生时代的"作文底子"，提起笔来，基本都能写个一二三出来。问题是，若想"登堂入室"成为"大手笔"，持续写出高水准的"大稿子"，就很难了。

为什么？原因有以下几点。

（1）写作不是简单的文字工作

公文属于应用文，写公文不同于文学创作。公文是为解决问题而生，谋的是"事"、辅的是"政"，成败的关键在于对工作的理解、对事情的洞察、对人性和社会的把握，在于是否深入分析问题、把握形势、领会意图、提出务实管用的措施，而不仅在于文字修辞、调遣。换言之，文字只是形式和手段，不是内容和目的。

所以，我才说：公文写作不是简单的文字工作。这就是为什么实际工作中，有很多汉语言文学专业毕业的研究生照样写不好一篇普通公文，而很多没有接受过正规教育的一些理工科专业的"外行"，往往"跨界"成为"大笔杆"的真实原因。就因为后者在掌握了基本表述方法的基础上，更懂行业、懂工作、懂人性、会思考。

（2）写作是"关起门来当领导"

刚参加工作的时候，领导就告诉我："你要写好材料，就要学会关起门来当领导。"当时我不懂，以为是领导要我像他一样全身心投入工作呢。随着我对公文理解的深入，逐渐理解了这句话，其实这句话就是古人所谓"身在兵位，

胸为帅谋"的"白话版""通俗版"，用心理学术语来说就是换位思考。

换位思考，之所以被经常提及，是因为不容易做到。你想啊，一个普通工作人员，要把自己当成局长、县长，乃至市长来思考问题，谈何容易！局长、县长、市长的工作阅历你有吗？他参与过的调研你参与过吗？他多年积累起来的知识体系你有吗？思考问题的角度、站位可以换，但领导长年累月在自己岗位上建构起来的思维方式是绝对"换"不了的。这好比让一个装了"DOS"操作系统的电脑去运行"Windows"系统上的软件，"低阶思维"理解"高阶思维"，肯定不兼容，但又不得不去努力，怎么会没有压力呢？

（3）公文写作的实战性和方法的相对性

古人常说"文无定法"，就是说写作的方法不是绝对的，没有放诸四海皆准的方法。事实的确如此，公文写作的实践性、经验性、方法的相对性很强，同样的文章，不同的时间、场合、不同的领导使用，写法都不一样。

因此，想精进写作的人会感到无比困惑、彷徨。到底什么才是对的？到底听谁的？看哪本书？好与不好，谁来评判？既然没有"标准的修炼手册"，那就跟着感觉走，"八仙过海，各显神通"，用实战说话。因此，很多人走了弯路、踏入了误区，凭着经验和本能"爬格子"，尽管一干十多年，还是无法"登堂入室"，于是就迷茫、困惑，有压力。

（4）写作，写的是思维

初学写作的同志总有种误解，认为写好公文只要把握好基本规范，掌握基本写作技巧，熟悉工作就行了。从入门来说，或者初级层次的写作，也许可以凑合，但若要上层次，最终拼的是思维方式，就像武侠小说里的高手过招，通常都是拼"内功"。写作，写的其实是思维方式，思维方式是写作者的"内功心法"。事实上，公文写作中，从构思那一刻起，就由思维方式接管，直到稿子面世。思维水平直接决定了材料的水平。

问题是，思维修炼很复杂，就好比电脑要进行操作系统升级一样，需要很多逻辑、算法来支撑，非骤然之间就可以炼成。好的思维方式，如用户思维、系统思维、辩证思维、逻辑思维、战略思维、模仿思维、跨界思维、数学思维、工程思维等，需要在千百次的实践中不断巩固才能形成条件反射，只能依靠持续学习、体验、感悟，把学习放到时间的函数里，才能获得最优的"解"。

7. 关键时刻难脱身，奈何只得继续干

写材料这事，很多人不愿沾手，沾了手的人轻易上不了手，上了手的人关键时刻脱不了手，而且这"三手"互为因果，形成一个"死循环"。

前面六条是关于"不愿沾手""上不了手"的，这条从"脱不了手"的角度来分析，原因大致有几点。

（1）人才青黄不接，走不了

这是最直接的原因。由于新人"不愿沾手"或"上不了手"，很多单位写作人才奇缺，常常出现"青黄不接"的情况，一旦"会写的人"离岗，一时找不到接得住"盘"的人，工作就没法接续了。怎么办？领导在没办法的情况下，只能让"会写的人"继续干老本行，你还脱得了手吗？

（2）害怕被贴上标签，优势反制

正是由于"会写的人"关键时刻脱不了手，新人自然不愿被人贴上"只会写材料"的标签，进而陷入"优势反制"的怪圈，以后自己也脱不了手。所以，新人们本能地就会选择不愿写，或者不愿说自己会写。

有趣的是，《伊索寓言》里有个梅花鹿的故事，很能说明这种心理的合理逻辑：一天，在高山密林中，一只漂亮的梅花鹿来到池塘边喝水，当它看到自己头上的角"枝枝杈杈的，精美别致，好像美丽的珊瑚！"高兴极了。就在那时，一只狮子正悄悄地向它接近，梅花鹿四蹄一蹬，"嗖"地一下蹿了出去，拼命地向林中逃去，然而令人遗憾的是，梅花鹿的角却被一簇高高的丛枝挂住了，怎么挣也挣不开，最终成了狮子口中的美味。

客观地讲，这种心理是可以理解的。事实上解决脱不了手的问题也很简单，只要管理者能够倡导鲜明的用人导向，打消新人心中的顾虑，并且保证关键时刻脱得了手，就行了。你想，只要能脱得了手，谁还有顾虑呢？

何况，写材料还有那么多好处。

（3）领导对文字工作者的依赖，离不开

人与人之间有一个相互磨合、适应的过程。上级和下级之间也是一样，合作时间长了，就会形成一种默契，甚至达到"心有灵犀一点通"的境地，继而产生信任和依赖。

可对于文字工作者而言，一旦被领导"依赖"上，就习惯于维持原状，轻

易舍不得让你离开。因为笔杆子成长慢，人与人之间磨合也慢，从工作考虑，也不应该轻易换人。

以上，就是我对写作不容易表现形式和原因的分析。当然，写作的不容易，还远不止以上七方面，每个人的体会不同，"归因"也不同。仅就以上而言，有的是主观的，有的是客观的；有的是写作者自身就能"搞定"的，有的则需要管理者来破解；有的要靠个人努力，有的需要体制机制来解决。

不管如何解决，我希望一个有情怀的写作者，多少得有点英雄主义精神，在正确认识写作的真相（好的一面、不好的一面）后，还能以一颗"勇敢的心"冷静对待写作，义不容辞地热爱写作，在勤洒墨雨、躬耕文田中创造人生价值，弘扬职业精神。

第 4 课

写作虽苦不堪言，但也妙不可言

——写作也有"溢出效应"

> 盖文章，经国之大业，不朽之盛事。年寿有时而尽，荣乐止乎其身，二者必至之常期，未若文章之无穷。是以古之作者，寄身于翰墨，见意于篇籍，不假良史之辞，不托飞驰之势，而声名自传于后。故西伯幽而演易，周旦显而制礼，不以隐约而弗务，不以康乐而加思。
>
> ——曹丕

📝 本课导读

本课是前一堂课的姊妹篇，专门探讨写作的"好处""妙处"。关于"写作价值"这个主题，我曾写过几篇文章，终因构思老套而作罢。2020 年 8 月的一段时间，我带着团队起草一个制造业绿色发展的文件，由于文件是省委主要领导亲自点的题，所以厅领导很重视，让团队认真研究绿色发展"正外部性"等问题。于是，我恶补了不少经济学知识，"正外部性""溢出效应"这样的概念就在脑海里沉淀下来。一次偶然机会，同事的一句话激活了跨界的灵感，帮我把"正外部性""溢出效应"与公文写作的好处联系起来，于是这篇文章就诞生了。本课想说明两点：第一，跨界思考是创新的源头，跨界类比能够制造意外感。第二，灵感的火焰需要持续思考，也要不同知识碰撞的火花才能点燃。

📠 本课核心观点

- 主动塑造作用
- 被动塑造作用

上堂课希望大家坦然面对写作的诸多不容易，以一颗"勇敢的心"热爱写作。这里，我又要说，笔杆子既要有英雄主义，也要有浪漫主义，当你体会了写作的那些"苦不堪言"，也要感受其中的"妙不可言"，这样你才会在无数次的痛苦、彷徨、挣扎中自治，才能在英雄主义中散发出浪漫主义、理性主义的气息！

著名作家严歌苓在谈写作时，曾说写作是自讨苦吃，但是如果每天不吃点苦，对自己都没法交代。事实上，对长期写作的人来说，写作之苦，其实是种割舍不下的甜，痛并快乐着！这就是严歌苓"想吃苦"的底层原因。

我要说：文章之事，苦不堪言，也妙不可言。当然，在绝大部分人眼里，"苦不堪言"始终萦绕在眼前、挥之不去，"妙不可言"则无影无踪、难以寻觅。

幸运的是，在一次交谈中，我体验到了。

昆明的夏季历来凉爽。2020 年夏季的一天，我带着处里同志加班写稿。这是个省领导安排的大稿子，厅主要领导亲自挂帅。一看领导都这么重视，压力很大，不敢有半点懈怠，连续加了好几天班，战斗持续到周日，大家还没下"火线"。

又一夜的奋战，深夜两点多，执笔的同志给我发来初稿，我被这种拼搏精神、战斗意志感动了，怀着深深的歉意和补偿心理，让他在家休息一天，好好"补一觉"。

没想他竟调侃道："没事儿，我发现熬夜写完材料后，更好睡觉了，也不失眠了！"

"难不成加班写材料还有治疗失眠的功效？"我也幽了一默。

然而，正是这句调侃之言，给我开了一个脑洞。

那段时间，为了写好这篇稿子，我恶补了一些经济学常识，算是在脑海里埋下了一个创意的"雷"，这次被一句话给引爆了。记得经济学上有个概念叫"外部性"，也叫"溢出效应"。概念很抽象，但在具体场景下却很好理解。设想一下：一个碗，如果加满水后，再往里添就会溢出来。水一旦溢出来，必定对周围环境造成影响，比如说把地打湿什么的，所谓影响就可以看作溢出效应（有好有坏）。

再比方说，一位村民建了一栋房，若房子典雅、美观、有品位，给村里添了一道风景线，好的影响就是正外部性；若房子拙劣、低俗、不美观，还影响安全采光，不好的影响就是负外部性，溢出了不一样的效应。

我隐约感到，公文写作与经济活动本质都是人的行为。既然是行为，一定会对事物或环境产生影响，因此也有溢出效应存在。通过分析，令我惊讶的是，事实上任何一篇公文都会对主体、客体、受众，乃至相关的人和事物产生"主动"或"被动"的影响，具有作用力，也有反作用力，既有正向塑造作用，也有反向塑造作用。

从经济学角度看，这种塑造作用就是"溢出效应"。但如果不细细体会，其妙确实"不可言"，若找准观察视角，其妙很"可言"。

写作之妙，可从两个方面来讲。

1. 主动塑造作用

所谓主动塑造，即文章解决了某种问题、发挥了某种作用、产生了某种影响。这些"效应"可以看成是写作者主动施加，并作用到客体或受众身上的。"能量"从前到后，正向传递，故称为主动塑造。

归结起来，主动塑造的溢出效应，"妙"在五个层面。

（1）"妙"在节约行政成本

毋庸置疑，公文为解决问题而生，按经济常识，解决问题必然有行政投入，于是成本就产生了。

比方说，一个单位要出台一个重要的政策文件，通常要组建专门的起草专班，投入大量人力、物力。为了写好文件，起草前要调查研究、收集资料、召开会议、咨询专家等。干这些事，暂且不说花多少钱，仅投入的人力、物力就是宝贵的行政资源，"机会成本"很高。如果参与写作的人水平高，用心、用力、给力，政策质量就高，且能在短时间内完成。反之，折腾一年半载，反复十数次甚至数十次都不好说，"折腾"就是对行政资源的最大浪费。毫无疑问，写作能力既能为单位节约行政成本、减少行政开支，也会浪费行政资源。是不是浪费，用不同的人一比较就知道了。

可见，写作也是件很"经济"的事情。

（2）"妙"在为单位增光添彩

公文代表一个单位的"脸面"，也是单位工作的"显示器"，溢出效应很明显。

千万别小看公文的"脸面"作用。俗话说：人活一张脸，树活一张皮。单位也是一样的，也很爱"面子"。问题是，很多时候，一个单位形象好不好，很大程度上要看这个单位的材料写得怎么样。如果材料死气沉沉、错误百出、质量拙劣，那大家对这个单位的印象一定好不起来。事实上，很多单位因此很狼狈。相反，如果材料观点新颖、思路清晰、规范严谨，则能让人直接感受到单位的"精气神"，进而产生好的印象。在日常阅读公文中，每每读到精彩处，我就会暗自叫好，面对那些"雄文大作"，禁不住对作者或单位产生敬佩之情，生出好感来。我想，这种"好感"就是写作的溢出效应。

也不要小看公文的"显示器"作用。有职场工作经验的人常说"干得好不如写得好，写得好不如说得好"。细细品味，这话是很有道理的。就拿工作中经常遇到的总结汇报会或经验交流会来说吧，往往是很多兄弟单位、部门同台竞技，大家"八仙过海，各显神通"，谁的材料总结到位、写得出彩，谁的观点深刻、见解独到，谁就容易被记住，单位的成绩就容易被肯定。你千万不要跟我说"工作好不好，要用事实说话"这样的话，在工作中，你自己都说不好、写不好，别人哪有时间来了解你呀？所以，单位成绩亮不亮，别人对单位的评价好不好，很大程度上靠写来"显示"，靠写来宣扬。写好了，就能加分，能给单位增光添彩，反之则很被动。为单位增光添彩，让成绩"被看见"，也是写作溢出效应的一种。

（3）"妙"在为单位领导排忧解难

领导是一个单位的责任人，公务非常繁忙，因而在达到一定级别后，都会制度性地配备工作部门和工作人员，以协助处理公务，常见的是办公厅（室）秘书部门。在这种部门里，文秘人员要"以文辅政"，每天要经手大量的文稿。值得一提的是，这些稿子，绝大部分都是直接为领导服务的，比如讲话稿、致辞、理论文章等。如果公文写得好，把问题解决了，客观上是为领导分了忧，让领导省了心，为领导节约了思考成本，减少了领导的焦虑感，给领导腾出更多精力进行战略决策和谋划，而不是纠缠于文稿的修改之中。这也是溢出效应的一种。所以，毛泽东同志才说："一个革命干部，必须能看能写，又有丰富的社会常识与自然知识，以为从事工作的基础与学习理论的基础，工作才有做好的希望，理论也才有学好的希望。"

（4）"妙"在营造研究思考氛围

写作不是简单的文字工作，它本质上是研究工作的过程。按照写作规律，每写一篇公文，都离不开调查研究，稿子写成了，问题也搞清楚了。

在写作过程中，难免会遇到这个问题不清楚，那个数据不准确的情况。为了把稿子写好，写作者就会在写的过程中对问题进行多维度、多层次、多回合的思考、分析和审视，运用综合、分析、演绎、归纳、概括等研究方法。久而久之，不仅会形成一套具有个人特色的研究方法，还会向外溢出，帮助、指导更多的同事提升研究水平，最终营造浓厚的分析问题、研究工作的氛围。这种溢出效应，可能很多人看不见，也看不起，但却实实在在存在。你看，很多研究氛围浓的单位，通常都有几个善于研究的写作高手，因为他们在工作中会"传帮带"，经验和方法会产生溢出效应，并让更多的人收获这种"红利"。

（5）"妙"在塑造家庭文化气质

任何人都是家庭的一员，都生活在一个家庭里，因此他的所作所为、一言一行必然会对家庭产生影响，塑造着一个家庭的文化气质，尤其是家庭重要成员，其塑造作用更为明显。你是否注意到，在一个家庭里，如果父母是搞文字工作或研究工作的，业余时间热爱诗书、躬耕文田、勤洒墨雨，子女往往在耳濡目染中就会追求与父母思想上的共鸣，进而形成一种"书香门第"的家庭文化气质。

营造文化氛围，是现在很多人意想不到的溢出效应，然而自古以来的文人却深谙这一点，比如颜之推、朱熹、苏洵、曾国藩、傅雷等，他们修家谱、立家训、写家书，尽管他们没学过现代经济学理论，也不知什么是溢出效应，但对于写作的价值，一定是洞察很深的。

2. 被动塑造作用

所谓被动塑造，是指写作过程中（或文章抵达受众后）无形中产生的反向塑造作用，被动地，或者不知不觉地获得了写作"红利"。由于这种塑造作用貌似物理学上的反作用力，故而称其为逆向塑造或被动塑造作用。

从某种意义上讲，这种作用是写作者躬耕文田的"意外"收获，写作者的"获得感"是模糊的，或者说是不知不觉的，因而具有"妙不可言"的特点。不可否认的是，写作者所有对文稿的"投入"，都会溢出丰盈的"写作红利"，要么是得到学识上的提升、思想上的雕刻，要么是道德上的涵养，或知名度的扩大。

写作的溢出效应可从五方面理解。

（1）写作是一种学习方式，可以倒逼知识体系的完善

我甚至认为，写作是最好的学习方式。

因为写作从提出问题到分析问题、解决问题，俨然是格物致知的过程。边写作，边发现问题，边研究问题。写得多了，学的也就多了，人的知识体系就

变得丰富，人也变得博学了。以写作倒逼学习，就是写作的溢出效应，对写作者起到逆向塑造作用。

历史学家吴晗为了考证建州的历史，把明清两代重要的文献《李朝实录》摘抄了三百多万字。他为了搞明史研究，积累了一万多张、三大抽屉的资料卡片。马克思为了写《资本论》，阅读和做札记的书籍就多达 1500 种以上。边学边写，寓学于写，让知识的输入、输出形成闭环，产生"飞轮效应"，良性循环。

（2）写作是一种心灵"试剂"，可以调和写作者的心态

英国作家狄更斯说："一个健全的心态，比一百种智慧都更有力量。"这说明了"心态决定状态"的道理。一个人一旦以淡定的心态选择了写作，并且能坚持写下去，从心底强迫自己喜欢上写作、热爱写作，并转化为写作的激情，就能够修炼自己。

现在，职场中有很大一部分人不愿干文字工作，可以说谈文色变、望而却步，然而还有一大群人选择迎难而上甚至乐此不疲。什么原因？是他们天生热爱文字工作吗？不尽然。我看是他们在长时间写作中获得了心智上的成长，涵养了积极、向上、平和的心态，能正确看待和处理苦与乐、得与失，最重要的一点，能把吃苦当成一种责任和担当，内心里同自己和解。

写作，能让一个人更平和、淡定。这种溢出效应你看到了吗？

（3）写作是一条道德的"鞭子"，可以修炼写作者的意志

写作是一条打磨心性、磨炼意志、考验韧性的鞭子。

正如柏拉图说的："思考是灵魂的自我谈话。"孤独是写作的影子，甩都甩不掉。试想，在夜阑人静之时，你必须独坐案旁奋笔疾书，只有一盏残灯相伴，这不是孤独是什么？而且在孤独中，你还得饱受思虑之苦，哪怕殚精竭虑、寝食不安，还得忍住了、扛下了。

写作，无疑是一场修炼。人在写中磨，写多了，会获得意外收获，挣脱人性里懒惰和脆弱的束缚，走向更高的境界。曾国藩有十三条修身方法，其中三条与写作有关，如"每日《茶余偶谈》一则，有求深意是徇人""每月做诗文数首，以验积理之多寡，养气之盛否""饭后写字半时。凡笔墨应酬，当作自己课程"。每日坚持写作，不仅是学术上的进阶之道，也是道德的脱颖之法。

（4）写作是一把思想的"雕刻刀"，可以塑造写作者的思想

人对某个事物的认知，很难一开始就全面、立体、清晰。日常中捕捉到的

大多是碎片化信息、模糊信息，很多还没经过验证，如果不经系统整理雕刻，很难形成有体系的思想。

有了写作就不同了，写作会逼迫一个人深入实际观察，从多个维度收集资料，然后推敲琢磨，对问题进行概念上的界定、逻辑上的推敲，最后得出自己的判断，进而形成自己的思想观点。这是写作在思想上的溢出效应。

历史学家司马迁在身体和心灵受到严重打击的情况下，忍辱负重，花了18年的时间写就《史记》，目的是"究天人之际，通古今之变，成一家之言"。所谓"一家之言"就是太史公的史学思想和观点，一个人的思想，如果没经过写作这把雕刻刀慢慢雕刻，是很难成形的。

毛泽东之所以成为伟大的思想家、政治家、军事家，跟他善于写作有直接的关系。在28年的革命战争中，他长时间坚持写作，塑造了战略家的思维方式，学会了"思接千载、视通万里""精骛八极、心游万仞"，扩大了思考格局，从而具有了"笼天地于形内，挫万物于笔端""观古今于须臾，抚四海于一瞬"的气魄，要不然，怎么能写出《沁园春·雪》和《论持久战》《矛盾论》《实践论》这样气势磅礴、思想密度极高的文章来呢？

（5）写作是一种人生"投资"，可以为写作者的事业增值

写作是人类改造社会的一种场景，是穿透力很强的硬核能力！从古至今，会写行遍天下，不会寸步难行，写作可以带给一个人强大的职场竞争力。

放眼当今，不管是党政机关、企事业单位，体制内、体制外，提笔能写的人，往往是很受欢迎的人。

在古代，写作是博取功名的手段，历史上许多著名政治家首先是写作高手，如韩愈、柳宗元、苏轼、王安石、欧阳修，每一个都是大文豪。写作也可以为事业增值，创造意外的机会。据唐代孟棨《本事诗》记载，诗人韩翃因写《寒食》一诗，深得唐德宗赏识，被赐予"驾部郎中"的显职。据《晋书·左思传》记载，西晋文学家左思自幼其貌不扬，读书刻苦，他的《三都赋》成书之后，"豪贵之家，竞相传写，洛阳为之纸贵"，传为千古佳话。

文章之事，苦不堪言，也妙不可言。以上是我对写作溢出效应的一些肤浅理解，失当之处请批评指正。在我看来，大家的批评，正是我写这篇文章的溢出效应，批评越多，我获得的"红利"就越多，受益就越大，也算帮我论证了本文的核心观点：溢出效应。

第5课　能写的人有多厉害？

——从宋玉怼登徒子看写的重要性

拿笔杆子是实行领导的主要方法，领导同志要学会拿笔杆。开会是一种领导方法，是必需的，但到会的人总是少数，即使做个大报告，也只有几万人听。个别谈话也是一种领导方法，但只能是"个别"。实现领导最广泛的方法是用笔杆子。用笔写出来传播就广，而且经过写，思想就提炼了，比较周密。所以用笔领导是领导的主要方法。

——邓小平

📝 本课导读

本课内容是从《登徒子好色赋》中获得的启发。中学时，我读这篇千古美文，只会从文笔角度理解。现在，我跳出文稿来思考文稿，产生了许多疑问，因为只要对文章所描述的事实进行简单思考，就会发现登徒子完全是被冤枉的，可问题是，为啥登徒子会背上"好色"的千古骂名呢？尽管宋玉很有辩才，显然不是决定登徒子"遗臭万年"的根本原因，根本原因是宋玉写了《登徒子好色赋》这篇美文。于是我就想，既然宋玉能写文章怼登徒子，登徒子为啥不能呢？合理的解释只有一点，要么是登徒子不会写文章，要么是会写但写得不够好，因此文章没有流传下来。思及此，我深感能写的人有多厉害，写作力是多么的重要啊！感慨之余，我写了这篇文章，希望大家重视写作，掌握这项具有强大穿透力的能力。

📖 本课核心观点

■ 宋玉是什么人，凭什么能让登徒子"遗臭万年"？

■ 登徒子因何得罪了宋玉？宋玉又如何怼登徒子？

■ 登徒子背上"好色"的千古骂名，根本原因在哪里？

■ 笔杆子如何修炼"牍德"？

多年以前，若非读了《登徒子好色赋》，我依然无法想象一个能写的人有这么厉害——一篇文章就让一个人"遗臭万年"。真有这么厉害？有！记得一位新闻界前辈针对记者的职业特点，说过四句话：

> 笔下有财产万千，
> 笔下有人命关天，
> 笔下有是非曲直，
> 笔下有毁誉忠奸。

这话说得太夸张？不，对记者来说，一点都不夸张。我甚至还觉得，这话对一般文字工作者，也是成立的。

登徒子是什么人？

这位老兄是《登徒子好色赋》里的男主，不太确定历史上是否真有其人，可能是一个因创作需要而虚构的人物，在宋玉的文章里，他是楚国大夫，能出入朝堂，大概是个贵族。

先不管登徒子是否真有其人，可以肯定的是，"登徒子"这个名字现已成为"好色之徒"的代名词。比方说，一个男人行为不端、爱好女色，通常就说这人是个登徒子。

读完《登徒子好色赋》，令人不解的是，一个与糟糠之妻不离不弃的好男人，授予其"最美好丈夫"应该是可以的（毛泽东就认为登徒子与丑妻恩爱有加正是实行"婚姻法"的模范），为何反倒成了好色之徒了呢？这个不好的名声还一传就两千多年！

问题到底出在哪里？

有人以为，是登徒子不讨楚王喜欢，并受章华等人诬陷。也有人以为，是登徒子嘴笨，说不过宋玉，而宋玉才华出众、巧舌如簧，辩论技巧高，这才赢得了官司。

这些说法可能都对，但都非根本原因，其实都是"写作"惹的祸。登徒子输就输在"没有写"或"不会写"上。

需要从三个维度分析：

1. 宋玉是什么人，凭什么能让登徒子"遗臭万年"？

据说，宋玉是大文豪屈原的学生，是个不折不扣的"大笔杆子"，文字功夫了得，关键是不怕写、写不怕、怕不写，一生之中写了很多作品，《汉书·卷三十·艺文志第十》录有他的赋 16 篇，流传至今的有《九辩》《风赋》《高唐赋》《登徒子好色赋》等，不可谓不厉害。著名的"下里巴人""阳春白雪""曲高和寡"这些典故即因他而来，他确为一个能说会写的高手。

唐代诗人李商隐很欣赏宋玉的才华，曾有诗赞道：

何事荆台百万家，惟教宋玉擅才华。

楚辞已不饶唐勒，风赋何曾让景差。

落日渚宫供观阁，开年云梦送烟花。

可怜庾信寻荒径，犹得三朝托后车。

遇到这样一个能说、能写的人，登徒子不吃亏才怪呢！

2. 登徒子因何得罪了宋玉？宋玉又如何怼登徒子？

原因如下：

一次，宋玉在楚王那里谋职，楚国大夫登徒子知道宋玉的一些事情，建议楚王不要收留宋玉，说："玉为人体貌闲丽，口多微辞，又性好色。愿王勿与出入后宫。"意思是宋玉这小子长得太帅了，还油嘴滑舌、善于狡辩，最糟糕的是好色，因而不能让他留在宫中。

楚王听登徒子一说，自然不敢大意，便去质问宋玉：一个人的相貌取决于父母，一个人的口才取决于所承的师傅，然作为一个臣子，好色就不应该了，你可知道有人说你好色？如果真那样的话，寡人怎能将你留在宫中？

宋玉听了楚王的话，侃侃而谈，说出了一段千古"金句"，他说："天下之佳人莫若楚国，楚国之丽者莫若臣里，臣里之美者莫若臣东家之子。东家之子，增之一分则太长，减之一分则太短；著粉则太白，施朱则太赤；眉如翠羽，肌如白雪；腰如束素，齿如含贝；嫣然一笑，惑阳城，迷下蔡。"

这番话，翻译成白话文就是：天下的美女，没谁比得上楚国女子，楚国女子之美丽者，又没谁能超过他家乡的美女，而他家乡最美的姑娘还数邻居东家那位。论身材，若增加一分则太高，减掉一分则太短，简直就是不高不矮；论其肤色，若涂上脂粉则嫌太白，施加朱红又嫌太赤，真是生得恰到好处。那眉毛有如翠鸟之羽毛，肌肤像白雪一般莹洁，腰身纤细如裹上素帛，牙齿整齐有如一连串小贝，甜美地一笑，足可以使阳城和下蔡一带的人们为之狂热和倾倒。

说到这里，宋玉话锋一转，说道：即便这样美貌的姑娘，在墙外偷看我三年，我都没有动心。可见我不好色吧！而登徒子则不然，他老婆头发蓬乱，耳朵有病，豁嘴尖牙，驼背弯腰，身上既疥且痔。如此之丑，登徒子竟爱之甚，与妻生有五子，可见登徒子就是个好色之徒。

一番辩白，尽管存在逻辑上的诸多问题，但楚王却相信了宋玉的话。就这样，一个绝世好男人，硬是被颠倒黑白，瞬间成了好色之徒。

我每读至此，百感交集，既为宋玉的文采和口才而叫绝，也为楚王的偏信而气愤，更为登徒子的遭遇而叫屈。

3. 登徒子背上"好色"的千古骂名，根本原因在哪里？

综合分析宋玉与登徒子对决的过程，大致可分为两个阶段：第一阶段是辩论战，属于"口诛"，第二阶段是媒体战，属于"笔伐"。宋玉之所以能"碾压"登徒子，赢在两点：

第一阶段：当面辩论，宋玉先赢在"嘴"上。显然，在文章里，宋玉以机智的应变、雄辩的口才赢得了第一回合的胜利，让楚王相信了登徒子是好色的。如果宋玉没有这样的口才，现场辩论时就输了，那么，在当时的社会规则下，他也断然不敢再写《登徒子好色赋》这样的文章（属于诽谤，非士之所为）。

宋玉第一阶段的辩论无疑是高明的。毛泽东就赞扬了宋玉的辩论技巧，说宋玉"攻其一点，不及其余"，善于抓住要害。为此，毛泽东还把《登徒子好色赋》作为文件之一印发给参加 1958 年 1 月南宁中央工作会议的领导干部。

当然，换个角度，假如登徒子在事后能去面见楚王，那他同样有机会，以十分有说服力的事实（显然，与糟糠之妻不离不弃是种普世价值观）让楚王相信，自己不是好色之徒，而是个重情义的君子。

而结果是，楚王相信了宋玉。这至少可以推出三点可能性：第一，登徒子事后没去见楚王；第二，没机会去见楚王（从大夫的身份及告宋玉的状的事实看，是有机会的）；第三，去见了，但是没有说服楚王。

不管哪一种，结果是宋玉赢了第一回合，为第二回合奠定了基础。

第二阶段：媒体宣传，宋玉又赢在"笔"上。以简单的逻辑分析，宋玉即便赢了辩论，未必能让登徒子"遗臭万年"，因为在两千多年前，没有报纸，没有广播，没有电话，更没有互联网，通信手段极其有限，信息传播速度很慢，仅靠在场的楚王、章华等人，传播范围十分有限，故事随着时间推移，不出几十年，谁是登徒子、好不好色，早忘得一干二净了，怎能流传几千年呢？

那问题来了：宋玉靠什么让这件事情成为全中国人的"千年记忆"呢？

无他，唯写作尔！

文字，是可以突破时空限制的一种传播方式。那个时代，谁能把思想写成文字，把无形的信息通过竹简、纸张、布帛等载体凝固下来，谁的信息就可以传得更远、更久。

这就是宋玉最终给登徒子在文化上"定格"的致命一击。把"好色"的帽子给登徒子一戴两千多年，没有高超的写作能力，是万万办不到的。假如没有《登徒子好色赋》这篇经典文章流传下来，今天的我们谁会知道二人发生的那些事儿呢？

从宋玉的角度分析。倘若他赢了第一回合后，压根儿没写《登徒子好色赋》这篇文章，或者写了，但写得不好，没被当时的文艺圈认可，今天的我们也不会知道登徒子为何许人，更不会把他与"好色"一词联系起来。

从登徒子的角度分析。倘若登徒子也是个写作高手，尽管第一回合输了，但如果他据理力争，也针锋相对地写一篇《宋玉好色赋》送给楚王，晓之以理、动之以情，文采奕奕，楚王一高兴，说不定还能反败为胜，那么，流传至今的美文也许就不是《登徒子好色赋》，而是《宋玉好色赋》了。相应地，好色之名，恐怕也该由宋玉来背了。

事实上，登徒子被宋玉怼了，而且还很惨。

原因可归结到一点：登徒子这个人不会写材料，或者写不出好材料。同理，因为宋玉会写材料，而且写得非常好，他赢在了"会写"上。可见，会写的人就这么厉害，不会写的人就这么窝囊。遇到宋玉这样的人，不吃亏是小概率事件，换作别人也会吃亏。

有一次，又有人在楚王面前说宋玉坏话，楚王问宋玉，你是否有地方做得不对？怎么这么多人对你不满意呢？宋玉答：有一个歌唱家在京城唱歌，开始唱的是楚国最流行的民间歌曲《下里巴人》，这时围观者中有好几千人跟着唱。接着他又唱起比较高深的《阳阿薤露》，跟着唱的就只有几百人了。当他再唱起高雅的歌曲《阳春白雪》时，跟着唱的就仅剩几十人了。最后他唱起五音六律特别和谐的最高级的歌曲，能跟着一块唱的人就仅仅几个人了。可见曲高和寡，文人之间亦如此。杰出之人志向远大、行为高尚，一般人当然不会理解了，我的情况正是这样！楚王听罢，觉得有理，再未深究其事。

一样的道理，这几个典故，若非当时的宋玉（或其他人）及时写下来，又怎会流传千古呢？如果宋玉没有强大的写作能力，他的影响力怎么会延续到今天呢？他又怎么能够在是非曲直、毁誉忠奸中立于不败之地呢？（当然，我是不鼓励狡辩，更不鼓励颠倒黑白，只是希望我们应该具有用语言武器自卫的能力。）

不能不说"笔下有是非曲直，笔下有毁誉忠奸"啊！

有一次，省财政厅请我给财政干部讲课。开场白里，我结合财政工作的特点引用了上面这几句话，讲了近三个小时。课后雨下得特别大，走不了，就留下继续交流。一些同志觉得"笔下有财产万千"这句特别有道理，这就是给财政干部说的。有位同志由衷感慨：干财政工作，还真不能小看文字功夫，有时一个小数点错了，就会造成重大损失，如果计量单位搞错了，后果更严重。

2021年8月初，我陪厅领导参加一个省级重要会议，亲自见证了计量单位错误的案例。会上，一个兄弟单位的汇报材料讲到成绩部分，把"全省农村居民人均可支配收入6132元"写成了"全省农村居民人均可支配收入6132万元"。当时，我和省政府研究室的同志坐一起，职业的敏感性让我们都发现了这个问题，当时为兄弟单位领导捏了一把汗。好在只是内部汇报，且很多人并没在意。我当时就想，要是这个错误在红头文件里，麻烦就大了。

一个字就让全省农村居民的收入遽然"增长"一万倍，这不就是"笔下有财产万千"吗？

说"笔下有人命关天"也非危言耸听，历史上就发生过。

据传，曾国藩早年率军与太平军作战，虽然很努力，但"业绩"平平，年底写总结时，曾觉得"屡战屡败"这个词能够概括一年的艰辛与不易，于是就用了。然而部下有人认为不妥，建议改"屡战屡败"为"屡败屡战"，因为前者表达的是溃败后的消极，令人失望，后者表达的是失败后的坚韧，予人希望。前后互调，表达效果判若云泥。

曾公麾下有奇才，当朝皇帝咸丰身边也有高手。咸丰八年，顺天乡试，有个叫罗鸿绎的人花了很多钱买通上下 90 多个考官，最终高中。纸终究包不住火，东窗事发后，咸丰皇帝亲自过问，严办涉案人员。在如何处理主考官柏葰时，他迟疑了，毕竟柏葰官居高位，不得不慎重。他手持朱笔，口中念念有词："罪无可逭，情有可原"，连说几遍，都下不了决心。这时，一旁的肃顺接过话茬，说道："情有可原，罪无可逭。"咸丰顿时明白了肃顺的意思，就这样，柏葰的脑袋搬了家。

无独有偶，几十年后，这个故事再次上演。

时间：民国时期；

地点：昆明；

事情：军统特务逮捕近百名爱国人士。省主席卢汉发电为爱国人士说情，上面回电说："情有可原，罪无可逭。"卢一看，心里着了急，找李根源商量。李看了电文后，眉头一皱，计上心来，提笔把电文顺序调为"罪无可逭，情有可原。"于是救了一百多人的性命。

同样是文字"游戏"，同样的手法，一个杀了人，一个救了人。

近代学者许同莘在《公牍学史》一书中讲过一个例子。光绪初年，四川东乡县议派捐输，因数额过苛，乡民激愤，赴粮局清算账目。知县孙定扬急禀川督，行文中有"形同叛逆，县城危在旦夕"等语。总督吴棠派兵剿办时，乡民已散去，而孙定扬仍言"危机犹存"。总督文格批饬各营，痛加剿洗，结果无数百姓惨遭杀戮。

这不就是"笔下有人命关天"吗？

4. 笔杆子如何修炼"牍德"？

读过《孙子兵法》的人一定记得，孙子在兵法一开篇就郑重说道："兵者，国之大事，死生之地，存亡之道，不可不察也。"这是对用兵抱有敬畏之心啊！

愚以为，文者，亦非小事，值得敬畏，不可不察也。曹丕在《典论·论文》中也有相同的洞见和体验。他写道："盖文章，经国之大业，不朽之盛事。年寿有时而尽，荣乐止乎其身，二者必至之常期，未若文章之无穷。是以古之作者，寄身于翰墨，见意于篇籍，不假良史之辞，不托飞驰之势，而声名自传于后。"

可见，写材料有多重要，不仅笔下有财产万千，还有是非曲直、毁誉忠奸，甚至还有人命关天，作为执笔的人来说，这种能力多厉害啊！

所以，文字工作者要有敬畏之心，掂量得出手中之笔的分量，以一丝不苟之态度、如履薄冰之状态，留心检点，不为过甚之词、不为过苛之论、不出轻妄之言，每写一句话，每出一个观点都要说得通、坐得实，经得住历史检验。许同莘先生叫这个为修"牍德"。

如何修炼这种品德？

许同莘先生的方法是两个：积学、晓事。通俗地说，即读书治学、知人晓事、明辨是非，这是"治牍之本"。

他说："不晓事之害，不在小人而在君子。小人不晓事，犹不能为大恶；君子而不晓事，则一言出而万口附和，贻害不可胜言。"他还认为"立诚"是"牍德之先"，为文者要苦心孤诣，"其心愈苦，其谋愈深；其虑愈周，其智愈密。"他认为："奸蠹之萌，邪匿之作，皆由于徒饰虚文而无精神贯注。"

他痛斥文格、孙定扬之徒，左右掾吏："岂无一二晓事者？总缘军兴以后，习于杀戮，以派兵剿办为常事，轻率下笔，心粗手滑，遂致成此大错。"

总之，写作是一项穿透力极强的硬核能力，是件"利器"，不仅会对一个单位产生重要影响，还能决定一个人的立身处世、进退荣辱。手持这把"利器"的人，一定要洞见其中的"厉害"，进而永葆写作的热情，常怀敬畏之心，永修案牍之德。

第 6 课

所谓高效，其实是一种习惯
——高效率写作的 10 个习惯

　　习惯是知识、技巧和意愿的交叉点。知识是做什么和为何做，技巧是如何做，而意愿是动力——想做。所有这三者必须集合在一起才能形成一个习惯。

——斯蒂芬·科维

 本课导读

　　本课源于长期对公文写作现象的观察。在日常写作中，很多人更注重方法、技巧，忽略习惯的养成。比如，有的不喜欢写提纲，认为写提纲浪费时间，习惯边想边写，跟着感觉走，结果经常走入"死胡同"，不得不推倒重来，搞得很狼狈。有的平时"不烧香"，临时"抱佛脚"，找不到写作的素材。一次偶然的阅读，斯蒂芬·科维的《高效能人士的七个习惯》一书启发了我，该书介绍了高效能人士的七个习惯，让我深深感受到写作习惯对于提高写作效率的重要性，于是写下此文。本课向大家推荐 10 种写作习惯，旨在帮大家洞见习惯的价值，养成好的写作习惯。在构思上，属于跨界思考，借用行为经济学的理论，提出写作效率的概念。

本课核心观点

　　■ 什么是写作效率？

　　■ 高效率写作的 10 个习惯

　　■ 如何养成良好的写作习惯？

　　大家知道，中国文化史上有"文不加点""倚马可待"的写作佳话。从现代经济学角度看，不但来得快，质量还好，投入产出比很高，是高效率写作的典范。

以最快速度写出最好作品，已成为写作者梦寐以求的境界。问题是，如何才能做到这一点？我从斯蒂芬·科维《高效能人士的七个习惯》一书中获得了启发：高效率写作离不开好习惯的加持。建议公文写作者养成 10 种写作习惯。

本文重点探讨以下三个问题。

1. 什么是写作效率？

效率是管理学和经济学概念，是用来衡量工作成果的一个尺度，简单理解就是投入同产出的比值，如经济学就用投资收益率（rate of return on investment）来衡量投资的效果。效率更多用来评估做事方式的正确性，如著名管理学大师彼得·德鲁克就说："效率是'以正确的方式做事'，效能是'做正确的事'"（《有效的主管》）。因此，写作效率可以理解为写作过程中总体投入和文稿质量的比值。

按德鲁克的说法，什么是正确的做事方式呢？

从行为经济学理论看，一个人的行为会受习惯和心理的影响。在写作中，不管是写作投入的多少，还是文稿质量的高低，都直接受制于写作习惯。从写作实践看，但凡写作习惯好的，总体投入会减少，作品质量相应提升，即分母变小，分子变大，如同"文不加点""倚马可待"那样，写作效率就高了。相反，如果写作习惯不好，比如不愿写提纲，不会换位思考，不想花"诗外功夫"，像"挤牙膏"一样写作，写作效率就高不起来。

古希腊哲学家亚里士多德曾说："我们每一个人都是由自己一再重复的行为所铸造的。因而优秀不是一种行为，而是一种习惯。"高效率写作就可理解成亚里士多德说的"优秀"，换句话说，高效率写作不是一种行为，而是一种习惯，谁养成了写作的好习惯，谁就掌握了高效写作的制胜法宝。

为什么好的习惯对提高写作效率的作用这么大？

首先，习惯是一个人自然而然的行为模式，好的习惯通常可理解为正确的或符合规律的习惯。所谓养成好习惯，本质即让人遵循自然规律和社会规律，正像斯蒂芬·科维在《高效能人士的七个习惯》里说的："我对生命的一种最深刻的感悟就是：要完成最渴望的目标，战胜最艰巨的挑战，你必须发掘并应用一些原则或自然法则，因为它们恰好左右着你苦苦期待的成功。"所谓"原则或自然法则"就是好习惯，所以涵养写作习惯，本质即让你遵循写作基本规律和法则。

其次，在现实场景中，理论上的"理性经济人"假设通常会失效，人会因复杂的心理考量做出"非理性"选择。在公文写作中，写作者的理想预期就是花最少的精力和时间，以最舒服的方式写出最好的文章。可问题是，由于认知偏差或嫌麻烦心理，很多写作者习惯不好，比如平时不学习、不积累，不写提纲，不思考、不讨论，因为这些都是伤精费神费时的事情，投入越少越节约成本，写作活动才更符合"理性经济人"的选择。可结果正好相反，这些局部的"理性"最终却导致了整体的"非理性"，表面上的"理性"导致了实质上的"非理性"，写作效率事与愿违，怎么都高不起来。

2. 高效率写作的 10 个习惯

据我个人经验，公文写作中，以下 10 种写作习惯是很值得提倡的，它们能从总体上减少写作成本、提高写作质量，进而提升写作效率。

（1）不厌其烦写提纲

写提纲是个很好的习惯，甚至可以说是提高写作效率的第一法则。但令人遗憾的是，实际写作中有些人却意识不到这一点。一个重要原因，就是嫌麻烦，怕浪费时间。其实不然，表面上写提纲确实"浪费"了不少时间，但整体上由于提纲的指导作用，大大对冲了写提纲花费掉的时间，不仅不会浪费时间，反而能够节约时间，这叫"磨刀不误砍柴工"。

为什么写提纲能节约时间？

第一，提纲让写作更有规划性、针对性，写出来的文章更有系统性、逻辑性，避免写好后发现结构"硬伤"，导致推倒重来的极端情况。

第二，"按图施工"可以让写作方向更准确，避免内容偏离主题，让表达更顺畅，甚至一气呵成。

第三，写好提纲更方便选用素材，比如什么地方写什么，用哪些素材，心中有"谱"后就会提高写作速度，不会在写时犹豫不决，反复折腾。

第四，提纲还可以固化灵感。脑子里想到的东西如果不及时写下来，可能就忘了，因为灵感是一闪而过的东西，大脑很容易"断片"，而提纲就像电影胶片，能把灵感的影像固定下来。因而作家老舍说："尽管我只写二三千字，也需先出个提纲，安排好第一段说什么，第二段说什么……有了提纲心里就有了底，写起来就顺理成章；先麻烦点，后来可省事。"

（2）把工夫下在平时

写作不是完全的"无中生有"的过程，很大程度上是"有中生有"，如果作者肚子里没"货"，怎么写也不出来。所以要舍得把功夫下在平时，就像"十月怀胎"一样，否则绝不会有"一朝分娩"的可能性。

肚子里面的"货"从哪里来呢？

高效率的写作者，平时一定得像呼吸空气一样汲取写作营养，并且长期坚持，养成习惯。有些人写文章不想把工夫下在平时，认为那样投入太多、产出又少，不划算。我要说的是，文字工作本来就是高投入低产出，一定量的产出往往需要无数倍的投入，谁平时积累多一点，谁就能在后期节约成本，获得更多红利。一旦投入整体减少，加上产出总体提升，写作效率不就提高了吗？南宋诗人陆游"功夫在诗外"之说就是对整体效率法则的深刻洞见。真正高效率的写作，应把写作功夫前置，做"长线投资"，好比平时营养充足了，才能在赛场上跑出"百米冲刺"速度，"平时不烧香，急来抱佛脚"是提不高效率的。

问题是，平时怎么积累？应注意三点：其一，保持"空杯"心态，如饥似渴地学习，不要放过任何一个学习机会。其二，分门别类地管理好"食粮"，清楚手中有多少粮、怎么用，用时才能"招之能来，来之能战"。其三，用批判性思维欣赏他人作品，阅读时当"局内人"，把自己摆进去，这样才能充分领会别人的构思，进而融会贯通。

（3）想清楚了再动笔

达·芬奇说：让劳作跑在思考之前，一定是个拙劣画家。我想，让写作跑到思考前面的人，一定是个蹩脚的写作者。有些人写材料总是显得迫不及待，还没想好就动笔，像挤牙膏一样，想一点儿写一点儿。当然，相对于还没动手的人，先写出点东西来，实现"零的突破"，的确是赢在了起跑线上，有效率。但从整个过程看，往往会输在终点线上，就像一个人都还不知道要去哪里、走什么路，就往前跑，是不一定能到达目的地的，大概率会走冤枉路，这叫欲速则不达。

就拿写领导讲话稿来说，写前得想清几个问题。

一是讲话的意图是什么。因何事而起，搞清楚来龙去脉。

二是谁来讲。这很重要，你得想清楚讲话者的风格，想想领导的基本主张是什么。

三是在什么场合使用，受众是些什么人，他们有什么期待。

这些问题想清楚了，还得推演一下稿子的整体谋篇布局，采用什么结构、分几部分，材料从哪里来，需不需要调查研究。这些问题如果都没搞清楚就写，必然是"下笔千言，离题万里"，不仅浪费时间，还写不好，效率怎么会高呢？

所以，高效率的写作一定是想清楚了再动笔的。怎么想？可一个人想，哪怕是发发呆、散散步、喝喝茶、听听音乐，让自己静一静，过过脑子。据说安徒生创造童话故事前就喜欢在林中漫步，英国诗人雪莱写小说，"虽说写作只花了六个月功夫，构思过程却长达数年之久"。

爱因斯坦就讲过这样的故事。自从柯南·道尔为我们创造了那些引人入胜的故事以来，现在，基本上每本侦探小说都会出现一个这样的时刻：调查人搜集了所有的事实，这些事实起码能够解决一部分问题，但这些事实看起来有些奇怪，前后衔接不起来，彼此毫不相关。然而，伟大的侦探家知道，这些调查已经足够了，现在只剩下一些思考活动了，以便把这些搜集来的资料组织起来。所以，接下来他会拉一会儿小提琴，或懒洋洋地坐在沙发里抽抽烟。突然间，柳暗花明，他就找到了答案。

如果是团队作业的大稿子，还可以多人一起想，比方说开个讨论会，来个"头脑风暴"，碰撞碰撞思想的火花。当然，不管是一个人想还是多人一起想，都是好习惯，都能提高写作效率。

（4）回归写作本源

不管是公文写作，还是文学创作，本质上都是研究。没有研究，没有观察，断然写不出，写不好。

有些人把写作简单理解为"文字工作"，甚至把写作当成文字的拼凑游戏，不注重调查、研究、分析，把工夫花在了文字上，这是不对的，写作效率是低下的。如果不把问题研究透彻，稿子很难写到点子上，任你妙笔生花也解决不了问题。不说能不能过领导那一关，单说文章质量上不来，就不算是高效率的。

高效率的写作要回归到写作本源，什么是写作的本源？就是研究问题、解决问题。所以，拿到写作任务时别着急，先回到问题本身，把事情的来龙去脉想清了、想透了，哪怕多费一些时间，多耗一些精力，也是值得的。只要稿子质量高、写作过程不折腾，效率照样很高。这叫慢工出细活、出精品。如果文章一点用都没有，你投入再少、写得再快，也是废纸一张，实际等于没完成任务，经济学上的收益为零，怎么会有效率呢？

（5）以"非我"状态写

日常写作中，很多人的稿子不受"待见"，常被领导改得面目全非，反复修改。时间久了，就会怀疑自己是不是不会写了。

事实并非如此。他们不是不会写，而是站在"自我"角度写，缺乏用户思维，没有换位思考。太过于自我了，就很难换位思考，搞不清上级意图，搞不懂受众预期，凭着一己之见一厢情愿地写，自然写不好。

高效率的写作者应该以"非我"的状态写作，把顾客当"上帝"，以"用户"为中心，时刻站在"消费者"角度思考问题，做到"柔性化"写作，个性化定制。只有满足多元化的文稿"消费"需求，紧盯用户意图靶向写作，才能写出"一稿过"的文稿。

为什么这样说？

因为文稿在本质上就是一种产品，写作者是"内容生产者"，要让"消费者"喜欢你的产品，就要遵循商业逻辑，按商业的套路来。所以，我们常说，公文写作是"为他人代言"，写的东西好不好，不是自己说了算，是用户说了算。并且在公文写作这个领域，永远是"买方市场"，最重要的不是你想写什么、擅长写什么，而是别人想说什么、想要什么。

（6）站在高人肩膀上

很多初学者会片面认为，写作是个自主创作的过程，喜欢从零开始去摸索，效率很低。经常一个简单的通知，半天写不好，好不容易憋出来，还"鼻子不像鼻子，眼睛不像眼睛"。

这种低效率的背后，一个重要的原因就是不会模仿，没有模仿的习惯和意识。事实上，高效率的写作者都是站在高人肩膀上写作的，在模仿中学习，在借鉴中精进。

亚里士多德认为，人和禽兽的重要区别"就在于人最善于模仿"，模仿是人类的本能，是一种普适的学习方法。人类从学说话开始就会模仿，走路靠模仿，学书法临摹，画画写生，形式不同，本质都是模仿。高效写作同样需要模仿。南宋思想家朱熹曾说："古人作文作诗，多是模仿前人而作之。"茅盾先生还说："模仿是创造的第一步，是学习的最初形式。"据说莎士比亚起初模仿英国旧戏剧作者，布朗宁起初模仿雪莱，陀思妥耶夫斯基和许多俄国小说家都模仿雨果。

模仿是讲方法的，不是简单的"邯郸学步""东施效颦"，更不是照搬照抄。写作者通过对现有文章结构、语言、风格等的再创造，可以起到立竿见影的效果。即便写作"小白"，只要懂得模仿，找到好的范文，依着"葫芦"很容易就把"瓢"画出来，照着"猫"快速地把"虎"画个八九不离十，大大提高写作效率。正因模仿的这种高效作用，写作界才有"天下文章一大抄"的说法。

（7）及时获得反馈

很多同志写作效率提不起来，一个重要原因就是写作过程中"虎头蛇尾"或"有头没尾"，只关注自己如何表达，不关注别人如何评价，只有信息输出，没有信息反馈。

高效率的写作应让信息形成闭环，既重表达，也重反馈。因为通过反馈可以纠正认知偏差，如果自己的作品获得了受众的正向反馈，内心就对自己的写作更加笃定，如果获得负反馈，就立即反思改进，以便下次避开"雷区"。当然，单从一次写作来看，反馈效果可能并不明显，但对长期写作的人来说，就很有意义了，因为上次的"前车之鉴"必然成为下次写作的基础，能节约成本、提高效率。

怎样获得有效反馈？方法有以下四个。

第一，对比写作过程稿，尤其是"花脸稿"，琢磨审稿者是如何改的，与原文差别在哪里，为什么这样改。

第二，现场听人讲。对大稿子来说，在前期征求意见中，一定要抓住机会聆听专家意见；对讲话稿而言，还可在正式开会时现场聆听，看领导有没有临场发挥。

第三，文稿面世后，从受文对象身上获得反馈，看措施是否合适，有没有写到点子上。

第四，向同行"行卷"，就像古人在考试前将自己的作品送给高人评价一样，请第三者提意见，这种反馈形式不妨一试。

（8）在"心流"状态下写

有些人写作时不专注，边看手机边写作，边听音乐边写作，边聊天边写作，甚至有看着电影写作的，拖拖拉拉、断断续续，一点儿都不麻利，看起来热火朝天，实际上效率低下。

高效率的写作要在"心流"状态下完成，不写则已，一旦动笔就应该以最好的状态投入战斗，以最快的速度结束战斗。"心流"这个词是美国著名心理学家米哈伊·奇克森特米哈伊提出的，即人们全身心投入某件事的一种心理状态，如程序员敲代码时、设计师作图时都会产生"心流"，人处于这种情境时，往往不愿被打扰。

"心流"是写作的最佳状态，通俗说就是全身心投入的忘我状态。我在想，古代"文不加点""倚马可待"的例子，一定是在"心流"状态下才能实现的。

怎样才能达到"心流"状态？需具备两个条件。

第一，内在条件，自己先要排除杂念、一心一意地思考写作，不能心猿意马、心浮气躁。比方说，有些作者为了思考写作，忘记吃饭、喝水，甚至走路都还沉浸在思考中，就是心流状态。

第二，外在条件，分两方面：一是好的空间，如条件允许，建议找个安静的环境写，关起门来写，"躲进小楼成一统"可以尽最大可能减少环境对写作的扰动；二是好的时间，如果条件允许，可选一个理想的时间段开工，比如下班后，乃至夜深人静、万籁俱静，在灯光的陪伴下写作。

（9）不钻"牛角尖"

前面说了，高效率写作的一个习惯就是回归写作本源，"钻"进去把问题搞清楚。从另外的角度讲，不仅不能"钻"，反而应从问题中"跳"出来，不在个别问题上纠缠不休。

高效率的写作能钻"牛角尖"，需懂"此路不通绕路走"的道理，不能在一个问题上死磕。可有些人就喜欢这样，特别喜欢较真儿，不撞南墙不回头，虽然精神可嘉，但就写作效率而言，不值得提倡。写紧急文稿尤其应该如此，"完成"比"完美"更重要，尽管还有不完美的地方，但必须先把事办了，因为事不等人。比如第二天就开几百人的会，你无论如何得保证会前拿出一篇稿子，没有拖延的余地，没有商量的余地，否则，拿什么开会呢？

当然，变通处理不代表随便回避问题，乱打折扣，而是一种迂回策略，是在设计上的变更，是实事求是的做法。因为人认识客观事物的过程是渐进的，写作也是个逐渐"拨开迷雾"的探索过程，前期构思很难毕其功于一役，难免有欠妥之处，具体写作时，思路"卡壳"很正常。怎么办呢？不妨暂且搁置，跳过去写其他部分，说不定写着写着思路就打开了，思路一旦通了，再回来"复工"，"工期"就不会受影响。即使实在打不开思路，写不下去了，还可以调整构思，换个角度来写，总之不能在一个问题上卡死。

（10）像锻炼身体一样练笔

作家田汉曾说："写作是没有万灵药方的，只有靠自己去逐步摸索，靠自己的长期练习，把敏锐的观察和速记的技巧结合起来，把生活中的精彩部分记录下来。"有的人平时不去训练，写作时又不会，抱怨没人教、没机会练，找一大堆理由。

写作力不是天上掉下来的，高效率的写作者都不是被动等人来教的，而是高密度训练出来的。训练是提高效率的"不二法门"，低效率和高效率之间就差"训练"两个字，并且这种训练是积极主动的，这正是斯蒂芬·科维《高效能人士的七个习惯》的第一个习惯，效率不是被动等来的，而是主动练来的。常言道"练拳不练功，到老一场空""三天不念口生，三天不练手生"，写作技巧就像古代剑客的剑术，平时不练习，剑术就会退步，出剑的速度、精度不知不觉就退化了。

记得在电影《方世玉》里主人公苗翠花的师兄为救她而中了于振海的剑，临死前说："想不到隐藏武功是会贬值的。"这是多么痛的领悟啊！可见，平时练习是多么重要。所以，提升写作效率唯一的路径就是练，唯有写、写、写，练、练、练，才能提升写作水平。

俄国著名作家果戈理说："写作的人像画家不应该停止画笔一样，也是不应该停止笔头的。随便他写什么，必须每天写，要紧的是叫手学会完全服从思想。"一个具有持续战斗力的写作者，有任务时要写，没有任务时创造任务也要写，哪怕每天写段日记也比不写好。我的方法是坚持写日记、发朋友圈、投稿，加上发微信公众号，这样做能让自己始终保持语感，思维随时"在线"，保持"战时状态"。

综观那些写作高手，大多会用业余时间写大量文章发表，主动拥抱文字，同文字做朋友。若没有大量"课外练习"，写作"功力"恐怕是很难维持的，迟早会"江郎才尽"，陷入"挤牙膏"式的低效写作中。

3. 如何养成良好的写作习惯？

习惯是一个人积久养成的行为方式，英国哲学家弗兰西斯·培根曾说："习惯真是一种顽强而巨大的力量，它可以主宰人生。因此，人自幼就应该通过完美的教育，去建立一种良好的习惯。"

如何才能养成好的写作习惯？建议有以下四点。

（1）洞见习惯的价值

养成高效率的写作习惯，首先要从洞见习惯的价值起航。文字工作者不仅要注重写作规律、方法、技巧的掌握，还要注重良好习惯的养成，从心底重视习惯，这是高效率写作的第一颗纽扣。

正如美国作家弗格森所言："谁也无法说服他人改变，因为我们每个人都守着一扇只能从内开启的改变之门，不论动之以情或晓之以理，我们都不能替别人开门。"心若改变，人的态度跟着改变，态度改变，人的习惯跟着改变，习惯一旦改变，人的行为效率也就跟着改变了。

（2）给自己的习惯"照照镜子"

人贵在自知，很多人对自己的习惯是不了解的，写作习惯也是自发形成的，是在没有经过科学训练的基础上养成的，平时都只满足于"过得去""混着走"，很少思考习惯的合理性问题，更发觉不了习惯中的"bug"。

解决这个问题，最简单的方法就是专门研究写作大家的写作习惯，看人家是怎么写的，实行拿来主义。但我觉得，根本上还是回归到写作的规律和本源上思考，从全过程来思考，发现不良习惯，进而改进它。为此，我建议大家多读《文心雕龙》《文赋》这样的经典著作，对于写作习惯的养成是很有好处的。

（3）用习惯来征服习惯

常言道：光说不练假把式。著名心理学家、哲学家威廉·詹姆士也说过："播下一个行动，收获一种习惯；播下一种习惯，收获一种性格；播下一种性格，收获一种命运。"

通过"照镜子"发现自己的习惯不好，怎么办？当然不是抱怨，也不是批评，更不是去寻找理由，而是去改变它、纠正它，用好习惯去征服不好习惯。当然，这个过程会很不好受，但"革新"就是这样，只有强迫着自己不好受，在每次写作中刻意练习，制造正向反馈，尝到"甜头"后，一次次积累，慢慢也就成了。

（4）把时间作为习惯的"显影剂"

习惯比天性更顽固，坏习惯不是一两天就能忘记的，好习惯也不是一两次就能养成的，需百转千回方能深入骨髓、刻在心中。

养成好习惯没有捷径可走，正如鲁迅先生说的：世界上本没有路，走的人多了，便成了路。习惯之路也一样，只有在一次次写作中坚持、坚持、再坚持，把一切交给时间，经过长期踩踏，才会有道可循。

最后，我真心地希望长期从事写作的同志能打开自己的"改变之门"，从不好的习惯中"觉醒"，找到写作的好习惯，并同它一同成长。对自己的改变要有耐心，因为自我成长是神圣的，也是脆弱的，需要长时间下功夫，需要坚强不懈的精神，但是请坚信，好习惯确定后，必定会有鼓舞人心的可喜成效。

第7课　跟着历史人物学写作
——解锁曾国藩身上的"8条写作密码"

读书不二：一书未点完，断不看他书，东翻西阅，都是徇外为人。读史：廿三史每日十页，虽有事亦不间断。写日记，须端楷，凡日间过恶（身过、心过、口过）皆己出，终身不断。日知其所亡：每日记"茶余偶谈"一则，分为德行门、学问门、经济门、艺术门。月无忘所能：每月作诗文数首，易验积理之多寡，养气之盛否。

——曾国藩

 本课导读

人是在不断学习、反思中获得智慧的，通过总结前人的经验，可以探寻事物发展的规律。事实上，几千年来，人类正是在不断反思和总结中"究天人之际，通古今之变"。比如，通过写历史获得治国良策和人生哲理就是一种反思总结的范式。这种方法对今天的人来说依然有效，作为文字工作者，在学习写作过程中，不仅需要自己在实践中亲自感知、体验，同时还可以从历史人物身上获得写作经验的启示。在历史人物中，曾国藩是很有代表性的，很多人都读过《曾国藩家书》，但是，大多从做人做事上去理解，很少用写作视角观察。殊不知，曾国藩的身上凝聚着宝贵的写作经验，我跨界思考归纳了最有代表性的八条，希望大家品味。

本课核心观点

- 从不投机取巧
- 敢从失败中站起来
- 在战争中学习战争
- 把写作当成一种修炼

■ 在总结中迭代升级
■ 像吃饭喝水一样学习
■ 在大格局下思考
■ 用平常心对待工作

曾国藩是中国近代政治家、战略家、理学家和文学家，他一生严于修身、勤于治学，为后世留下了宝贵的人生经验。

梁启超、毛泽东曾高度赞誉曾国藩，他的治军思想一度成为军校教材，《曾国藩家书》《挺经》《冰鉴》成为很多家庭的案头书，不仅教人做人做事，还教人写作。蒋介石就曾告诫儿子："至于中文读书写字之法，在曾公家训与家书中言之甚详。你们如能详看其家训与家书，不特于国学有心得，必于精神道德皆可成为中国之政治家，不可以其时代已过而忽之也"。

从曾国藩的家书家训中可以获得哪些公文写作的经验呢？

归纳起来，有以下八点。

1. 从不投机取巧

曾国藩曾在奏折中写道："臣不善骑马，未能身临前敌，亲自督阵。又行军过于迟钝，十余年来，但知结硬寨、打呆仗、从未用一奇谋、施以方略制敌于意计之外。"所谓"结硬寨、打呆仗"，简单说就是不玩投机取巧、出奇制胜，因为他崇尚"守拙"，认为"天下之至拙，能胜天下之至巧，拙者自知不如他人，自便会更虚心。"

在这样的人生哲学指导下，他显现出了强大的战略定力，善于从长远来思考问题，坚持打持久战、消耗战。历史证明：这种打法看起来慢，看起来笨，实际上效果很好。

公文写作是一场马拉松式的赛跑，打的是持久战，没有十年八年的修炼，很难成为行家里手。

如何打赢这场持久战？

可学习曾国藩"结硬寨、打呆仗"的精神，因为公文写作之路没有捷径可走，没有"速成班"可上，只能下笨功夫，只能在实践中一篇篇啃、一天天熬，日拱一卒。正如胡适先生所言："怕什么真理无穷，进一寸有一寸的欢喜。"

不可投机取巧、急功近利。

2. 能从失败中站起来

曾国藩一辈子打过很多败仗，尤其在战争初期，因缺乏实战经验，被太平军连连打败。

1854年，湘军在岳州、宁乡、靖港战败，靖港一战败得最惨，被他称为平生"四大惭"之一。第二年，湘军再次失败，100多艘战船被烧，甚至连座船都被俘，"文卷册牍俱失"，对曾国藩来说，打击是很大的，他曾写道："甲寅年岳州、靖港败后，栖于高峰寺，为通省官绅所鄙夷"。

令人敬佩的是，在一次次失败面前，曾国藩都"挺"住了，没有一蹶不振，而是从失败中站起来继续战斗，直到胜利。在公文写作中，经常有一些同志因一两个稿子写不好就挺不住，甚至开始打退堂鼓，缺乏曾国藩的那股挺劲。

在曾国藩的世界里，"挺"已经成为一种哲学，"打脱牙和血吞"就是挺的精神实质。《挺经》里说"贼以坚忍死拒，我亦当以坚忍胜之。惟有休养士气，观衅而动，不必过求速效，徒伤精锐，迨瓜熟蒂落，自可应手奏功也"。人在失败后尤其需要挺，能挺才能酝酿反弹力。

胜负乃兵家常事，公文写作不确定性因素多，很少有常胜将军，厉害的人都是在屡战屡败中咬牙坚持。所以不要因一两个稿子没写好就垂头丧气，也不要因被领导批评两句就打退堂鼓，应该学习曾国藩，耐住性子、扛住压力，使劲儿地挺住。

3. 在战争中学习战争

曾国藩42岁之前都是文官，任内阁学士加礼部侍郎衔，机缘巧合才办起团练，跨界到军事领域。

是什么让一个军事"小白"转型为军事"大咖"？

诀窍就是：在战争中学习战争。

他在一次次战役中学习摸索战争规律、法则，形成自己的战略思想，他的思想被编为《曾胡治兵语录》，一度成为黄埔军校教材。

在实战中，他升级了对战争的认知，总结出："带勇之法，用恩莫如用仁，用威莫如用礼""练兵如八股家之揣摩，只要有百篇烂熟之文，则布局立意，常有熟径可寻，而腔调亦左右逢源""带兵之人，第一要才堪治民，第二要不怕死，第三要不汲汲名利，第四要耐受辛苦""近年驭将失之宽厚，又与诸将相距过远，危险之际，弊端百出。然后知古人所云'作事威克厥爱'，虽少必济，反是乃败道耳"。

这些都不是他已有的经验，而是在战争中摸索出来的。正是把战争当成了学校，曾国藩才顺利"毕业"。

毛泽东在《中国革命战争的战略问题》一文中说："读书是学习，使用也是学习，而且是更重要的学习。从战争学习战争——这是我们的主要方法。"然而公文写作中，一些人却不太懂得这个道理，经常抱怨自己不是文科生，没有写作经验，不会写材料。

建议多读读关于曾国藩的书，很多事都不是会了才去做，而是做了才能会，会与不会之间就差个"练"字。实战是最好的学校，只有把每次写作当成学习的机会，在写作中学习写作，才能变"不会"为"会"。

4. 把写作当成一种修炼

曾国藩的成长规律并没有什么特别之处，他也是从"没有恒心"到"有恒心"这个转变中成长起来的。

他在一次写给兄弟的信里，谈到缺乏恒心的问题：

"当翰林时，应留心诗字，则好涉猎他书，以纷其志；读性理书时，则杂以诗文各集，以歧其趋。在六部时，又不甚实力讲求公事。在外带兵，又不能竭力专治军事，或读书写字以乱其志意。"

难能可贵的是，曾国藩认识到了没有恒心的危害，并刻意练习加以改进。他说："凡人做一事，便须全副精神注在此一事，首尾不懈。不可见异思迁，做这样想那样，坐这山望那山。人而无恒，终身一无所成。"

他是如何专注于一事的？

最有代表性的就是"日课十二则"，每天给自己设定十二个"规定动作"，比如每天坚持看历史不下 10 页，饭后写字不下半小时。另外，他还持之以恒写家书，仅 1861 年一年他就写了不下 253 封家书，相当于周一到周五每天一封。为保持恒心，他总结道："天下古今之庸人，皆以一惰字致败。百种弊病，皆从懒生。戒傲戒惰，保家之道也。"这种精神值得我们学习。

美国作家马克·吐温说过："人的思想是了不起的，只要专注于某一项事业，那就一定会做出使自己吃惊的成绩来。"在我看来，写作是文字工作者的本分，所用的技巧就像古代剑客的剑术，如果平时不练习，正式上场时就会束手无策，在决斗中败在对手剑下。

以前老人们讲过一句话：不怕无能，就怕无恒。在中国文化里，还有很多这样的认知，比如"练拳不练功，到老一场空""三天不念口生，三天不练手生""夏练三伏，冬练三九"等，强调的都是恒心。

笔杆子最需要恒心，因为所从事的职业像是持久战，考验的是恒心。没有什么好办法，唯有多写多练。

5. 在总结中迭代升级

反思和总结是人类进步的两种逻辑，几千年来，人类正是在不断反思和总结中"究天人之际，通古今之变"的。

曾国藩之所以能在学业、事业、道德上取得巨大成功，一个重要原因就是勤于总结。"日课十二则"有两则关于总结，一则是"日知所亡：每日读书记录心得语，有求深意是徇人。"就是每天读书并将心得体会记录下来。另外一则是"月无亡所能：每月做诗文数首，以验积理之多寡，养气之盛否。不可一味耽着，最易溺心丧志。"每月复习已学过的知识，做诗文数首，用来检验所学理论的多少。

正是有了这种善于总结的习惯，才有《冰鉴》《挺经》这样的著作传世。他总结了观人四法：讲信用、无官气、有条理、少大话；总结了持家八字：考、宝、早、扫、书、蔬、鱼、猪；总结了做人做事的八个本：读书以训诂为本，作诗文以声调为本，事亲以得欢心为本，养生以戒恼怒为本，立身以不妄语为本，居家以不晏起为本，做官以不要钱为本，行军以不扰民为本。

这些经典的总结无疑是曾国藩认知的升华，就像电脑的"碎片整理程序"，能对自己思维方式、观念系统作出优化。

德国诗人海涅说过："反省是一面镜子，它能将我们的错误清清楚楚地照出来，使我们有改正的机会。"反思是一个人对自己过去的复盘，是对人生的"审计"，它能让一个人的"智慧账本"更具有规律性，展现出该有的存在状态。

笔杆子应学习曾国藩总结反思的习惯，前文曾建议大家多看"花脸稿"，这也算是对写作的总结反思。所以，稿子写完之后，你最好回过头来看看"过程稿"，尤其是修改过的地方最值得看，从中可以悟出为什么这样改、前后差别在哪里。

另外，还建议有条件的同志不妨找受众聊聊，听听受众怎么说，因为这样可以获得及时反馈，有了反馈，就会倒逼反思。

6. 像吃饭喝水一样学习

所谓学识，有学才有识。凡有学识之人，必然在学习上下功夫，曾国藩是个热爱学习的人。

他说："人之气质，由于天生，很难改变，唯读书则可以变其气质。"因此，把读书当成了每日的功课，"读书不二：一书未点完，断不看他书，东翻西阅，都是徇外为人""读史：丙申年购《二十三史》，大人曰：'尔借钱买书，吾不惮极力为尔弥缝，尔能圈点一遍，则不负我矣。'嗣后每日圈点十页，间断不孝。"

他是这么说，也是这么做的。在给兄弟的信里，他写道："余自十月初一立志自新以来，虽懒惰如故，而每日楷书写日记，每日读史十页，每日记《茶余偶谈》一则，此三事未尝一日间断。"可见，至少在那段时间，曾国藩坚持学习，从未间断过。

他还说："盖士人读书，第一要有志，第二要有识，第三要有恒。有志则断不甘为下流；有识则知学问无尽，不敢以一得自足，如河伯之观海，如井蛙之窥天，皆无识者也；有恒者则断无不成之事。此三者缺一不可。"在普通人看来如此普通的读书，曾国藩也能谈出这么多道道来，可见，他把读书摆到了多么重要的位置啊！

写公文是"生产"内容的过程，任何一次写作都是从学习之源流出的河水，如果没有持续的学习，任何人的写作都会像源头已然枯竭的河流，迟早会干涸、断流。按照这个逻辑，写作是输出内容的过程，在输出前一定需要持续输入，否则写作就难以进行下去。

希望公文写作者向曾国藩学习，像吃饭喝水一样学习，在读书中获得理论，在文件中洞见门道，在记录中沉淀语言，在请教中获得灵感，每一天都能汲取到写作的营养。

7. 在大格局下思考

曾国藩有句名言："谋大事者首重格局"，他希望做事应该是"大处着眼，小处着手，群聚守口，独居守心"。

什么是格局？

在我看来，格局是一种境界、一种品性，一种姿态。一个人的格局如何，全凭着眼的高低、大小。打个比方，当一个人站在三楼观看地面时，入眼的东西绝大部分是细小杂乱的物体，甚至有灰尘、垃圾。而当他站到二十楼观察时，入眼的东西就是高楼大厦、满城的风景。这个比方告诉我们一个道理：真正谋大事的人要有大格局，看待问题要有高度、广度，也就是曾国藩所谓"从大处着眼"。

公文写作注定是一种"想大事""谋公事"的行政活动，干好这项工作天生就需从大处着眼，只有格局足够大了，才能在分析问题时站得高、看得远、顾得全、想得深、跟得上，做到心居高位讲政治，胸怀宽广顾大局，与时俱进立潮头。

文字工作者若想练就"大手笔"，写出"大稿子"，就得学习曾国藩"大处着眼，小处着手"，培养大历史眼光、长周期思维，既能提出技术性的解决方案，还能在大的时空格局下思考谋划，这样才能为领导当好参谋助手，发挥"以文辅政"的作用。

8. 用平常心对待工作

修养决定了一个人的高度和厚度。

曾国藩是十分注重修身养性的人，他的"日课十二则"的头两则就是"主敬""静坐"。

所谓"主敬"，即"整齐严肃，无时不惧。无事时心在腔子里，应事时专一不杂。清明在躬，如日之升。"时时刻刻都警惕、检查自己是否出现了杂念，要求自己一旦投入工作中，就必须专心致志、不存杂念，就像早晨的太阳一样，生机勃勃。

所谓"静坐"，即"每日不拘何时，静坐四刻，体念来复之仁心，正位凝命，如鼎之镇。"他要求自己每天不限时间静坐一小时以上，体验圣人所教诲的仁心，坚守自己的信念，就像宝鼎一样镇定而不可动摇。

写作本身是一场身心的修炼。

写好文章需要定力，因为写作不仅考验写功，也考验坐功，有时为了赶稿子，会从早到晚一坐就是十几个小时，并连续奋战一段时间。坐，可以说是文字工作者的基本功，所谓"板凳需坐十年冷，文章不写一字空"就是这个道理。干好文字工作就得练好心境、淡定心态，学会"主敬""静坐"，这样才能在枯燥乏味的写作中守住清贫、耐住寂寞、守住本分，实现内心自洽、与自己和解。

第二篇

学习

汝果欲学诗，工夫在诗外

积学以储宝，酌理以富才，研阅以穷照，驯致以绎辞。

——刘勰《文心雕龙》

积累素材是学问之源，决定了"笔头"的"软硬"。文字工作者唯有日积月累，写作力才能精进，学识才会升华；只有大量积累，笔下才会有"千军万马"供驱使，写作思路才会如汩汩涌泉取之不竭；只有长期积累，写作的奇思妙想才会如吐玉射珠般喷涌而出。

本篇围绕"如何学习积累"讲 10 个问题：

◆ 学习法则：学习积累的"6 种算法"

◆ 六个要诀：素材积累"运筹学"

◆ 八个维度：素材分类"管理学"

◆ 五道关口：怎样选好用好写作素材？

◆ 阅读方法：文件的"6 种打开方式"

◆ 学习策略：送给学习者的"7 个锦囊"

◆ 读书策略：写作"营养学"

◆ 时间管理：发现"暗时间"的方法

◆ 模仿思维：关于模仿的 3 个问题

◆ 模仿策略：模仿借鉴的 5 种策略

第8课

为什么你没长期积累的动力？
——长期主义下学习积累的"6种算法"

积土成山，风雨兴焉；积水成渊，蛟龙生焉；积善成德，而神明自得，圣心备焉。故不积跬步，无以至千里；不积小流，无以成江海。骐骥一跃，不能十步；驽马十驾，功在不舍。锲而舍之，朽木不折；锲而不舍，金石可镂。蚓无爪牙之利，筋骨之强，上食埃土，下饮黄泉，用心一也。蟹六跪而二螯，非蛇鳝之穴无可寄托者，用心躁也。

——荀子

本课导读

对写作者而言，积累素材不仅是一种习惯，还是一门学问。我在实践中观察发现，很多朋友对于积累素材认知有偏差，有的认为，积累就是需要了再去想办法，没必要盲目地积累，如果没有针对性，就白忙活了。有的以为，积累应集中在某一段时间内狠劲地积累，一劳永逸，一次性多积累一些，省得成天忙活，那样太麻烦了。还有的朋友为了省事，只会收集电子版材料，或只会在手机里点收藏，觉得那样效率更高。针对这些情况，我在本课里谈了六种观点，这些观点是指导积累的核心"算法"。要知道，做任何事情都是这样，只有解决了认知问题，才能更好地行动。很多时候，问题不在"方法"，而在"算法"。

本课核心观点

- 池水经不住慢瓢舀
- 好记性不如烂笔头
- 捡到篮里都是菜
- 未雨绸缪好过临渴掘井

- 功夫在诗外
- 养兵千日用在一时

写作，本质上是一种心理活动，每个环节都受心理机制的约束。

积累是写作的一个重要环节，属于写作的准备或"前写作"范畴，因而也受心理机制约束。心理机制若是对了，知识就能在时间的函数里日积月累，形成持续增量；若是错了，积累过程可能变成"0"当头的乘法，无论怎样算，结果都是"0"。

在我看来，心理机制本质上是一种"算法"，首先会表现为人对事物价值的判断，进而形成一种应对态度、破解角度及方法策略。用瑞·达利欧（Ray Dalio）的话来说，算法就是在连续性基础上运行的原则。

做任何事情，"算法"很重要，它影响人的认知及行为。所以，罗振宇在"时间的朋友"跨年演讲中才反复强调：成就＝核心算法 × 大量重复动作的平方（这是俞颖正的观点）。翻译过来就是，认准一件事后长期坚持做下去。我理解，在这个公式里，"算法"决定了一个人愿不愿做一件事，并决定用什么态度应对。只有通过"计算"，洞见并笃信了事情的巨大价值，人才会不厌其烦地重复去做，反之，则不会。

回到写作，很多人之所以缺乏积累写作素材的原动力，归根结底就是"算法"出了问题，对平时枯燥的学习积累方法，感到不值、不信、不想，认为太傻、太笨、不划算，懒得去做，更不会长期做、重复做。

我觉得这是"算法"上的分野。我是个长期主义者，尚拙崇勤，故而反对"临时抱佛脚"式的投机行为。我推崇长期主义，希望在日积月累中守正固本，调适心理，涵养才学。

长期主义的"算法"有六种。

1. 池水经不住慢瓢舀

写作，永远是一门增量哲学。就像朱熹《观书有感》里写的"问渠那得清如许，为有源头活水来"。源头活水就是源源不断的增量，学习积累正是保持增量的不二法门。

任何一个水池，如果只知道从里面舀水，即便不考虑水分蒸发，不持续地往池里加水，水迟早会被舀光。这就是"池水经不住慢瓢舀"的道理，也是我们文字工作者引流写作"活水"的"核心算法"。

只有笃信这种"算法"，人才会产生知识的恐慌感，进而诱发焦虑感，最终生出学习的紧迫感，自觉地强迫自己去学习充电，否则就会在混沌中放纵自己。这些年来，我正是在深深的恐慌心理驱使下，才逼迫自己读书（每年60本以上）、写日记、记笔记、建素材库。

正是基于对"池水经不住慢瓢舀"这个"算法"的理解和洞察，也正是有了这个"算法"的加持，才保证我的"写作之池"里永远有水可舀。

2. 好记性不如烂笔头

人脑并非电脑，不能完全"刻录"所有"运行"过的数据。它会忘记，会发生信息衰减，时间一长，信息的完整性、准确性都会大打折扣。这就是为什么人类需要书籍这种媒体来传递思想的底层逻辑。

试想一下，倘若没有古人把思想写成文字，那今天流传下来的《易经》《论语》《道德经》将会是五花八门，莫衷一是的。或许，《道德经》开篇极有可能不是"道可道，非常道；名可名，非常名。"《易经》就只剩54卦，《论语》也许不是20篇，而只剩18篇，甚至更少了。

这就叫"好记性不如烂笔头"。

这是内容生产者的基本"算法"，古往今来，概莫能外。就连苏东坡这样天赋极高之人都感慨"作诗火急追亡逋，清景一失后难摹。"（苏轼《腊日游孤山访惠勤惠思二僧诗》）翻译过来就是：我急忙提笔写下了这首诗歌，恐怕稍有延迟，那清丽的景色便从脑海中消失，再也难以描摹。苏轼这样的大才子尚且担心记性不好，会遗忘，遑论普通人了！

日常积累已经成了写作的一种普适经验。我国元末明初的文学家陶宗仪，平时很注意积累材料。在晚年，他一面做着教官，一边参加农活，即使在树下休息时也不忘写作，想起什么，见到什么或听到什么，立即摘取身边的树叶来书写，回家后贮存在一种口小腹大的瓦器盎里。这样年复一年，十年中竟积下十几盎。后来，他把盎一个个打开，取出平时积累的树叶，一张张重新加以修改整理，一共抄录成30卷，这就是"积叶成章"的《南村辍耕录》。

看过《围城》的人也许还记得，国立三闾大学教授李梅亭就很会积累素材，他制作了两大箱卡片。小说这样写道：李梅亭忙打开看里面东西有没有损失，大家替他高兴，也凑着看。箱子内部像口橱，一只只都是小抽屉，拉开抽屉，里面是排得整齐的白卡片，像图书馆的目录。他们失声奇怪，梅亭面有得色道"这是我的随身法宝。只要有它，中国书全烧完了，我还能照样在中国文学系开课程。"这些卡片照四角号码排列，分姓名题目两种。鸿渐好奇，拉开一只抽屉，把卡片一拨，只见那张片子天头上红墨水横写着"杜甫"两字，下面紫墨水写的标题，标题以后，蓝墨水细字的正文。鸿渐觉得梅亭的白眼睛在黑眼镜里注视着自己的表情，便说："精细极了！了不得。"

这虽是小说，也代表了钱锺书先生的治学观点。这样的例子是很多的，不一而足，道理只有一个：随时记录，以免遗忘。如果谁漠视了这个"算法"，谁就会付出代价。

当然了，当今时代，所谓"笔头"，不代表一定是要用笔写，也不代表要写到笔记本上。在信息时代，有序地收藏、存储、复制粘贴电子文本，也算是"动笔"的范畴。毕竟时代不一样了，不能机械地理解。比如，我有阅读笔记本，同样也在电脑中建有电子资料库，手机里也有收藏夹，还通过微信发信息的方式存储观点、词句。

不管用什么载体，都是方法层面的问题，问题的关键还是"算法"，即要认识到把东西保存下来的价值和意义。否则，就只会拼记忆、拼天赋，效果是很难保证的。

3. 捡到篮里都是菜

有朋友讲，积累一定要有针对性，不要盲目积累，不能什么东西都要。

这话本身没错，我想说的是，积累不要太"讲究"，随意点好，别太难为自己。

原因有三：首先，太有针对性了，你会很累，不利于长期坚持，此为其一；其次，素材有没有用，谁也说不清楚，今天没用，说不准明天就派上大用场；最后，素材就像煮熟的食物，集中起来，一旦遇到引子就会发酵，进而产生奇妙的反应，这就是"腹有诗书气自华"的化学逻辑。

"算法"越简单越好，只要觉得有意思的，不管三七二十一，统统存起来，捡到篮里都是菜嘛！这些年，我在积累上从不挑剔，可以说：天文、地理、物理、化学、法律、经济，但凡觉得有趣、有料的，来者不拒，从不挑剔。这样，没有太多条条框框，毫不拘束，不仅能以放松的心态去享受阅读的乐趣，还能在"知识仓库"中创造"发酵"的可能性，挺好。

不过，话要说回来，不管是以挑剔还是随意的眼光来拣选素材，都不是"算法"的核心，核心是要笃信拣得到菜的必要性、重要性，没有菜，积累的"值"就是"0"。

4. 未雨绸缪好过临渴掘井

做任何事情，平时不烧香，临时抱佛脚是不可取的，尽管有时很管用。这个"算法"一定是要懂，否则，积累的原动力瞬间就烟消云散了。

把工夫花在写作之前，随着时间的逻辑来堆积素材，那才是积累，才是有趣的积累。

就像考古学家考古，土层是随着年代的累积而堆叠的，不同的年代有不同的土层，这才形成完整的历史。

我向来反对平时不烧香，临时抱佛脚的作派。原因不是这种方法没有效果、没有必要，而是这种"算法"有问题。不可否认，工作中很多文稿的写作具有突发性、偶然性、不可预期性，不管平时积累如何，都得在写前临时组织调查研究、收集素材，这种"临时抱佛脚"的做法，很有针对性，非常有效。事实上，我们在实践中也经常这么干。

我要说的是，这种"算法"有"bug"，不保险，理由如下所述。

第一，有些稿子只能靠平时积累。比如，明天上午上级突然要开会，让你单位领导参会并发言，而你接到通知时已是晚上八点。怎么办？哪有时间去调研啊！只能靠吃平时的"家底"，也就是积累，加上临时"非常规"调度，否则你只能"干瞪眼"，完不成任务的。

第二，有些东西是临时求不来的。思想这个东西很奇怪，它就像面团一样，需反复揉搓，并给予它发酵的时间，才能做成面条、面片等。工作中对一些问题的见解，很难在骤然之间产生，需有一个酝酿的过程。就像有文章说的，钱可以买到药物，但买不到健康；可以买到床，但买不到睡眠；可以买到珠宝，但买不到美；可以买到书籍，但买不到智慧；可以买到奢侈品，但买不到文化……写作也是这个道理，临时抱佛脚，短时间可以得到数据，但得不出观点，可以看见现象，但难以洞察本质。

最保险的做法是，把功夫下在前头。只有平时烧了香，遇事才有"恃"无恐，信手拈来、调度自如。这就是未雨绸缪的"算法"逻辑。

5. 工夫在诗外

上过舞台的人经常感慨：台上三分钟，台下十年功。舞台上短暂的才艺展示，并非完全靠表演者的临场发挥，往往是台下长期积累的结果。

2021年春节联欢晚会上，中国豫剧表演艺术家李树建再次登上春晚舞台，他演唱的豫剧《大登殿》给观众留下了深刻印象。他在接受媒体采访时说，为了这舞台上的一分钟，他和所有演员一样，从1月23日开始一直排练到2月11日除夕之夜正式演出之前，排练时间长达20天。试想，身为中国剧协副主席、河南省剧协主席、河南豫剧院院长，早在10年前就曾连续五次登上央视春晚舞台的"常客"尚且如此，可见此言非虚啊！

文稿是文字工作者的舞台，写作无疑就是一次思维的表演，若想给"观众"展现一台精彩节目，台下的"诗外工夫"自然是不好练的。

有些人也许会认为，文字工作无非就是"文字"工作，甚至是文字游戏。这是很肤浅的理解。文字是思想的外衣，是人类智慧的载体。文字的背后是复杂的社会问题，是多元的思想观点，是深邃的工作规律，甚至还有人际关系、政治智慧、政策水平、专业素养……其实我们不仅仅在写作，还在研究工作，认识世界，改造世界。如果看不到文字背后的"门道"，那不仅会影响对文字工作价值的判断，还会影响学习积累的动力。

陆游说："汝果欲学诗，工夫在诗外。"这是练好积累这门工夫的一个核心"算法"。

如果忽略这一点，就会步入两种误区。第一，会肤浅地理解写作，脱离社会，脱离实际，脱离时代，就写作理解写作，把写作当成文字工作，形成狭隘的写作格局。第二，会狭隘地理解写作，把写作仅仅看作"写"，而不是一个"过程"，指望一时的脑洞大开、灵光乍现。

"诗外工夫""台下工夫"的"算法"核心就是：写作不是简单的文字工夫，不能等闲视之。

6. 养兵千日用在一时

有位读者问我：老师，最近半年来，我按您的方法收集了很多素材，也做了笔记。开始还挺有动力的，但现在有些懈怠了，因为自己根本不知道这些东西什么时候用得上。漫无目的地收集这么多东西，又不知什么时候有用，感觉自己有点傻！

我跟他说：你一点都不傻，还很聪明。所谓"养兵千日，用在一时"，这样做，表面看起来是有点"傻"，实际是"明智之举"。我说，积累素材好比养兵，大多情况下并没有特别明确的针对性，谁也无法预测会在什么时候、什么场合派上用场，所有的努力，就图四个字：有备无患。这正是一个国家和平时期还要供养一定数量的军队的"算法逻辑"。

这是战略级别的"算法"，倘若用战术的原则来评价，肯定会觉得不经济、不划算，但在战略层面上，价值马上就显现出来了。平时养兵的战略价值就是应对"不时之需"，求得"一时之用"的安全。有备和无备，在遇到紧急任务时高下立判。因此，不能认为这样做浪费了精力，也不能小觑了这种"漫无目的"付出的价值，因为这样的付出也许今天用不上，或许明天、后天就用上了；也许在这篇文章里没用，可能在下篇文章里就派上大用场了，这就是"有备无患"的"算法"。

以上是坚持长期主义积累的六种"算法"，希望对你有所启发。

最后，我想起诗人李白在《将进酒》里的一句诗："天生我材必有用"。如果把"材"字解读为"素材"的话，就是积累的"终极算法"。正是因为相信平时的积累一定有用，你才会为此不辞辛劳、不厌其烦，你才会找到日积月累的原动力。

把所有"算法"合成一句话，就是：积累没有白做的功，每一点都管用。

如果你觉得有道理，请不要犹豫，从现在开始，潜下心来，以空杯心态拧开"知识水池"的水龙头，一点一滴、日复一日地往里加水。正如阿尔贝·加缪所说："对未来真正的慷慨，是把一切都献给现在。"相信你不是一个对未来吝啬的人！

第 9 课

工夫在诗外，运筹于心中

——6 个要诀：素材积累"运筹学"

应当时时刻刻身边有一支铅笔和一本草簿，无论到哪里，你要竖起耳朵，睁开眼睛，像哨兵似的警觉，把你所见所闻随时记录下来。

——茅盾

本课导读

本课原文刊于《应用写作》2019 年第 7 期，原名《诗外工夫不可少——积累素材的七个要诀》。本课也是"素材三部曲"之一，讲"素材怎么来"。素材是文字工作者的粮食，如果没有持续的储备，人就会缺乏营养，一旦营养不足，身体就撑不住。有道是"人是铁饭是钢，一顿不吃饿得慌"。古今中外，无数大师的写作之路都是用积累铺平的，马克思写《资本论》前查阅书籍 1500 多种，恩格斯为写《自然辩证法》摘抄笔记近 200 本，鲁迅编《小说旧文抄》，摘录古书 1500 余卷，吴晗一生积累卡片上万张。这些大师在写作前无一不在积累上下过大工夫。我们的问题是，如何有效积累素材？这是常讲常新的问题，因为时代在变，社会生态也在变，尤其在互联网场景下，新工具、新手段不断涌现，如何适应时代潮流很重要。本课提出早、利、厚、深、专、顺六个要诀供大家参考。

本课核心观点

■ 未雨绸缪，行动要"早"

■ 因材施治，工具要"利"

■ 博观约取，积累要"厚"

■ 钩沉发微，思考要"深"

■ 分门别类，建库要"专"

■ 超前规划，管理要"顺"

南宋诗人陆游晚年教育儿子："汝果欲学诗，工夫在诗外。"。意思是，要想学习写作，就得从生活中汲取创作源泉，把工夫下在写之外、写之前。

当然，"诗外工夫"不是说有就有的。若不掌握规律，没有一套好方法，面对五花八门的信息，你就会感到无所适从。如果没严密的思维、独到的眼力，那么再好的信息在你面前，你也会视而不见、充耳不闻，同样会感到没有东西可用，没有内容可写。

有鉴于此，我结合实践，提炼出积累素材的六个要诀。

1. 未雨绸缪，行动要"早"

如果把写作比作打仗的话，那作者就是统帅，素材就是手下的兵马。既然是打仗，统帅麾下就得有兵马才行，一个无兵无马的"光杆司令"，想赢得战争，是很难的。

所以，聪明的人往往是未雨绸缪，早作打算，提前招兵买马，确保有备无患。

如何把握"早"这个要诀呢？建议树立三种意识。

（1）"未雨而绸缪"的意识

不管做任何事情，若平时"不烧香"，临时"抱佛脚"，是不管用的，因为那样既仓促，也不保险。保险的做法是未雨绸缪，早作打算，把工夫下在前头。

公文写作具有偶然性、临时性、突发性，很多材料来得突然、要得火急，没有足够时间准备，只能吃平时的家底。如果平时不烧香，临阵必然慌，只有平时烧了香，写起来才能信手拈来、调度自如。

（2）"工夫在诗外"的意识

有过舞台表演经历的人都会感慨，台上三分钟，台下十年功。这跟陆游说的"工夫在诗外"是一个道理。舞台上的一点才艺展示往往要在台下用万千心血来浇灌。

文稿是写作者的舞台，写作就是一次思维的表演，若想给观众展现出一台精彩节目，"诗外工夫""台下工夫"自然是不能不练好的。如果忽略这一点，指望一时的脑洞大开、灵光乍现，是写不好的。

（3）"我材必有用"的意识

诗人李白在《将进酒》里有句名句："天生我材必有用，千金散尽还复来。"这句话，引用到这里，特别合适。

积累素材好比养兵，并没有特别明确的针对性，实际就图个有备无患，因为谁也无法预测什么时候、什么场合能派上用场。你可能会问，这是不是意味着提前的积累就是"盲目"的，无用的呢？我觉得不能这么认为，正所谓"养兵千日，用在一时"，平时的积累是有极高战略价值的，可以达到"不时之需""一时之用"的效果。不能认为浪费了精力，也不能小觑了看似漫无目的的付出。这样的付出，也许今天用不上，或许明天、后天就用上了；也许在这篇文章里没用，可能在下篇文章里就派上大用场了。

2. 因材施治，工具要"利"

搜集素材是件巧事，因此需懂得使巧劲。

巧劲须有巧招，古人有很多有趣的小妙招，比如唐代诗人李贺喜欢随身携带一个锦囊，白日骑驴觅句，若有所得，便投入囊中，暮则探囊整理。白居易习惯在书房架子上置放一些陶罐，遇到好东西就投入其中，以备使用。

当下，信息技术、网络技术飞速发展，写作进入"互联网＋"时代，搜集素材的渠道和方式愈发多元化、便捷化，有很多"利器"可用。下面，推荐几种积累素材的方式供大家参考。

（1）记录本。这是最传统的搜集手段，虽然现在信息技术很发达，但依然不过时，因为它简单、方便，可随身携带，无论读书、看电视，或是开会、听报告，只要想记，伸手即来，不失为积累的好方法。

（2）剪辑本。这是在印刷技术普及后逐渐流行起来的方法，电子媒体还没有兴起的年代，这种方法是很流行的。虽然目前用的人越来越少了，某些时候它的好处却是不容忽视的，比如阅读报刊时，难免有些文章篇幅较大，摘抄起来很费时，全部存起来又没必要，索性将"精华"裁剪下来，集中粘贴到一个本子上。

（3）数据库。随着电脑的普及，在电脑上写作成为常态，因此几乎所有资料都以电子版的形态出现，只要通过"复制""粘贴"这样的快捷操作就可快速保存下来，非常方便。正因如此，这成了收集素材的主要形式。我建议，写材料的人都该有自己的数据库，而且还要分类建立，越细越好。

（4）收藏夹。当下互联网越来越发达，为写作起到加持作用，不管在电脑上，还是在手机上，你都能随时阅读。最方便的是，电脑和手机都有"收藏"

功能，只要遇到好文章，手指一点，就可以顺手牵羊，放进收藏夹里，需要时从收藏夹里找，非常方便。

（5）文件盒。工作中很多资料，如重要报告、常用文件、重要讲话稿、信息简报等，经常要学、要用，存在电脑里会忘记，写在本子上又怕不完整。怎么办？我的经验是准备一个专用文件盒或文件夹，把资料完整打印出来，放在桌上最顺手的地方，伸手就能翻到。

（6）小卡片。这虽是千年之前李贺使用的方法，现在依然不过时，因为很多时候带个笔记本毕竟不方便，小卡片则很灵巧，对于记录只言片语很有优势。

（7）工具书。写作者首先是优秀的阅读者，阅读者就得有书可读。我建议，大家有条件的话，在自己的办公室搞个小书库，没有条件的，哪怕有一个柜子专门用来摆放写作工具书也好，用起来方便。至于书，可以是业务书，也可是写作书，只要条件允许，多多益善。

（8）刊物架。现在单位每年都会订阅若干报刊，有时忙起来就没时间看，但千万别乱扔，我建议准备一个报刊架，把报刊按时间顺序先暂时存起来，待有空的时候再来慢慢品读，必要的时候也可以剪下来，贴近剪辑本里。

3. 博观约取，积累要"厚"

这是古今学者的一致认同。苏东坡说："博观而约取，厚积而薄发。"一语道破。茅盾先生也作过形象的比喻：积累素材要像"奸商"一样，囤积货物"不厌其多"。

对于内容生产者，积之愈厚，发之愈佳。怎么理解"厚"这一要诀？关键在三个方面。

（1）数量尽量多

随着计算机技术的发展，存储媒介的容量越来越大，电脑硬盘已从"G"级发展到了"T"级，我们可以最大数量地占有素材，只要可用，不厌其多。素材积累到一定数量，对事物的认知会更全面立体，写作时也才有"货比三家"，好中选优的余地。

（2）覆盖尽量广

管理素材很像开商店做买卖，每种商品都得备点货，只有品种齐全了，顾客选择的余地才多，生意才会长久。积累素材很像开商店，各种门类的知识都要学习积累。

不仅如此，积累素材的面也要广一点才好。怎么做到这一点？建议有计划地储备素材，不管本单位的还是外单位的，也不管当下的还是过去的，上级的或下级的，都兼顾起来，不要只盯住某个方面。

（3）效率尽量高

从理论上讲，素材当然是全面系统最好，但也要从实际出发，因为现在工作节奏快，很多材料"火着枪响"，要得急，根本没有太多时间慢慢积累。

从现实情况看，任何一个单位的领导都不可能给你几年时间，让你积累够了再去写，都是边干、边学、边积累。所以，最明智的做法是缺什么找什么，用到什么就收集什么，见到好的尽量收，发现短板尽量补，这样才能适应工作要求。

4. 钩沉发微，思考要"深"

我经常听人抱怨没有好素材用，实际不是没有素材，而是没有识材的眼力。正如法国雕塑家罗丹说的，这个世界不是缺少美，而是缺少发现美的眼睛。

识别素材的眼力不是天生的，是在一次次积累中养成的习惯，这种习惯就是深度思考。深度思考是一种能力，也是一种思维习惯，对收集素材而言，需要有发问的习惯，多问几个为什么。

可从七个维度来问：

（1）问反映的情况。看材料反映了哪方面的工作，反映的是成绩还是问题，是工作思路还是政策措施。

（2）问表现形式。看材料是政策文件还是经验材料，是讲话稿还是工作报告，重点是思想观点还是基础数据。

（3）问所持观点。看材料针对什么问题，表达了什么观点，是否有独到见解，是否正确，是否与上级观点一致，是否符合写作要求。

（4）问蕴含的规律。透过现象看本质，分析材料的言外之意、弦外之音，看背后蕴含着什么样的规律和理论。

（5）问可取之处。深入分析材料的使用价值，看素材哪些可取，哪些不可取，从哪个维度发挥作用。

（6）问材料用处。结合工作实际，先为素材预设用武之地，看材料是用来写讲话稿还是写经验材料好，是用来分析问题还是提出对策措施。

（7）问分类方法。按照材料的表现形式，思考存到哪个夹子里，如何命名，如何方便查找。

除此之外，大家还可结合自己的实际，多维度思考。

深度思考就得学会观察，观察凭借的主要不是生物性的眼睛，而是心灵的眼睛。这种观察是一种刻意的"看"，有意识的"看"，需要专注。俄国教育家乌申斯基就说，注意是一座门，凡是外界进入心灵的东西都要通过它。

5. 分门别类，建库要"专"

我们说的写作素材其实是一个笼统的概念，它表现为思想观点、政策文件、名言警句，乃至范文、图表、数据等。

因此，搜集素材得细分，按照特定专题来整理，否则后期不好管理。譬如俄国作家肖洛姆·阿莱汉姆曾专门汇编过一本骂人脏话小词典，人民日报出版社整理出版了《习近平用典》《习近平讲故事》。

细分的方法很多，下面有七种：

（1）思想库。搜集上级领导的思路、观念、见解、意见、要求、批示，某项专业领域专家学者的理论观点、研究成果，与工作有关的学科理论知识。

（2）政策库。搜集有关政策法规、重要规划、指导意见、工作报告。

（3）数据库。搜集单位基本情况、工作进展、工作特色及典型做法、面临的主要困难和问题，图标、表格、统计年鉴等。

（4）经验库。搜集单位部门在某项工作中的经验做法，同行的经验文章。

（5）语言库。搜集古今中外的名人名言、俗语、诗词歌赋，以及重要领导经典语言，好文章里的好标题、好句子。

（6）事例库。搜集历史人物、历史经验、历史故事以及先进人物、典型案例。

（7）范文库。搜集《党政机关公文处理工作条例》规定的15种公文范文，以及出彩的讲话稿、汇报材料、信息简报、理论文章等。

6. 超前规划，管理要"顺"

积累时间长了，素材库里的素材会越来越多，若不加以管理，就会杂乱无章，不好用。怎么管理？最好建立自己的管理体系，使之各就其位，各得其所。

具体来说，要把握四个要求。

（1）建立管理目录

一般说来，图书馆在购进新书之前会准备好书架，纵向分多少层、横向有多少格，贴上分类标签，对号入座、各就其位。

这种做法对素材管理是一种启发和参考，建议大家事先建立一个素材管理目录，有一个思维书架，以便给素材一个安身之地。

（2）素材对号入座

建好管理目录只是基础，接下来就是让资料顺利"入住"。

最好不要胡乱往文件夹里丢，一定要分类摆放。一是分类，横向把资料划分为不同的种类，如文字资料、图片资料、音频资料、视频资料等。二是分层，纵向将资料划分为不同的层次，如省党代会资料、市党代会资料、县党代会资料等。三是分块，横向把一个整体划分为不同的板块，如将一个单位的资料分为办公室、项目部、财务部、人事部等不同部门。把类分好了，再上架。

（3）标识简洁规范

资料"上架"后，如何命名也很重要。有很多人找不到自己保存的资料，一个重要原因就是文不对题，标题不规范、不准确、不完整，通过关键词搜索不到。

为方便起见，建议取好标题。怎么取标题？请注意三点：第一，文题一致，让人一看题目就知道内容是什么。第二，名称规范，同一个文件夹中的文件，命名规则要统一，让文件名保持统一范式。第三，名字简洁，不宜过长，点出关键词即可。另外，相同类型的资料，我还习惯在文件名前标上 1、2、3 这样的序号，这样更整齐。

（4）家底一清二楚

在军队里带兵，将领经常会深入官兵中调研，掌握自己有多少兵，有什么特点，乃至叫什么名字，在哪里驻防这些情况。

这种方法也可借鉴过来管理素材，建议收集素材后，也经常翻一翻、看一看，就像熟悉自己的士兵一样，了解它们的内容、存储位置、标题名称，做到心中有数，这样关键时刻才知道怎么用，在哪里。

有时我在想，积累素材这门功夫就像泡酸菜，没事时找点青菜、萝卜，洗干净，用坛子泡着，不用管，想吃的时候，只消顺手捞一把出来，稍微加工那么一点，调一下味儿，分分钟即可上桌。从这个意义上讲，写材料的同志还真得学会这门功夫啊！

第 10 课　你不理材，材不理你

——8 个维度：素材分类"管理学"

知识工作者就是管理者。他们虽然没有下属，但是他们对公司的绩效负责。并不是只有高管才是管理者，所有知识工作者都应该像管理者一样工作和思考。

——彼得·德鲁克

本课导读

本课内容是"素材三部曲"之二，刊于《应用写作》2019 年第 8 期，原名《你不理材　材不理你——管好素材的"八个维度"》，谈素材"怎么管"的问题。我发现，有些人收集素材只顾往篮里一装了之，随着东西越装越多，秩序越来越乱，搞不清材料去了哪里，用时不知到哪里找。怎么办？军队建制方法启发了我。我注意到，现代军队中，无论规模多大，只要按军、师、旅、团、营、连、排、班等序列编番号、分层级，秩序就出来了，关键时调动也很方便。其实，我们常把写作看作打仗，素材就像麾下兵马，管理素材自然也可以通过一定的建制分门别类地管理。只要有了分类标准，无论再多的资料，只要经过科学分类、分块、分层，形成不同层级、种类、板块后，都会秩序井然，用时按图索骥即可。本课提出分类的八个维度。

本课核心观点

■ 形态维度

■ 业务维度

■ 作者维度

■ 事理维度

■ 时间维度

■ 空间维度

■ 文种维度

■ 要素维度

讲到积累素材，很多人都笃信"手中有粮，心里不慌"这句话。问题是，手中"有"素材就万事大吉了吗？

我看不尽然。

倘若只懂找材料，不懂管材料，时间一久，材料一多，问题就来了。写时要么忘记了曾经保存过，要么压根儿不知存到了哪里、叫啥名，只能凭感觉去找，结果像大海捞针，焦虑感油然而生，能不慌吗？这就像一个人只会挣钱不会理财一样，辛苦半天，连自己有多少钱、存在哪家银行都搞不清，那咋行？

正所谓"你不理财，财不理你"嘛！管理写作素材也是这个道理，如果方法不对，即便不怕麻烦，查找也很浪费时间，还徒增烦恼。可以说，你找材料浪费掉的时间，都是存材料时偷的懒；你平时积累的红利，都被不会管理对冲掉了。

所以，管好素材很重要！

如何让你的素材乖乖听话，想要的材料能信手拈来、调用自如？建议会用分类思维，分门别类地存储资料，就像装水果一样，先分拣，后装筐。

怎么分？可从八个维度展开：

1. 形态维度

即从素材的物质形式维度分类管理，因为任何素材都会以一定的形态存在，比如有的是纸质的，有的是电子的；有的是文字，有的是视频，有的是录音。只有先在形态维度上分清了，后面才好对症下药。

形态维度具体又需要区分三种情况。

（1）按载体分

一是手写资料，即在阅读中亲手记录、摘抄而形成的资料。这类资料最好用专门的记录本，可按内容准备不同的本子。

二是剪辑资料，即从报刊或其他纸质资料上裁剪下来粘贴汇集而成的资料。为便于管理，最好准备专门的剪辑本，条件允许时还可以按报刊类型分类。

三是电子资料，即在电脑中复制而成的资料。这种资料是本文探讨的主要对象。

四是网络资料，即在手机或电脑里利用"收藏"功能存下的资料。

（2）按内容分

即文字、图片、音频和视频。这几种素材，数文字资料数量最大，是素材中的绝对主角，是写作的主要武器。图片、音频和视频资料通常只作为痕迹资料保存，用来辅助记忆。譬如在某种场合，由于领导讲话语速快、记录不方便等原因，手写跟不上，难以保证记录的完整性、准确性，就用设备先录下来，回来慢慢听。

这些素材格式、大小不一，建议分门别类存储。

（3）按存在形式分

不管是手写、剪辑、电子、网络，或是文字、图片、音频、视频，归根结底就两种：一种是实物的，如读书笔记、工作笔记、剪贴本、复印件等，以物质形式存在；另一种是虚拟的，如电子版本、网络链接等，以虚拟形式存在。在信息技术越来越发达的今天，虚拟形态的资料越来越占据主流，其管理方法值得深入研究。

2. 业务维度

这是从素材所属部门的角度考虑，把素材归入单位、部门或具体职能之下。之所以推荐这个维度，是因为日常工作中会收到来自不同单位或部门报来的材料，为了区分，只好分别建资料库来管理。

具体有三种分法。

（1）以单位名称分类

这是大家经常使用的划分维度。比方说，在地方党政办工作的同志经常就会使用，因为他们每天都会收到来自各地区、各单位报来的海量文稿。时间一长，不分类，就会乱，不可能把所有稿子堆放在一起，那简直就是个灾难，因为根本没办法找。普遍的做法就是以单位名称分类逐一建立管理目录，如"发改委资料""工信厅资料""商务厅资料"，"A市资料""B市资料""C市资料"。

（2）以部门名称分类

有时候，业务量大了，在按单位名称划分的基础上，还要细化到这个单位的组成部门，如"办公室资料""人事部资料""财务部资料""市场部资料""技术部资料"等。对本单位综合文稿部门的人员来说，按内设部门来划分相当于按单位划分。

（3）以职能分工分类

倘使按单位或部门名称管理还不够精细的话，可以考虑按职能名称来分类，比如政府办公室的人员可考虑将素材分为"工业""农业""商务""教育""科技""文化"这样的类别，还可分为"文稿起草""文件收发""档案管理""后勤服务""财务管理"等类别。

3. 作者维度

这是从素材的著作权的角度考虑，把素材按权属归入作者名下，因为很多资料是署名的，比如领导的讲话稿、署名文章、致辞、报告材料等，专家的论文、著作等，倘若不分类，难免张冠李戴，容易引发工作上的失误。

作者维度也有三种类型。

（1）上级领导资料

在办公室工作通常会一人服务多位领导，为他们起草文稿、处理文件资料、办理其他事务，可以说工作涉及面广，于是时间一长，资料就会积累很多，分类问题也就随之产生了。若不分类管理，把所有领导的资料混在一起，那肯定不行，搞不好会闹出笑话，有同事就吃过这个亏。因此，给每个领导分别建个资料库是十分有必要的，怎么个建法？很简单，直接以领导姓名或职务来命名就可以了，比如"张局长资料""李副局长资料""王书记资料"，在这个根目录下面，再以业务类别或其他维度分类，这样就很顺了。

（2）领导上级资料

专业的笔杆子，不仅会分类管理自己领导的稿子，还会收集上级单位领导的稿子，因为很多时候，你写的稿子里必须大量贯彻落实或引用上级领导观点要求，而又不能每次都临时再找，那样不仅时间不允许，也很难找全。所以，大多时候都会在平时收集、研读上级领导的重要文稿。我的资料库里就分有"总书记重要讲话""省委书记讲话""省长讲话"，随时都能有针对性地学习，只有分类管理，写作效率才提得起来。

（3）专家学者资料

写材料经常还会引用专家、学者的观点或研究成果，这些成果与领导文稿不一样，不宜归为一类。怎么办呢？我的经验是把所有专家资料集中在一起，建个"专家学者资料"或者"专家资料"。若某些专家较为权威，资料多，使用也频繁，还有必要专门为他建一个库。总之，目标只有一个：好用。

4. 事理维度

这是从事物发展的规律和过程来考虑，把素材按基本流程排列起来，形成一种逻辑体系。之所以推荐这个维度，是因为很多工作都有特定的程序和环节，不同的环节会有大量资料。我个人实践下来，按照工作环节来存储资料，既有助于深化对工作的理解，还便于写作时按图索骥地调用。

事理维度方法分三个步骤。

（1）厘清发展脉络

俗话说"劈柴不照纹，累死劈柴人"，做任何事都得遵循事物发展的规律，把脉络理清楚，明白先干什么、后干什么，然后按规律来做，才做得顺畅。管理材料也是这个道理，首先你得搞清楚你的工作有多少环节，第一步是什么，第二步是什么，第三步是什么，这样才能把握管理素材的关键。

（2）把握关键节点

把脉络理清楚后，接下来要把线上的关键点找出来，因为材料都是产生在工作关键环节上的。以项目工作为例，在整个项目过程中，立项、规划、设计、审批、建设、投产、运营就是关键节点。开始时，必然会有会议纪要、可行性研究报告、项目计划书、请示、报告等资料，这些就可以归到"立项资料"里面去，后面的可分别归到"建设资料""验收资料""运营资料"里面。

（3）建立管理目录

理清发展脉络和找准关键节点后，接下来要做的就是沿着脉络依次在关键环节上建立目录。这几年，我在写书过程中收集了大量有关写作的理论文章，按照写作流程，我分别在调研、构思、提纲、写作、修改、校对等六个关键节点上建立了"调研资料""构思资料""提纲资料"等六个资料库，几年下来，积累了不少东西，写到某个问题时，就到相应的库里找，获益良多。

5. 时间维度

任何事物都存在于时间维度里，史学家写历史就喜欢按时间顺序来展开，比如《左传》和《资治通鉴》等，资料也不例外。所以可从时间演变维度划分类别。

据我个人经验，可分为若干"时间段"或"时间点"，然后以先后顺序排列起来，就像《资治通鉴》一样，用时间作线索，把资料串成一套"编年体"素材库。

（1）时间段

人只要工作一天，就会产生一天的资料，时间越长资料越多，若不分类，在无限的时间长河里，资料也会无限堆积。怎么办？一种方法就是，把资料分割为时间段，如按年、按季、按月分，一个时间段一个库。

工作 20 年来，我就是这样管理素材的。我有个习惯，每年元旦后，上班的第一件事情就是在电脑上建立新文件夹，比如 2019 年过去了，我就在这个文件夹后面建个"2020 年资料"，2020 年过了，就如法炮制建"2021 年资料"，以此类推，一年一个。另外，每个文件夹下面的二级目录也大致相同，保持体系上的一致，这样便于记忆。电脑里哪个文件在什么地方，我记得一清二楚，没有找不到的资料。

（2）时间点

有很多工作是专题性的，间隔性、规律性的，最为典型的是党委的全会、人代会、政协会，还有各类专题会，以及展会、论坛、庆典、晚会、竞赛等活动。不管哪一类会议或活动，无一例外都会制造出大量资料、比如会议方案、请示、报告、信息简报、照片、视频等。

对于这些资料，最好是专题管理，因为只有这样，在下次举办时才能有个参考，便于查阅。可按会议或活动的届、次、期来建文件夹，每次建一个，依次排列，如"第九次党代会资料""第十次党代会资料"，"第一届博览会""第二届博览会"，下面再按资料类型分，如"报告""讲话""简报""代表名单""照片"等，这样一分类，不管以后是你自己用，还是别人用，都很方便。

6. 空间维度

如同时间一样，任何资料都产生于一定空间、归属于一定空间，都可以按空间维度来分类管理。怎么分？有两个向度，一是纵向，二是横向。纵向是将资料分为从上而下的不同级别、层次，横向是分为不同的区域。

（1）纵向分层

任何一个组织都会有上级或下级，或者既有上级也有下级。在管理过程中，必然对"上情""下情"都要了解，收集掌握大量上下级的工作情况。

假如你在市政府办公室工作，并且每年参与起草政府工作报告，研读国务院工作报告、省政府工作报告，乃至所属县区政府工作报告一定是你写作前的"必修课"，怎么才能完成好任务呢？建议你建立"国务院工作报告""省政府工作报告""市政府工作报告""县区政府工作报告"四个目录，并且每个目录里要收录历年来的报告文本，按时间顺序排列起来。我相信，你一定会感到很方便，随时都可以作系统性的对比分析，进而找到写作的创新点。

（2）横向分块

纵向分级后，还可横向分类。比方说，"省政府工作报告"这个目录里，除了本省工作报告外，还可把兄弟省份的政府工作报告也收集起来参考，建立"A省政府工作报告""B省政府工作报告""C省政府工作报告"等目录。如果是领导讲话，则可建立诸如"A省书记讲话""B省书记讲话""C省书记讲话"等目录，这些都是从空间的横向维度管理的方法。

7. 文种维度

公文还有一个特别的分类方法，那就是文种。某些时候，按照文种来分类管理特别方便。比如，我的年度文件夹里就有"研究报告""工作专报""领导讲话""政策文件""理论文章"几个目录，从本质上来说，就是按照文种类别进行分类的。

一般来说，公文的文种可分为两类。

（1）法定性公文

即《党政机关公文处理工作条例》规定的决议、决定、命令（令）、公报、公告、通告、意见、通知、通报、报告、请示、批复、议案、函、纪要15个文种。这类文件规范性强，纸张、版面、落款、字体、字号等都有极强的规范性，非常讲究细节，也很容易出错。对于初学写作的人来说，按文种分类管理，可以有针对性地学习研究。对于后期写作而言，还可准确地查阅资料。

（2）事务性公文

除法定性公文之外，在公文家族里还有一大类，如领导讲话稿、汇报材料、信息简报、调研报告、心得体会、工作计划、工作总结、新闻发布稿、理论文章等。这类资料在工作中占有极大分量，可以说，是写作者的家常便饭，每天都会接触。所以建议用专门的资料库来管理，因为这些文种每一种都是一门大学问，不细分不行。

8. 要素维度

除了以上七个维度外，我们还可以从写作要素的角度分类，收集整理若干资料，以供写作时引用。

比如，可以建立以下要素的资料库。

（1）政治思想类。收集领导在各种场合的重要讲话、工作报告、理论文章、理论书籍等资料，着重积累思想、观点和言论。

（2）政策文件类。收集各级各部门发布的规章制度、规划文本、指导意见、实施方案等政策文件，积累政策理论水平。

（3）基础情况类。收集单位概况、工作总结、信息简报、工作进展情况、工作报表等基础性资料，积累写作数据、工作措施和典型案例。

（4）经验做法类。收集本单位和外单位抓工作的好思路、好经验、好措施、好政策，以及同行写作的经验、体会和技法，积累创新方法。

（5）名言警句类。收集古今中外名言警句、诗词歌赋、俗语、俚语，以及优秀文稿的精彩句子、精彩标题等，积累语言表达技巧。

（6）事例典故类。收集具有启发意义的历史人物、历史现象、历史规律、历史故事等，积累典型案例。

（7）科学理论类。收集与工作相关的科学原理、研究成果、学术观点等，积累说理的依据。

以上八种方法在运用过程中，需注意以下几点。

第一，规划为先。

管理一堆素材同管理一个公司比起来，道理是一样的。首先得有科学合理的体制机制，因为体制机制有"路径依赖"，如果不科学、不合理，一旦运行起来，想改都改不了。对管理素材而言，目录体系就是管理体制，这个体制也像图书馆里的书架，决定着图书的摆放秩序。建议大家在收集素材之前，先规划设计好素材的管理体制，然后再考虑往里面装东西。对电子资料而言，先在硬盘里建好一级目录、二级目录，乃至三级目录，把虚拟书架建起来，这样当素材到手后，你才知道该放在哪儿，不至于胡乱堆放。

第二，灵活搭配。

运用之妙，在于一心。上面虽然讲了八个维度，但在应用过程中可根据需要和习惯来选，可在同一个素材库里搭配不同维度的分类方法。比方说，你建根目录时，以时间来分类，那下面的二级目录则可以按单位、文种、空间、事理等维度分，再到三级目录，还可以再按时间或其他维度分，只要方便管理，怎么搭配都行。

第三，同层一致。

上一条说了，不同层级可以用不同维度分，这一条要说的是，同一层级必须用同一个纬度来分，否则就会乱。比方说，同一个目录下面，你建了"2018年文件""市政府文件"，这就不行，因为二者划分的维度不同，"2018年文件"里可能会包括市政府文件，同理，"市政府文件"里同样也可能会2018年度的文件，逻辑上就混淆了。建议要么全部按时间来分，要么全部按单位名称来分，这叫同层一致。

第四，不重不漏。

这是麦肯锡公司的"MECE（Mutually Exclusive Collectively Exhaustive，MECE）法则"，中文意思是"相互独立，完全穷尽"。

所谓不重，即同一层级的目录划分边界要清楚，不能有交叉，不能出现"你中有我，我中有你"的情况。如"办文""办会""办事""文稿"这四个目录在一起就有问题，因为第一个和第四个概念有交叉，文稿可以归入办文范畴，你说一份文件到手后，你放哪里好呢？哪里都行，用时你就迷糊了，大概率不知道去哪里了。

所谓不漏，即子目录划分时要尽量穷尽完整。举个例子，"党的建设"资料，从完整性上讲，下面至少得有"政治建设""思想建设""组织建设""作风建设""纪律建设""制度建设"六个目录，因为这是十九大报告对党建工作的要求，只有考虑了这六点才完整。

总的来说，以上八个维度只是最常用的，并非只限于这几个维度，大家可以根据自己习惯的维度来管。不管什么维度，只要能用、好用，都可尝试。但有一点，一旦体例定下，就要严格执行并长期坚持，时间长了，就习惯了。另外，对于素材的管理，千万不要偷懒，实践证明：今天你找材料费的时，都是你存材料时偷的懒！

第 11 课　选材如征兵，用材如统兵

—— 5 道关口：选好用好写作素材

> 从事写作的人，在选材的时候，务必选你们力能胜任的题材，多多斟酌一下哪些是掮得起来的，哪些是掮不起来的。假如你选择的事件是在能力范围之内的，自然就会文辞流畅、条理分明。
>
> ——贺拉斯

📑 本课导读

本课内容是"素材三部曲"之三，刊于《应用写作》2019 年第 9 期，原名《选材如征兵用材如统兵——把好选用素材五道关》，谈"怎么用"的问题。事实上，一些人写不好材料，原因并非没有素材，而是不会选用素材。熟悉三国历史的人都知道，在著名的官渡之战中，袁绍手下有精兵 10 万、战马万匹、粮草充足，武将有张郃、高览、颜良、文丑等，谋士有田丰、沮授、逢纪、许攸、郭图、审配等，虽然兵多、将广、粮足，却打了败仗，为什么？一个重要原因就是不善选人用人，这跟咱写材料是一样的道理，所以本文跨界思考提出选材用材的五个策略。我称之为"五道关"，过好这"五道关"，你才能在写作中做到素材招之即来，来之能战，战之能胜。

本课核心观点

- 需求导向，把好计划关
- 逢进必查，把好挑选关
- 质量至上，把好加工关
- 效率为先，把好用材关
- 运筹帷幄，把好统筹关

本课讲如何挑选素材、使用素材的问题。

若把写作比作煮饭，收集和管理素材只相当于买到大米，随后还得一番淘洗，才能下锅烹煮。若不淘也不洗，煮出来的饭显然是不可口的。若把这个过程比作领兵打仗，那收集和管理素材只相当于招到了兵马，有经验的将领，还会组织军事训练，把人训练成专业的战士，并且战争中还要懂得科学调遣，否则是很难打胜仗的。

所以，写好任何一篇文章，不仅要在前期收集、管理好素材，还要对素材进行选择、加工和使用。

至于怎么选材、怎么用材？需要一种精益求精、精挑细选、精雕细刻、精打细算的精神，整个过程需过好计划、挑选、加工、使用、统筹"五道关口"。

1. 需求导向，把好计划关

做好使用素材的计划，明确需要什么，是选用材料之前的预备动作。这一关的主要任务是围绕写作目标，想清楚需要用到哪些素材，用在稿子的哪个部分，用多少，然后结合你收集的素材，提出一个合理的需求计划。

一个合理的需求计划，需搞清楚三个问题。

（1）明确意图，搞清写什么

写作意图很重要，如果搞不清楚就不知道写什么，不知道写什么就不知道要什么。

一是搞清文稿到底是讲什么问题，说明什么情况，解决什么问题或表达什么观点。

二是搞清文稿用什么文种，是正式文件，还是一般材料；是写总结，还是写计划或者简报信息。

三是搞清文稿用在什么时间、什么地点，给什么人看；是对上请示，对下指示，或是平级协商。

这三个问题决定选择素材的范围、语言风格等。

（2）选准形式，搞清用什么

任务和要求明确后，接着要搞清素材的具体形式。

比如，总结工作成绩时，搞清可用哪些数据指标来说明；阐释一个观点时，搞清可用哪些名言警句来印证；提对策措施时，搞清应贯彻上级的哪些政策措施；总结经验时，搞清可用哪些典型事例来充实。有时还要想想以前的稿子，看看其中有没有能作为基稿的，可以一以贯之的。

（3）摸清家底，搞清缺什么

以上两个问题搞清楚后，接下来就是带着问题清点资料库，盘点自己的家底，查看现有素材能否满足写作要求。

这个过程有点像部队出征前的清点，目的是通过全面清点，摸清兵员状况，及时发现问题，采取措施。若是发现兵力不够，则及时给予补充，若是兵员战斗力弱，则抓紧训练，或改进装备。

2. 逢进必查，把好挑选关

素材有是否典型、准确、恰当之分，因此使用前还有个精挑细选的过程。

茅盾先生对素材的挑选有个形象生动的比拟，他说：

选用的时候，可就要像关卡的税吏似的百般挑剔了，整整一卡车的"货"，全要翻过身来，硬的要敲一敲，软的要捏一把，薄而成片的，还要对着阳光照了又照，一句话，用尽心力，总想找个把柄，便扣下来，不让过卡。

茅盾先生把选材比作"征税"，我还觉得像征兵，通常征兵都要做两件事，以保证士兵的身体和政治素质，写作中选材何尝不是这样呢？也可做好两项检查。

（1）"身体"检查

所谓"身体检查"，即对素材的形式和内容的检测。

主要查四方面情况。

一查真实性。看素材总结成绩是否准确，分析问题是否严谨，提出对策是否科学，是否实事求是、符合事物发展规律。

二查典型性。看素材观点是否有权威性，列举数据是否有关键性，论证过程是否有逻辑性，所举例子是否有代表性。

三查新颖性。看素材内容和形式是否有时代性、开创性、突破性，是否提出新观点，取得新进展，发现新问题，给人新启发。

四查实用性。看素材与观点的相关性、一致性、支撑性，是否有说服力、论证力和感染力，看语言是否符合文稿风格和受众口味。

（2）"政治"审查

即审素材的"思想"情况，以保证素材像军人一样靠得住。

主要审三个问题：

一审"历史"问题。审素材是否被重复使用，是否在以往文稿中被用过，是否在同一场合中被其他领导用了。如果用了，就要避免老调重弹，还要避免与其他文稿"撞车"。

二审"思想"问题。审素材的思想观点是否与大政方针政策一致，是否与领导一贯主张、科学规律、社会准则契合。若发现有冲突抵牾的地方，则要坚决淘汰，以确保内容的严肃性。

三审"出身"问题。审素材收集的渠道是否可靠，比如看是权威部门提供的，还是网络查询的；看是调查研究得出的，还是相关部门报送的。若来源不可靠，则要进行必要核实。

对于这个问题，我曾有一次切身体验。

某年省"两会"期间，安排了一个新闻发布会，让我们单位和发改部门共同发布经济发展情况。由于时间紧，我们只顾赶材料，还没来得及相互沟通就开会。于是就出问题了，两个部门发布的"电力装机量"数据相差了400万千瓦之多。这不是一个小问题，所以立即核实，原来是两个单位用了不同口径的统计数据，虽然都没错，表面上却出现了数字"打架"的情况。

可见，素材的审核是多么重要啊！

3. 质量至上，把好加工关

你肯定有这样的感受：同样的素材，不同的人来用，写出来的东西相差很大，有时判若云泥，就像同样的一堆石头，让不同的工匠来盖房子，质量会有很大差距一样。

为什么会出现这个情况？

一个重要原因就是缺乏对素材的必要加工，很多人对素材一般都是拿来就粘贴，不管是否贴切、是否精当、是否合理，就像一个蹩脚的石匠盖房子，面对一堆不规则的石头，不加工、不打磨、不雕刻，直接堆砌起来，怎能盖出漂亮的房子呢？

所以，我建议写作者不仅要注重收集素材、分类管理素材，还要懂得加工素材、打磨素材，把"生材"变成"熟材"，变成能有机融入文章段落、有效支撑文章观点的可用之材。

加工方法大致有六种。

（1）阅读梳理，由粗到精

对于选好的素材，还要作必要的阅读分析，看哪些可用，哪些无用，然后剔除掉那些没用的，让素材更精练。正如俄国作家契诃夫讲的："要知道在大理石上刻出人脸来，无非是把这块石头上不是脸的地方剔掉罢了。"也只有削尽冗繁，才能让主旨更加鲜明。

我在工作中常发现，部门报来的基础资料大多面面俱到，既细且详，字数少的一两千，多的四五千，若不作必要的概括提炼、删减压缩，写出来的稿子就真的是"懒婆娘的裹脚"了。

（2）引申联想，由此及彼

事物都是相互联系的，有些素材表面上看与稿子毫不相关，实际上却有内在联系。若想把素材用好，关键要会跨界思考、引申联想，找到彼此的相同点。

有一次，我参加省委组织部选调公务员笔试的阅卷工作，对一篇文章记忆犹新。作者借中医望、闻、问、切"四诊"法来阐述脱贫攻坚工作，论证如何用眼睛去看、用耳朵去听、用嘴巴去问、切身感受，从而达到精准识贫的目的，构思巧妙，写得也深入浅出。

我就想，若没有思维上的引申联想、由此及彼的功夫，想在紧张的考场上，把脱贫攻坚与中医治病跨界连接起来，写出一篇构思巧妙的文章，是万万做不到的。

（3）立足全局，由点到面

写总结类文稿，一定会总结成绩、分析问题。这就引发一个问题：如何把成绩写亮，如何把问题找准。

如果只是简单地堆砌素材，是很难写出特点的。如果想写出亮点，就必须看全局，思整体，找联系，从点上素材入手，发现点与面的内在联系，然后由点及面，提炼出面上的特点。

很多时候，下级单位报送的材料看似个别情况，殊不知，可窥一斑而知全豹，帮你总结出共性特点来。

（4）阐幽发微，由表及里

有些素材表面上看都是细枝末节，实际却隐藏着深刻道理。你一定要懂得分析研究，领悟素材的言外之意，聆听其弦外之音，做到见微知著。

有时候，一些业务部门提供的材料非常具体，甚至显得琐碎，比如有些材料经常讲某某产品、某某工厂、某某园区被定为国家级绿色制造示范点，反复讲淘汰了多少不符合节能环保要求的锅炉设备，讲如何推进节能减排、资源综合利用等，大多就事论事，缺乏高度，没有写到问题的本质上。实际上，这些工作隐藏着构建"绿色制造体系"问题，更深一层讲，是落实"绿色发展理念"问题。

（5）挖掘创造，提炼加工

许多素材，我们能看到的信息往往只是冰山之一角，背后还有很大开发价值，如果你不懂得去挖掘它，就很难写出深度。

所以在用材料之前，一定要学会分析、归纳和对比，深入挖掘素材背后隐藏的价值。

比如，有个材料开始这样写："截至 2015 年底，全省存量房屋面积达 1948 万平方米，同比增长 36.6%。"

这个数据就可以再开发，若稍加计算，从 1948 万平方米这个数据中还有更大发现，可以挖掘推导出这样的结论："按城镇居民人均 40 平方米需求算，可供约 50 万人居住。"若再结合人口来思考，可以得出一个判断："这样的面积可供 1～2 个县人手一套了。"通过计算，相当于无中生有、凭空创造了两个新数据。

（6）把脉时势，平中见奇

有些素材看似老生常谈、平淡无奇，其实只要善于用新思想、新理念、新思维加以升华，完全可以平中见奇，旧貌换新颜。

拿歌剧《白毛女》的创作来说。

这个剧本就是在把脉时势的基础上完成的，素材是河北省西北部一个山村里的真实故事，被群众当成"神怪"故事流传。文艺工作者掌握这个情况后，感觉有东西可挖，便以敏锐的时代眼光把故事放在"新民主主义革命"的时代背景下思考，发现了"反迷信""反封建"的价值。

但创作者没有浅尝辄止，而是继续深化，联想到了"在党领导之下解放区的前后变化"这个时势，最终确定了"旧社会把人逼成'鬼'，新社会把'鬼'

变成人"这一极富时代气息的主题。

4. 效率为先，把好用材关

正所谓养兵千日，用兵一时。选材、练材的目的就是用材，让它发挥出叙事说理的最大作用。

材料好不好是一回事，会不会用是另外一回事儿。用得好了，能以一当十，以少胜多；用得不好，如散兵游勇，涣散无力。所以，写作者不仅要会"选兵""练兵"，还要会"用兵"。

具体怎么用，我有五种策略。

（1）以逸待劳，正常采用

这种方法主要针对本单位内部的、现成的素材，主笔人只是集中大家的成果，以逸待劳，名正言顺地使用。

内部素材还分两种情况：一种是以往工作中形成的政策文件、规划文本、领导讲话稿、工作总结、信息简报等历史资料。由于内容已经千锤百炼，基本都是领导审定过的，故而可直接摘用；一种是单位下属部门报送来的工作资料，经过层层把关和自己加工打磨，可按需选用。

（2）明修栈道，直接引用

修辞上叫明引，即在引用语前面或后面，明明白白地告诉读者内容出处，用引号把原文引起来。这种方法主要针对重要领导人的讲话，党和国家政策文件，专家的理论观点、名言警句等。

譬如："中国古时候有个文学家叫做司马迁的说过：人固有一死，或重于泰山，或轻于鸿毛。"（毛泽东《为人民服务》）。

最近几年，人民日报编辑部和中央电视台相继推出了《习近平用典》《平"语"近人——习近平总书记用典》等书籍和节目，系统介绍了习近平的语言技巧，其用典大部分就属于这一类。

（3）暗度陈仓，间接引用

修辞上叫暗引，即不说明引文出处，而把它融入文稿，有的引用原句，有的只是转述，主要是把别人的话用自己的语言表达出来。

譬如："中华民族的昨天，可以说是'雄关漫道真如铁'。近代以后，中华民族遭受的苦难之重、付出的牺牲之大，在世界历史上都是罕见的。"（习近平参观《复兴之路》讲话）。

再如："革命加科学将使我们如虎添翼，把老一辈革命家和科学家点燃的火炬接下去，青出于蓝而胜于蓝。"（郭沫若《科学的春天》）

前者引用了毛泽东《忆秦娥·娄山关》中的句子，后者引用了《劝学篇》中的句子，一个用了引号，一个没用，但都没有交代出处，属于暗引。

（4）偷梁换柱，个别仿用

修辞上叫仿词，即在原有素材基础上，通过更换个别要素，巧妙地"山寨"出与原句相仿的语句，以达到用旧瓶装新酒的效果。

通常来说，又有音仿、义仿、形仿之分。

一是音仿，即用音同或音近的词素仿造出新词语。

如："11月，广州还是秋高气爽，北国名城哈尔滨早已草木皆冰了。"这就是利用同音词"兵"和"冰"仿造词语。

二是义仿，即换用反义或类义语素仿造出新词语。

例如：毛泽东在《反对党八股》一文中用了这种手法："有些天天喊大众化的人，连三句老百姓的话都讲不出来，可见他就没有下过决心跟老百姓学，实在他的意思仍是小众化。""小众化"就是换"大众化"中的"大"为"小"而造的词语。

三是形仿，即套用某个句子的结构创造出新的句子。

譬如：某地区领导在讲话中讲道："旅游，让生活更美好！"仿用了上海世博会的主题。

唐代诗人王勃也用这种方法，他借用庾信"落花与芝盖齐飞，杨柳共春旗一色"这句诗，仿造出了"落霞与孤鹜齐飞，秋水共长天一色"的千古名句。

（5）反客为主，全面改用

即直接改写原素材的文字，让其华丽转身，把别人的语言变成自己的语言。

譬如，一篇报告反映某些地区"政出多门"让企业为难时，原稿这样写："由于上级部门太多，工作指标改来改去，越改越高，上级资金层层截留，到了基层大打折扣，而问题却推诿扯皮。"

这段话明显不够生动，于是作者在使用时改成："由于'婆家'太多，任务层层加码，资金层层剥皮，有了问题踢来踢去，有了困难推来推去。"把书面语言换成了形象生动的群众语言，表达的意思没变，却有脱胎换骨之感。

5. 运筹帷幄，把好统筹关

"运筹帷幄之中，决胜千里之外"，这句话揭示了在用兵中人的思考、谋略、策划的重要性。

按现代管理学理论，管理必须注重统筹，善于站在全局思考问题，审时度势，协调各种关系，使各方和合不悖。对于素材的使用同样存在协调关系的问题，否则材料间就会"闹矛盾""不合作"。

材料的统筹，关键是处理好四对关系。

（1）材料与观点的关系

写作的目的是表达观点，观点决定着如何选材，如何用材。所以，素材能不能派上用场，关键就看素材是否支撑观点，是否服务于观点。若是没有支撑，再好也没用，也没必要用。写作过程中，写作者必须把握好，让材料和观点和谐统一。

（2）素材与素材的关系

同一文稿里的不同素材，乃至同一场合下不同文稿里的素材是有关系的，不能孤立地使用，要协调好相互关系，前后要有衔接、呼应，风格一致，形式统一，观点不能抵牾，前后不能矛盾。

（3）目的与手段的关系

好的表达就是把问题说清楚、讲明白。素材只是表达的手段，不能为了表达而表达，因此要避免堆砌材料，建议能用一个说清楚的决不用两个，可用可不用的素材坚决不用，这叫"弱水三千，只取一瓢饮"。

（4）素材与意境的关系

素材从来没有"标准件"，从来没有"即插即用"这种说法，因为每个素材都有不同的使用价值，有的适合用其观点，有的适合用其数据；有的适合用这个角度，有的适合用那个角度。若不作适当"调校"，素材与文稿就不能"兼容"，搞不好还会发生"排异反应"。

因此，在写作中，需要根据上下文语境来合理选择素材。比方说，某个段落想表达"经济发展总量上新台阶"这个观点，就可以选用量化的经济发展数据来说明；若想论证"措施有效、经济发展速度加快"这个观点，就可以选用相对增长速度指标来说明。

第12课　看了那么多年文件，你真的会看吗？

——文件的"6种打开方式"

阅读的效果则取决于他在阅读上花了多少努力与技巧。……想要增进阅读的技巧之前，一定要先了解阅读层次的不同。第一层次的阅读，我们称之为基础阅读。也可以用其他的名称，如初级阅读、基本阅读或初步阅读。第二个层次的阅读我们称之为检视阅读。可以用其他的称呼，譬如略读或预读。第三种层次的阅读，我们称之为分析阅读。就是全盘的阅读、完整的阅读，或是说优质的阅读。第四种，也是最高层次的阅读，我们称之为主题阅读。也可以用另外的名称来形容这样的阅读，如比较阅读。

——莫提默·艾德勒，查尔斯·范多伦

本课导读

文字工作就是生产文字产品的过程，原理与工厂一样，就是把原料输进去，然后产出产品来。阅读文件是输入原料的一种方式，是文字工作者的家常便饭，也是写作的必修课。写作者只有学会了看文件，才能掌握写作源泉的开关。然而，很多人看文件都是凭经验，从头到尾自然而然地"扫描"，没想过还有那么多学问在里面。其实，阅读不仅是一种习惯，还是一门学问。莫提默·艾德勒和查尔斯·范多伦的《如何阅读一本书》就是一本教人如何阅读的书，作者把阅读分为四个层次：基础阅读、检视阅读、分析阅读、主题阅读。我想，既然读书可以分层，读文件应该也可以，因为二者都是阅读，原理是一样的，于是就创作了这篇文章。本课提出看文件的六种方法：礼节性阅读、框架性阅读、要点式阅读、研究性阅读、应用性阅读、提问式阅读为你提供6种文件的"打开方式"。

本课核心观点

■ 礼节性阅读

■ 框架性阅读

■ 要点式阅读

■ 研究性阅读

■ 应用性阅读

■ 提问式阅读

看文件是文字工作者的家常便饭，也是基本技能。

然而，实际工作中，同样是看文件，效果却判若云泥。会看的，一目了然，快速洞见实质、抓住要点，并能侃侃而谈，说得头头是道；不会看的，半天看不出所以然，只能记住只言片语。

这叫"内行看门道，外行看热闹"。

内行和外行的最大区别就是看文件的维度不同。内行用多个维度学习，外行以单一维度思考；内行带着框架进行系统思考，外行凭借经验本能感受。结果就是，内行不仅能看文件的格式、内容、观点，还能揣测背景、意图和意义，甚至能倾听弦外之音、言外之意，外行则不成体系，只知其一，不知其二，既不系统，也不深刻。

同样是看文件，差别就这么大。

那么，笔杆子应如何看一份文件呢？以下六种方法供你参考。

1. 礼节性阅读

即从文件办理者角度粗略地"瞟一眼"，看文件是什么单位印发的，什么事由，什么文种，急不急、需不需要保密等。礼节性阅读是看文件的第一阶段，主要是对文件的外形有个粗线条的掌握和判断，以决定采用什么态度来对待。

这种阅读，可从三个角度把握。

（1）搞清文件的来头

来头即发文机关、发文字号，决定文件的级别和分量。搞清文件的来头，就像人际交往中先看人家的名片，搞清姓甚名谁、供职单位、职务级别。之所以要先搞清来头是因为这样才好以恰当的礼仪与对方交谈，如果分不清尊卑长幼，交谈的分寸一定是把握不准的。

因此，当一份文件摆在你面前时，先不要急着看具体内容，不妨花几秒钟看看大红色的版头，记住发文单位、发文字号。想想，如果一个人看完文件后，连文件是什么单位发来的都弄不清楚，岂不可笑？这就好比与别人谈了半天，却不知对方是谁一样。

（2）掂量文件的身份

文件的身份表现在四个方面：

一是紧急程度。急件要急办，不容耽误。

二是保密要求。忽略了这一点就有泄密的危险。

三是文件事由。一般在主标题中就能看出来。

四是文种类别。不同文种表现出不一样的性质，如果是决议、决定，意味着是纲领性文件，必须悟透精神实质；如果是意见、指示，意味着是指导性文件，必须搞懂方式方法；如果是批复、通知、通报，则意味着是实施性文件，必须把握具体细节条款。

（3）搞清办文的要求

文件在传阅过程中，一般会附上专门的传阅单，领导会在传阅单上作出批示，对文件办理作出要求。

比如，对于阅知性的文件，一般领导会批上"请××阅知"或"请××阅"的批语；对需要研究处理的文件，一般会批上"请××阅研"或"请××阅研处"批语，批得具体一点的，还会提出具体要求，如由谁牵头，谁来配合，具体干什么，什么时候干完等。

领导批示是文件的一部分，阅读时不能错过，否则就不能说你看懂了文件。

掌握以上三方面信息，充其量只是与文件打了个照面，有个初步印象，进一步交往，还有赖深入交谈。

2. 框架性阅读

即从系统高度整体把握，看文件的框架结构，比如由几部分组成，每部分大意是什么，相互之间是什么关系，总体篇幅多长等。框架性阅读是看文件的第二阶段。

如何从整体上把握？关键有四点。

（1）把握文件篇幅

日常人际交往中，认识一个人，一般先看对方的外形，是高，是矮，是胖，是瘦。看文件也是一个道理，拿起文件，先看看篇幅，数数页码。这样有个好处，能对文件的体量有个总体判断，从而合理安排阅读时间和策略。

（2）把握文件框架

拿到文件后，建议以最快速度翻阅一遍，其他东西都可以不看，就看文件的框架结构，具体分几个部分，每部分下分几条。这样做是为后期具体阅读打下基础，因为写文件也是从框架开始的，按这个顺序来，也就把握住了写作与阅读的基本规律。

（3）概括段落大意

当然，仅大略知道文件分几个部分还不行，因为你不知道每个部分、每个条款的大意，这样的话，你阅读后获得的信息是不好摆放的。所以，翻阅时要重点关注文章标题，因为标题就是段落的主旨，你只要把文件一级标题、二级标题记住了，每部分的大意就全在肚子里了。

（4）梳理标题逻辑

任何一个文件的段落之间，都有一定的逻辑关系。因此在阅读时有必要分析逻辑关系，搞清是总分关系，还是并列结构，抑或是递进关系、因果关系。只有理清逻辑，你才能看得懂为何有些内容摆在前面，有些内容摆在后面。

文件看到这个份上，只相当于你看出了一个人的高矮胖瘦，了解总体轮廓，得到的是大概印象。这种印象是粗线条的，甚至是相对模糊的，所以对于具体细节，还有待进一步把握要点。

3. 要点式阅读

即从文件的内容着眼，捕捉文件的思想、观点、概念、数据、方法和要求等。要点式阅读是看文件的第三阶段。

一份文件的要点，关键看几个方面。

（1）提了什么目标。对于意见、规划这些指导性文件来说，往往会提出奋斗目标，有定性的，有定量的，阅读时要记住。

（2）定了什么原则。一些文件会明确若干工作原则，这些原则往往蕴含了干好工作的思想、观点和方向，所以要认真品味。

（3）定了什么重点。对于指导性文件，除了明确目标、原则外，还会明确一段时间内的工作重点，也不能忽略。

（4）提了什么要求。很多文件都会对文件执行提要求，比如怎样加强领导、开展宣传或检查考核等，为了便于执行，要求还会量化。

（5）提出了什么措施。一个文件中的干货就在措施部分。我们阅读时要看文件提出的重点措施，搞清哪些是创新的，哪些是之前就有的。

（6）取得什么成绩。对于工作报告这样的文件，一般都会在第一部分讲成绩或进展。这就要求我们，阅读时必须重点关注，把里程碑式的成绩记住，把关键指标记住。

（7）指出了什么问题。通常，公文是为解决问题而生的，发现问题与解决问题一样重要。因此，要注意捕捉文件中反映的问题。

以上七个方面只是通常的文件构成。对于特定的文件，关注点又有所不同。比如，对会议通知来说，要点是时间、地点、参加人员、会议议程、参会要求等，具体可按文种来确定关注点。

4. 研究性阅读

即指跳出文件来学文件，抛开文件的形式和内容，从更高角度来审视文件的目的、意义等，从而加深对文件的理解。

研究可从四个方面展开。

（1）分析文件出台的背景

任何一个文件的出台都有其深刻背景，如果不分析清楚，就很难理解文件出台的目的和意义。

比如，在阅读2010年国务院《关于进一步加强淘汰落后产能工作的通知》时，如果对我国经济结构、产业结构背景不掌握，不提前储备相关知识，就很难理解文中条款。可喜的是，现在有些文件在起草过程中，会在网上留下信息，不妨通过互联网查阅，从这些信息里刺探出文件外的情况，以便更好理解文件精神。

（2）分析相关领域的理论动态

政策文件也有一定的理论性，尤其是纲领性、指导性文件。因此，读懂这样的文件，必须做理论上的储备，通常的做法是，了解国内外、学术界对此问题的基本观点和说法。

比如，要读懂一份关于推动供给侧结构性改革的意见，就很有必要理解经济学领域的"需求侧"和"供给侧"两种理论，搞清楚二者的区别在哪里，这样更能深刻领会供给侧结构性改革的合理性。

（3）分析相关工作的碎片信息

重要文件的起草都有个过程，短的一两个月，长的持续半年到一年。在这个过程中，起草单位一般会通过调查研究、征求意见、专家访谈、领导讲话等方式透露一些信息。这些信息看起来是碎片化的，但你一旦把它们按照文件框架整合起来，就会发现碎片信息根本就不碎，而是围绕一个中心展开的对理解文件十分有用。

（4）对比纵向横向同类文件

一般而言，党政机关里的文件有很大一部分是例行文件，比如中央每年出台的关于"三农"问题的"1号文件"，再如我们省上每年初出台的经济稳增长政策文件。

对于这样的文件，阅读时要有对比意识，把当前文件和历史文件进行对比，看看哪些是创新的，哪些是一如既往坚持的，哪些地方力度加大了，哪些政策有了调整，哪些是新提法、新概念、新要求。

比如，党的十九大报告相对于十八大报告而言，就有很多新提法，如"新时代中国特色社会主义思想""现代化经济体系"等，通过比较还发现，一些提法发生了变化，如从"社会管理"到"社会治理"，从"全面推进依法治国"到"全面依法治国"，从"建设成为社会主义现代化国家"到"建成社会主义现代化强国"，从"思想理论建设是党的根本建设"到"思想建设是党的基础性建设"，等等。

上面这种是纵向比较。有时候也需要横向比较，把本地区、本单位出台的文件与兄弟地区和单位的同类文件进行比较，看看同一件事情、同一个措施，谁的力度更大，谁的措施更新。这样一来，我们不仅知道创新了多少，还能知道与别人的差距在哪里，自己的优势有哪些。

5. 应用性阅读

即站在应用的角度来学习，而不是为了学而学。应用性阅读是看文件的高级阶段一般说来，高手都是应用性阅读，因为用好文件才是学习的目的。

美国第一任总统华盛顿说：读书而不能运用，则所读书等于废纸。看文件更应如此，看过之后不能用，也等于废纸。不论我们前面对文件进行如何的归纳、总结、拓展和思考，最终目的都是学以致用。

做到为用而读，应注意思考两个问题。

（1）有哪些内容必须用、可以用到写作中去

所谓"必须用"，即哪些必须贯彻落实，比如《中共中央关于加强党的政治建设的意见》这个文件的内容，必须在下级相应文稿中贯彻。所谓"可以用"，即哪些内容及写作方法可供借鉴。

（2）文件的措施和条款如何才能落到实处

看文件的最高境界是让文件"落地"，变成可操作的措施。

落实好文件得做四方面工作。

一是把宏观战略具体化。即把整体战略分解为若干有机组成的子战略，把总体部署过程分解为若干节点，把总体思路细化为具体方法，使之具有可操作性，也更便于落实。

二是把定性要求定量化。即把定性要求"翻译"为量化指标，如"经济发展跃上新台阶"这个定性目标，就应该把"新台阶"量化，比方说，明确"新台阶"有多高，需要完成多少绝对量，需要保持多少增速等。

三是把普遍措施个性化。即结合自身实际，提出个性化的落实措施，变上级的"普通话"为自己的"方言"。

四是把管理过程项目化。即明确目标，细化工作责任，提出工作时限、要求。如此便于随时跟踪，及时纠偏，严格考核，实行全过程管理。

总的来说，就是结合工作实际，思考文件怎样贯彻落实，如何将普遍措施具体化、总体要求具体化。

6. 提问式阅读

即站在被询问者的角度来看文件，假设一下如果别人有一天问我对文件的看法，我该怎么向他介绍这个文件。

这需要问自己三个问题。

（1）文件在讲什么

每一份文件都有一个主题和重点，都会针对某些问题提出解决办法。所以，看文件时要善于把握文件的主旨，掌握文件的核心观点，并进行提炼、概括。

（2）如何用自己的话说出来

即把作者的观点用自己的话讲出来。如果你能用自己的话说出来，说明你对书中的知识真正理解了，还同你的既有知识连为一体了。

（3）怎么评价这个文件

当你把文件读懂、看透后，就会自然而然地对文件有了自己的评价，比如，这个文件说得有道理吗，如果有，是全部有道理，还是部分有道理，这样的文件契合实际吗。

以上三个问题，第一个考验概括力，第二个考验理解力，第三个考验联系实际的思考力。

以上这几种方法，总体上是由浅入深、由粗到细、由远及近、由外而内的，应该循序渐进地看文件。开始可以粗线条一点，达到陶渊明说的"不求甚解"的境界就可以了，接着逐步深入，达到诸葛亮"观其大略"的境界，最后按朱熹"熟读精思"的要求，深入研究。

另外我还有四点建议供你参考。

第一，重要文件深入看，次要文件粗略看

文件与文件重要程度差异很大，因此不是见着文件就拿起来研究一番，那样不科学，条件也不允许。建议重要文件按最高要求来学习，最好学懂、弄通、嚼烂；一般文件则一览而过，粗略了解一下就可以，不用纠缠于细节。

第二，时间紧迫时也可以粗略看

一些情况下，即便文件很重要，也不一定有时间坐下来慢条斯理地研读，临时用到或传阅时间短，就观其大略，知道一个梗概就行了。一下子深入细节，反而挂一漏万，掌握不了整体情况。

第三，有选择性地看

前面说了，不是所有文件都要一视同仁，即便值得看的文件，也不是要一字不漏地看完，应根据重要程度或工作需要，涉及哪里看哪里，哪里重要看哪里，哪里不懂看哪里，有针对性、选择性地看，无关紧要的内容可以略看，甚至不看。

苏东坡读《汉书》时，第一遍只读与治理之道有关的内容，第二遍专门读其中人物，第三遍读官制，第四遍读兵法，第五遍读货财。每读一遍，就专门针对一个主题全面搜罗，几遍下来，每个主题都精通了。

第四，养成记笔记的习惯

好记性不如烂笔头，看文件不仅要看、要想，关键地方还要记。怎么个记法？建议记个大概就行了，关键条款，条件允许的话，可把原文摘下来，涉及工作进展、要求、目标和措施的，可摘录关键数据和项目名称。

第13课　写作没有永远的神，只有日积月累的人
——送给学习者的"7个锦囊"

必须如蜜蜂一样，采过许多花，这才能酿出蜜来，倘若叮在一处，所得就非常有限，枯燥了。

——鲁迅

 本课导读

写这篇文章的初衷是想纠正一个错误的观点：写作完全靠天赋。说实话，我不完全否定天赋，但否定"完全"靠天赋。在我看来，写作是靠强大的"输入"支撑下的输出过程，写作过程如同蜜蜂采花酿蜜，如果不大量采花，蜜蜂怎么也不可能凭空造出蜂蜜来。所以，问题的关键就聚焦在"愿不愿意采花""用什么态度来采花"上。本课正是基于这个考虑，建议写作者要养成"采花"的意识，同时掌握"采花"的方法。对于这个问题，我在多年的学习中得到了七点感受，这里分享给大家，希望对大家有用。

本课核心观点

- 常态化阅读
- 当个谦虚的倾听者
- 像蜜蜂一样多方采集
- 习惯于用笔记录
- 听君一席话，胜读十年书
- 始终保持一颗好奇心
- 三天不练手生：笔力是练出来的

最近，有读者朋友跟我吐槽，写材料时没东西可写，三两句话写完就不知

写什么了，看别人文思泉涌，说法一套一套、金句一串一串，像倒豆子，哗哗哗的。

问我有没有什么诀窍。

说实话，我从不给人推荐任何诀窍，因为我不鼓励投机取巧，实在要说就是：下笨功夫。我宁愿大家像曾国藩说的"结硬寨，打呆仗"，笨是笨了点儿，但长久、管用、靠谱。事实上，人的一生中，今日品尝到的每一点甜都是昨日消化掉的苦，所有的轻巧都是笨拙结的果，所有的华丽都是学习生的茧。在写作的世界里，没有什么神，更没有永远的神，只有日复一日、年复一年，笨拙地学习积累的人！说到底，积累多了，写作就得心应手，积累少了，写作就捉襟见肘。

说到积累，我想起南宋诗人陆游的一句诗。他晚年曾以一个"写材料""过来人"的深刻洞见告诫儿子："汝果欲学诗，工夫在诗外。"希望儿子从生活中汲取"写材料"的源泉，把工夫下在平时，注重平时积累。

积累是知识里的"存量哲学"和"增量哲学"。对文字工作者来说，学习的强度决定了笔头的"硬度"。在文字之路上，只有久久为功、日积月累，才能持续精进，开掘出不竭的源头活水。

民间有句俗话叫"池水经不住慢瓢舀"，一个人的知识同样经不住长时间消耗。如果不注重积累，长时间吃"老本"，任你的知识再渊博，随着时间的推移、科学的发展，也有过时或不够用的一天。只有不断学习，往知识的"池子"里加水，才能适应写作需求，随时处于得心应手的状态。

研究表明，不单是放射性元素的原子核有半衰期，知识也有半衰期，每过一段时间，就会被遗忘或过时。据研究，医学知识半衰期是 45 年，物理学知识半衰期是 10 年，工程学知识半衰期是 2 年，移动互联网时代，知识半衰期甚至缩短到 0.5 ～ 1 年。这意味着，你半年前还津津乐道的事情，半年后可能已经过时了，今天知道的，明天可能就变了，甚至被证明是错的。

下面，送你几个"锦囊"，不妨"打开"试试。

1. 常态化阅读

对写作来说，阅读是引流写作清泉的最佳"姿势"。没有阅读，知识之源就断了，任凭你"才高八斗"，迟早也会"江郎才尽"。所以，我工作中始终带有深深的危机感，每日坚持读书、读报、读文件，生怕自己过时了，写不出东西来。

姑且不说读报纸、看文件，就说读书，基本也能坚持一天读几十页，每年下来，总量在 60 到 70 本。书读得多，会发酵出意想不到的收获来，那些直接可以运用的知识，就直接运用到写作中了，即便不能直接运用的，也会生发出写作的灵感。事实上，我写的很多文章的灵感就源于跨界阅读。

读与不读是一回事，如何读是另外一回事。

个人经验是，阅读时，不要拘泥于纸质书，因为现在信息很发达，除了纸质书，网上还有大量电子书。可以说，阅读是很便捷的，只要愿意，随时随地都可以读。也不要拘泥于一字一句把书读完，只要有收获，哪怕只是读个梗概，理解核心观点都可以。关键是获得启发、找到乐趣、养成习惯，把读书有机嵌入生活当中，并长期坚持下去。

2. 当个谦虚的倾听者

学会倾听是学习的一个好习惯，折射了人的"空杯心态"。

很多人在论述倾听的重要性时总会说：上帝创造人的时候，之所以给人一张嘴、两只耳朵，就是为了让人少说多听。这话有些鸡汤，但有一定道理，多少说明了"听"的合理性。

积累不仅是"眼上功夫"，还得靠耳朵听。一个想获得积累的写作者，必须养成倾听的习惯，先当好一名倾听者，就像一台录音机一样，随时做好接收外界信息的准备。

至于听什么，倒不必纠结。个人观点是，但凡有趣、有用的都可以听，退一步讲，即便无趣、无用，听听也无妨，养成习惯才是最重要的。只要养成了倾听的习惯，任何场合都可以"输入"。回到家可以听新闻播报，关注重大形势、政策动态，开会时可以听领导思路、观点，日常交往可以听专家学者关注点，不一而足。好的信息记下来，不好的信息，过了就过了。

3. 像蜜蜂一样多方采集

在我们的文化记忆里，蜜蜂这个小动物备受推崇的品质有两个：一是勤劳奉献，二是团结协作。

晚唐诗人罗隐就写过一首诗：

> 不论平地与山尖，
>
> 无限风光尽被占。
>
> 采得百花成蜜后，
>
> 为谁辛苦为谁甜。

这首诗歌颂了蜜蜂辛劳、奉献的品质。

从学习的视角，在蜜蜂身上还可发现另一个可贵品质：集百家之长。公文写作者就像一只勤劳的小蜜蜂，为了写出令人满意的文稿，必须像蜜蜂一样跨界学习、广泛涉猎，众采百花而成蜜。写作者应该怎样对待学习？鲁迅先生就曾讲过："必须如蜜蜂一样，采过许多花，这才能酿出蜜来，倘若叮在一处，所得就非常有限，枯燥了。"

这就是写作中的蜜蜂精神。

公文写作，也只有读过许多书、博采众长，才能酿出甜甜的"思想之蜜"来。多读书，要求写作者在学习过程中有这种"采蜜精神"，不偏食、不挑剔、不拣嘴，只要用得上的，皆可以采集。

有了这种精神，方法自然不是问题。以前信息不发达，采集资料很麻烦，现在不同了，可通过互联网的搜索引擎、学术数据库精准搜索，也可到档案馆、图书馆查阅，必要时还可以专题调研。

4. 习惯于用笔记录

经常有朋友问我："你文章里引用了这么多名人说过的话，这么多有趣的东西，怎么记得住啊？"

还有朋友问："你一年读这么多书，是怎么记住的啊，我是看完就忘了。"

我说，谁记得住呢？看完就忘。

那是怎么做到的？

当然是用手、用笔记了。正所谓"好记性不如烂笔头"嘛！

这个道理听起来简单，做起来难，很多人一到阅读就忘，始终养不成记笔记的习惯。是没理解这句话的含义吗？不是，这话不难理解。是不赞同记笔记吗？也不是，绝大部分人都赞同。什么原因？我百思不得其解。最后从一位叫查尔斯·都希格的美国人那里得到了答案。

这是位普利策奖获得者，他有本书叫《习惯的力量》，书中认为：习惯的本质是一种脑回路，分为暗示、惯常行为和奖赏三个步骤。一个习惯的养成，首先要有"暗示"，然后持续去做并得到反馈，久而久之才能形成习惯。

在这个解释框架下，你就很容易"解锁"，没有记笔记的习惯，原因就藏在习惯这个"脑回路"的三个环节中。首先，是没有强烈的记录意识，进而在阅读时很难形成动笔的"暗示"，告诉自己："要记下来。"其次，即便有了"暗示"，很多人没有刻意练习，想记就记，不想记就不记，这样很难形成"惯常行为"。最后，没有给自己的记录一个"反馈"，忘记了记录的初心，尝不到动笔的"甜头"，这样反过来又会减弱下一次阅读的"暗示"强度。

所以，我建议大家在读书、看报、学文件过程中，先要不断暗示自己："把好东西记下来、记下来、记下来，以后用得着。"特别是那些偶然间听到的金句、看到的数据、迸发的灵感，特别值得记录。在无数次重复后，就会形成习惯。

至于记录的方法，多种多样。可以用纸质笔记本，也可用手机小程序，比如印象笔记。我还有一个方法，用微信给自己发信息，非常方便。不管哪种，好用就行。

茅盾先生那个时代，他主张："时时刻刻身边有一支铅笔和一本草簿；无论走到哪里，你要竖起耳朵，睁开眼睛，像哨兵似的警觉，把你所见所闻记下来。"这样的笔记本，我也记了很多本。不过现在这个时代，还是要善于使用电子设备，把纸质记录和电子记录综合起来用，效果会更好。

5. 听君一席话，胜读十年书

交流和对话，同读书的底层逻辑相同，都是学习获取信息。

德国思想家歌德说过，"读一本好书，就是和许多高尚的人谈话"。这句话倒过来也成立，和一个高尚的人谈话，就是读许多本好书。

交流这种学习方式相较于读书而言，有三大好处：其一，可以不用阅读就获得现成的观点，属于"不劳而获"，非常划算。其二，交流获得的观点更有针对性，因为交流几乎都是就相互关切的问题进行的。其三，可以双向沟通、多回合沟通，更有可能碰撞出思想的火花，获得感更强。

这就是"听君一席话，胜读十年书"的道理所在。

茅盾先生在 1930 年春因眼病不能看书，休养期间同各式人物往来闲谈，为《子夜》这部名著的写作积累了丰富的素材，这就是交流积累的一个例子。

交流有刻意交流和随意交流两种。

刻意交流，是针对写作中遇到的问题、困惑专门向人请教，比如向领导、专家、学者或知情人士征求意见、了解情况。

随意交流，是指在学习工作中与同事、朋友或专家学者"不经意"地交谈。当然，"随意"不等于不用心、不在意，而是指不刻意、相对自由、开放地漫谈。对于交谈内容，必须有心、用心，遇到好思想、好观点、好句子，一定要刻意地记。

6. 始终保持一颗好奇心

爱因斯坦曾说："我没有特别的天赋，只有强烈的好奇心。"以此来说明好奇心在科学研究中的重要性。

英国学者伊恩·莱斯利在《好奇心——保持对未知世界永不停息的热情》一书序言里讲，好奇心是人类的"第四驱动力"，尽管达尔文提出进化论之后，我们就不得不接受一个事实——人类和灵长目动物有三个相同的基本驱动力：食物、性和庇护所。不同的是，人类拥有第四个驱动力——好奇心，这是人类独有的。

历史经验表明：好奇心不会创造，但能诱发创造。

喜欢研究西方文化的人应该会发现一个文化现象，西方文明中最经典的故事，大多是因好奇心引发的，如亚当、夏娃与智慧果，伊卡洛斯与翅膀，潘多拉的盒子……

从某种意义上讲，好奇心是人类创造的基础，没有好奇心的人，很难在某个领域有所突破。事实上，人类历史上无数著名的科学家，往往都是充满强烈好奇心的人。牛顿对一个苹果产生好奇，于是发现了万有引力；瓦特对烧水壶上冒出的蒸汽产生好奇，进而改良了蒸汽机；爱因斯坦虽然从小比较孤僻，但对罗盘的好奇唤起了这位未来科学家探索事物原理的好奇心。伽利略看吊灯摆动引发好奇，从而发现了单摆的等时性。不一而足。

我经常讲，在单位里写综合文稿的人，表面上看无所不通、无所不晓，仿佛"百事通"，什么稿子都能写，其实不然。很多时候，能写出稿子来，不是因为懂得多，而是因为有一颗不安分的好奇心，但凡遇到不懂的问题，心里就像猫抓似的，不搞清楚绝不罢手。

写作，本身就是一个研究问题的过程。写作，对写作者有"逆向塑造"作用，边写边研究，写多了，懂的就多了。研究，往往是由好奇心驱使的，正因为有了好奇心，才会激发强烈的研究欲望。

所以，写作者一定要保持好奇心，进而涵养研究的精神，精进研究的方法。建议在没有写作任务时，多读一些专业研究报告、学术著作或总结材料，遇到问题时，深入实际调查研究，把问题的原因、过程、影响、本质、规律、过去、现在和未来搞清楚。

7. 三天不练手生：笔力是练出来的

写作是最好的积累方式，它不仅可以让素材系统化，还可促其持续发酵升华，衍生出新的知识。

写作的形式很多，可记日记，可写读书笔记，也可写成专题文章，通过微博、微信或报刊发表出来。

写作力不是被动等来的，而是高密度训练出来的。常言道"练拳不练功，到老一场空""三天不念口生，三天不练手生"，写作技巧就像古代剑客的剑术，一旦平时不练习，剑术就会退步，速度、精度不知不觉就退化了。

提升写作效率的唯一路径就是练习，唯有长年累月写、写、写，练、练、练，才能提升写作水平。俄国著名作家果戈理说："写作的人像画家不应该停止画笔一样，也是不应该停止笔头的。随便他写什么，必须每天写，要紧的是叫手学会完全服从。"

练习还得有恒心，一个真正有情怀的笔杆子，有任务时要写，没任务时创造任务也要写，哪怕每天写几句感想，时间长了，效果也是很明显的。我就是受益者，这十多年来，我坚持写日记，把自己的所学、所思、所想、所悟、所感有条有理地写下来，最近几年还发朋友圈、发微信公众号文章，坚持向杂志投稿。这样既能训练语感，也能保持思维随时"在线"，还能调适心理，让自己随时处于"战时状态"，遇到写作任务不会感到害怕，马上就可投入战斗。

最后还要说明一点，积累是个厚积薄发的过程，非一日之功，急是急不来的，需要长期坚持，不懈努力。

如果还不理解这个道理，就看看毛竹的生长规律吧。毛竹生长的前四年，仅仅能长三厘米左右。令人意外的是，从第五年开始，就会以每天三十厘米的速度快速生长，六周时间就可以长到十五米。很多人都不理解，为什么四年时间只长了短短的三厘米，而四年以后会一下子爆发出来呢？其实道理很简单，在前四年里，毛竹地面上的部分确实长得不长，但它的根在土壤里却延伸了数百米，深深扎入大地。正因为有了这样的根基，毛竹才有四年以后的"突然"爆发。

这跟写作积累是一样的道理，倘若没有长时间积累，不打下扎实的基础，想在后期写作中文思泉涌、挥洒自如是绝对不可能的！

第14课 写作没有白读的书，每本都算数

—— 写作"营养学"

要写作，便须读书。读书与著书是不可分离的事。当我初次执笔写小说的时候，我并没有考虑自己应否学习写作，和自己是否有写作的才力。我拿起笔来，因为我读了几篇小说。这几篇小说并不是文艺杰作，那时候我还没有辨别好坏的能力。读了它们，我觉得写小说必是很好玩的事，所以我自己也愿试一试。

—— 老舍

本课导读

下面两课我谈个人读书的经历和感受，每篇文章选一个小切口来谈，本篇谈从书中获取什么东西。在我看来，对人来说，读书和吃饭喝水的功能逻辑是一样的，吃饭喝水是获取生理营养，使生理活动持续下去，读书则是获取精神营养，让思考活动持续下去。一个人通过读书，至少应从书中摄入四种营养素：知识、思想、气质和精神。通过本课，我想表达一个观点：作为"内容生产者"，一定要有读书的习惯，把阅读当成吃饭、喝水那样自然而然的事情来看待，在阅读中获取知识、建构思想、涵养气质、培育精神。

本课核心观点

- 摄入知识
- 塑造思想
- 涵养气质
- 焕发精神

有一次，我到昆明的一个书店闲逛，随手拿起一本书，叫《一生受用最是书》，讲胡适先生的读书生活，觉得有趣，就买了。

那天下午，我回到家中，独坐窗旁，徜徉在和煦的阳光中，一口气读完了。这书的名字取得真好，说出了我的心声。

对我而言，这几十年，最受用的，何尝不是书呢？

古人常说：开卷有益。

我赞同这个说法，只要打开书本，就一定是好事，不管什么书，只要你打开了它，就会打开一扇精神世界的窗，看到意想不到的风景。

小时候，我家有几本《三国演义》和《水浒传》小人书，画得漂亮极了。我百看不厌、爱不释手，时不时拿出来看看，偶尔还会照着书上人物临摹一番。就这样，这几本小人书被我看了无数遍，边角卷了、颜色黄了、封面也掉了，可是我依然把它们当成宝贝。那时的我看那些书，就像现在的小朋友第一次到电影院里看好莱坞 3D 大片，既有感官的刺激，又有精神的享受。这几本小人书是我阅读的滥觞，那种感觉就像一颗种子一样，慢慢发芽成长。就这样，我的阅读意识慢慢觉醒了。

上小学后，随着读书识字，我的阅读触角慢慢多了起来，这期间历史小说闯入了我的世界。那些年，我们村里还没有通电，自然也没有电视机，一到晚上，忙碌一天的人们总喜欢串门，三三两两围在火塘边，摆摆农门阵。有几位老者，特别善于讲故事，尤其是老薛家的历史故事，如薛仁贵征东、薛丁山征西、薛刚反唐。可能是因为大家都姓薛的缘故，他们讲得特别攒劲，把一个个故事讲得绘声绘色、津津有味，听得大家欲罢不能，尤其是我们这些年幼的孩子，每次都要缠着他们多讲几段，恨不得把所有故事一口气听完。

说来也巧，有一年，大哥就从外面带回一本《薛丁山征西》，我如获至宝，心想这下可找到故事源头了，终于可以看更多的故事啦，巴不得一下子把所有故事装到脑袋里面去。那本书前面配有插图，是书中人物的肖像画，画得活灵活现，非常讨人喜欢。不过最令人难忘的是里面的故事情节，比如"李道宗设计害仁贵，传假旨星夜召回京""神鞭打走陈金定，梨花用法捉丁山""薛刚三扫铁丘坟，西唐借兵招驸马"，我至今记忆犹新。这本书在家里传了好多年，我们反反复复读了好多遍，遗憾的是，这本书后来神秘消失了，大概率是被哪位爱书的人给"收藏"了，至今仍然是个谜。后来，我还陆续看了《薛仁贵征东》《说岳全传》《隋唐演义》《七侠五义》《小五义》《施公案》等小说。

上初中以后，一次偶然的机会，我接触了武侠小说，愈发不可收拾。那几年，我在假期里，瞒着家人偷偷读了金庸、古龙、梁羽生、温瑞安的大部分作品，成了一个"武侠迷"。通过阅读，我积攒下了不少英雄故事，心中有"故事"，我就尝试在不同场合讲给大家听，看到大家每次投来赞许的目光，甭说多开心了。我初次感受到了读书不仅能给我带来乐趣，还可以给别人带来乐趣。不过，最有意义的是，这些小说激发了我的阅读兴趣，让我感受到阅读的快乐，它们不仅伴我度过了孤独的时光，更重要的是让我真正喜欢上读书，给我打开了一扇通往无限精神世界的窗户。

这十多年来，我什么书都读，诗歌、小说、历史、经济理论、思维方法、公文写作，但凡觉得有趣的皆在所读之列。从《增广贤文》到《道德经》《易经》《诗经》《论语》《孟子》《庄子》《管子》；从《张载集》《建安七子集》到《闻一多全集》《梁漱溟全集》《黄仁宇全集》；从《二十四史》到《资治通鉴》《续资治通鉴》《太平广记》《册府元龟》《通典》《通志》；从《罗马帝国兴亡史》到《阿拉伯通史》《俄罗斯史》；从《中东两千年》到《耶路撒冷三千年》《埃及四千年》《丝绸之路》；从尤瓦尔·赫拉利的"简史三部曲"到贾雷德·戴蒙德的《病菌枪炮与钢铁》，再到弗朗西斯·福山的《政治秩序的起源》《政治秩序与政治衰败》和德隆·阿西莫格鲁的《为什么国家会失败》，古今中外、自然科学、社会科学都有所涉猎。

我就像一个游牧民族，逐水草而居，在不同领域到处"游荡"，就像一个杂食动物，什么东西都吃。阅读这样的书，表面上看，不会产生最直接的"用途"，实际上却像吃饭、喝水一样，氨基酸、维生素、矿物质等营养元素已悄然融入人的血肉和灵魂。这些书拓展了我的认知半径，延展了我的思维，也帮我撑大了思考问题的格局，通过阅读，我学会了用更大的时空尺度来观察世界、思考问题。阅读这样的书，还能像北宋思想家程颢《秋日》一诗所写的：

闲来无事不从容，睡觉东窗日已红。

万物静观皆自得，四时佳兴与人同。

道通天地有形外，思入风云变态中。

富贵不淫贫贱乐，男儿到此是豪雄。

能帮我在紧张的工作之余放松情绪、调整心态，学会用最细腻的思想触觉去认知世界、观察世界、理解世界。

前几年，我还有一段十分特别的阅读经历，那就是参加职业资格考试，这是与休闲式阅读完全不一样的体验。从 2014 年到 2017 年这四年时间里，我系统学习了二级建造师、一级建造师、环评工程师、消防工程师、咨询工程师、安全工程师、监理工程师的所有课程。这些都是乏味的理工科课程，涉及项目管理、工程经济、工程建设、道路、桥梁、隧道、管道施工技术，环境影响评价法律法规，地表水、地下水、废气、噪声、固废、生态等环境影响评价方法和政策，建筑防火间距、防火分区，消防设施系统施工、监测和维护，等等。

我费尽移山心力，落得"沈腰潘鬓消磨"，以"苦行僧"般的生活来要求自己。读这样的书，不像读小说、历史，可以闲庭信步、随心所欲，每一本都必须"刻意学习""刻意练习"，枯燥乏味至极。然而我知道，这正是理工科的特点，整个学习过程虽然辛苦，回报却是丰厚的，有很多朋友质疑我这样做的意义，但我坚信，付出一定有回报。

通过几年的艰苦奋战，我取得了国家一级建造师、注册消防工程师执业资格证书。更重要的是，我涉猎了很多学科，知识结构更加完善，通过学习刷新了我原有的很多认知，开阔了视野，打开了脑洞。这几年的学习看似与工作没有直接联系，实际上深化了我的系统思维、逻辑思维和辩证思维，让我逐渐学会用理工科思维来思考问题，并且尝试把它们用到实践中去。慢慢地，我的思考过程更为系统、科学和严谨了。这就是我读这类书的最大收获。

人生没有白读的书，每一本都算数。

书是人类精神的食粮，对人类而言，书这个物种是蕴涵着宇宙、人生之道，记载着我们的过去、现在并描绘着将来，展示了社会生活和个体生命情感的无限丰富性，承载着人类的精神文化创造的灵性之物。

我深深感到，在阅读过程中，人能从书中摄入多种营养，以维持我们的精神体魄这种营养有四方面。

1. 摄入知识

读书，能帮我们摄入必需的知识，让我们掌握世界发展、演变的基本讯息和必要技能。说通俗一点，读书可以长见识，有了必要的知识和讯息，我们才不至于在生活和工作中碰得头破血流。这就是古人强调"读万卷书，行万里路"的根本原因。

2. 塑造思想

读书，能够为思想塑形，在知识的基础上，通过读书，人们会深入思考这个世界是什么、为什么、怎么办，形成自己的观点，并且在反复阅读中纠正错误的观点。

北宋诗人黄庭坚说："士大夫三日不读书，则义理不交于胸中，对镜觉面目可憎，向人亦语言无味。"在我看来，所谓"义理不交于胸"就是没把问题想清楚，所谓"面目可憎""语言无味"就是没有在学习中融会贯通，形成自己的独到见解。

3. 涵养气质

读书，可以涵养神气。如果说知识是有形的、思想是半无形的话，那么神气则是完全无形的，它看不见，摸不着，只能靠感受。

古人说"腹有诗书气自华"，一个人通过读书，可以涵养气质，超凡脱俗，找到审美的情趣，并由内而外散发出来。读书这个涵养过程是"随风潜入夜，润物细无声"的，不过这种滋养和涵润却是客观、必然的。中国台湾作家三毛说："读书多了，容颜自然改变。许多时候，自己可能以为许多看过的书籍都成过眼烟云，不复记忆，其实他们仍是潜在的。在气质里，在谈吐上，在胸襟的无涯。当然，也能显露在生活和文字中。"

4. 焕发精神

读书，是一种生命的化妆。一个人的生命力，通过精神散发出来。作家林清玄说："三流的化妆是脸上的化妆，二流的化妆是精神的化妆，一流的化妆是生命的化妆。"他还说："改变表相最好的方法，不是在表相上下功夫，一定要从内在里改革。"怎么改？最好的办法莫过于读书，阅读不仅让人明理增慧，还能使人谈吐优雅，风度迷人，最关键的是，读书能够与生活相融，能够为生命赋能，读书可以让一个人的生命挣脱生物学的束缚，在时间的考验下焕然一新、永葆青春。

一生受用最是书。

作为文字工作者，真心呼吁大家多读书。如果你不能做到身体在路上，那么就让你的灵魂随着心仪已久的书籍，做一次快乐恣意的心灵远游。相信它，一定能够带你走向远方！

第15课　笔杆子的读书时间从哪里来？
——发现"暗时间"的方法

钱思公虽生长富贵，而少所嗜好。在西洛时尝语僚属，言平生惟好读书，坐则读经史，卧则读小说，上厕则阅小辞。盖未尝顷刻释卷也。谢希深亦言：宋公垂同在史院，每走厕必挟书以往，讽诵之声琅然，闻于远近，亦笃学如此。余因谓希深曰："余平生所作文章，多在'三上'，乃'马上''枕上''厕上'也。盖惟此尤可以属思尔。"

——欧阳修

本课导读

本课重点谈学习时间问题。对上班族来说，最关心、最直接、最现实的一个问题就是：读书时间怎么来？很多人都感叹没时间看书！我感到疑惑的是，真的没时间看书吗？如何才能有时间呢？鲁迅先生说过，时间就像海绵里的水，只要你愿意挤，总会有的。这与我读过的一本书的观点不谋而合，书中提出了"暗时间"概念，所谓"暗时间"就是可一心二用的时间，如一个人走路、买菜、洗脸、洗手、坐公车、逛街、出游、吃饭、睡觉，表面上看你只能做这些事情，实际上可以兼顾其他事情，如学习、思考等。人只要学会了利用暗时间，就相当于用一个单位的时间干了别人两个单位时间做的事情，他的时间就像被折叠了一般，无端比别人多出一倍。这不就解决了读书的时间问题了吗？所以，我写下这篇文章。

本课核心观点

- 搞懂什么叫读书
- 时间是什么？
- 学会"交换"时间
- 学会"折叠"时间

■学会"储存"时间

一说到读书，很多朋友都会感叹：太忙了，又是工作，又是家庭，里里外外很累人，一天到晚忙完后，唯一想做的事就是睡觉，实在没时间和精力读书！

"你平时也那么忙，是怎么抽时间读书的？"很多朋友问我。

我说："忙，确实忙，可读书时间还是有的，关键看你会不会交换、折叠和存储时间。"

鲁迅先生说过，时间就像海绵里的水，只要你愿意挤，总会有的。

"没时间"，其实是个伪命题。

大家都知道，时间这个东西是客观的，每天就 24 个小时，不多也不少，完全不以人的主观意志为转移，一秒一秒往前走，"逝者如斯"，既不会加速，也不会放缓，更不会倒流。

可以说，时间是客观的，也是主观的。因为世界上本没有时间，是人根据需要创造了它，并赋予它特定的内涵和形式，给它人为划定了年、月、日、天、时、分、秒等刻度，这些刻度都是主观意志的产物。

甚至还可以说，时间因人而存在，时间是可以"想"出来的，也是可以"管"出来的，可以交换，可以折叠，可以挤压，可以存储。

因此，阅读时间也因人而存在，并非客观"在"那里，而是主观创造出来的。如果你真想"有"的话，建议如下所述。

1. 搞懂什么叫读书

很多人之所以"没时间"读书，是因为怕读书。怕读书，又源于对读书的认知存在偏差。

有人认为读书应该讲究一点，在一些朋友的潜意识里，读书是这样一种场景：阳光明媚的午后，在自家窗边坐下来，沏上一壶普洱，边读边饮，或干脆到星巴克，要上一杯卡布奇诺，听着班得瑞的 *Snowdreams*，让自己优哉游哉。

有人认为读书就是用眼睛看，如果不是亲眼看见，那就不算读。

也有人认为读的书一定是散发着墨香的纸质书，必须能在上面盖上印戳、写上批注、画上线条，才是真正的读书。

还有人认为读书的"读"字，是这样一串动作的组合：用双手轻轻打开墨香浓郁的扉页，从序言开始，眼睛一页一页、一行一行往后扫描。

这些认知都有问题。对于读书，应从多个维度来理解。

（1）读书不能太"讲究"

这是我个人的切身感受，如果一个人太过注重环境的营造，反而会稀释你读书的强烈愿望。

想想看，在柔软的沙发里，暖暖的阳光下，轻轻的音乐中，你的注意力一定会被环境所吸引，本来是为了追求阅读的体验，不知不觉中转变成对舒适环境的享受，大多情况下，看着看着就走了神。

（2）读书里面有门道

用眼睛看，是读书最原始的内涵和形态，也是大家最熟悉不过的阅读方式，但这不代表读书就是简单地用眼睛一行行"看"下去。

在网上，专门研究阅读的书很多，比如《如何阅读一本小说》（托马斯·福斯特著）、《如何阅读一首诗》（潘丽珠著）、《如何阅读：一个被证实的低投入高回报的学习方法》（艾比·马克斯·比尔著）、《如何阅读不同的文本：学生阅读的方法与技巧指南》（尼尔·麦考著）。最为著名的，要数莫提默·J.艾德勒和查尔斯·范多伦的《如何阅读一本书》，我在书店看过，作者把阅读分为四个层次：基础阅读、检视阅读、分析阅读、主题阅读。感兴趣的朋友可以找来看看，掌握必要的方法，一定会大大提高阅读效率。

（3）不只是纸质书才叫书

随着技术的发展，书的形式也在迭代。除了传统的纸质书，现在电子书也蓬勃发展，一些企业开发了形式多样的阅读器，尤其随着移动互联网发展，手机也成为一座移动图书馆。手机可以随身携带，解决你不方便带书的困惑，随时随地给你营造阅读机会。我 2019 年读过的 66 本书中，有 16 本就是通过手机阅读的。

（4）读书不见得用眼睛

多媒体环境下，读书的内涵早已被重塑或放大，应该获得新的解释。

当下，"听书"成为一种全新的阅读模式，网上也出现了很多读书媒体，如"喜马拉雅""微信读书""得到听书""樊登读书"等。这几个读书平台，一些是付费的，一些是免费的，遇到好书，我也偶有付费阅读，价格实惠，不过最重要的是这些平台适合在运动中使用，随时随地都可以"读"。

另外，所谓"读"，不代表按照顺序从头到尾读，也不代表每本书都读完，方法多种多样，比如有的部分可详读，有的部分可略读，有的部分甚至可以不读。

2. 时间是什么？

时间是很奇妙的东西，既存在又不存在，关键看怎么理解。

任何人的一生都不会有人帮他做好时间"分区"，比如阅读占多少、吃饭占多少、旅游占多少，尽管这样的划分有时显得很有必要。然而，这种划分却不像电脑硬盘分区那样简单，因为人在一定的生命容量里，干什么、干多长时间、占生命多大权重等都具有随机性，需在运行中随机赋权。

具体会花多少时间干什么事情，关键看当时的主观意愿，看本人想不想干，想干的事，任何人都会去"挤"时间，"抽"时间。

对于读书来说，时间因"想"而存在。干任何事情都要心里"想"，然后才会去干，读书也不例外。一些朋友之所以"没时间"读书，根本原因不是别的，就是没有阅读的想法。所以，唯其有读书的强烈愿望，才会萌生阅读的意识，去涵养阅读的习惯，也才会想方设法去"找"时间、"挤"时间、"创造"时间。从这个意义上看，他们真正缺的不是"时间"，而是"愿望"。

从我个人的经历来看，大学毕业的头几年里，工作不算很忙，有大量阅读时间，可是所读之书寥寥无几。当我"真的很忙"后，反而大量读书，每年读过的书超过之前十年的总和。

为什么？

原因就在于当时的阅读愿望、阅读意识都不强，我只是"看起来很忙"而已。自从我明白了阅读的重要性后，情况就不同了，我学会了"偷"时间。上下班途中，在车上"偷"一点；地铁里，在座位上"偷"一点；喧嚣的餐厅里，在美味佳肴呈上来之前"偷"一点；上班间隙，办公桌前"偷"一点。就这样，我把时间一点一点地攒起来，就像存零钱一样，每天都往里丢一点，一年下来，"时间储罐"满满的时间盈余。

3. 学会"交换"时间

前面我说了，一个人的时间总量是不变的，任何人的读书时间都是从时间的总盘子中切割出来的。

如何才能从时间的盘子里多"切"一些读书时间呢？

办法只有一个，那就是换，舍得用读书去替换别的事情。在我看来，时间是可以交换的，关键看你愿不愿意。

善于感知时间，发现"时间盈余"。在我看来，时间本来就是哲学的产物，世界上本没有时间，只是有了地球自转、公转之后，白天黑夜、春夏秋冬这些时间才被创造出来。时间需要感知，否则不容易被发现。比如，你要知道当你在和别人闲聊时，你消费了潜在的阅读时间；当你在手机上刷屏时，你刷掉了潜在的阅读时间；当你在冬日暖暖的阳光中午睡时，你睡掉了潜在的阅读时间；甚至，当你上厕所、乘坐地铁时，你都可能浪费了潜在的阅读时间。

舍得把盈余时间花在读书上。当你敏锐地发现你具有潜在的阅读时间后，只要做一件事情，那就是果断地把它花在阅读上。这个过程任何人都帮不了你，关键看你是否愿意交换，只要你愿意，一定能够兑换到读书时间。

4. 学会"折叠"时间

这是一个很开脑洞的话题。

有人认为，时间不仅有"明时间"，也有"暗时间"。

什么是暗时间？

我的理解，就是可以一心二用的时间。比如，一个人走路、买菜、洗脸、洗手、坐公车、逛街、出游、吃饭、睡觉，表面上看你只能做这些事情，实际上可以兼顾处理其他事情，比如学习、思考等，这个时间就可以认为是"暗时间"。人只要学会利用暗时间，就相当于用一个单位的时间干了别人两个单位做的事情，他的时间就像被"折叠"了一般，无端比别人多出一倍。

人可以利用暗时间来思考，同样可以用暗时间来读书。

这些年，我的读书时间很大一部分就来源于暗时间，我习惯于随时携带一本书，不管是在飞机上、餐厅里还是在地铁中，但凡有空隙，拿来就读，一旦形成习惯，慢慢地，时间就多了。

很多名人也有这个习惯。比如，北宋文学家欧阳修写过一篇文章，分享了古人"三上"读书的方法，本质上就是对暗时间的利用。

胡适先生也喜欢上厕所时看书，他曾有一则日记这样写道："有人赠我莎士比亚名剧亨利第五，全书三百八十余页，用薄纸印之，故全书仅广寸有半，长二寸，厚不及半寸（英度），取携最便，因以置衣囊中，平日不读之，唯于厕上及电车中读之，约一月而读毕，此亦利用废弃光阴之法也。"

在厕所里读书，我虽有这个经历，却没形成这种习惯，不过在车上读书倒是有的。早年我考执业资格证，每天都利用上下班时间在车里听课件。我算了一下，这样一天可以"折叠"两个小时左右，非常划算。现在，我骑车上下班，依然坚持"听书"，每天可以折叠一个小时。

5. 学会"储存"时间

方法找对了，若想真正"有"时间，还必须做一件事，那就是坚持。只有坚持，才有积累，才有时间。

请相信，当你第一次从书架上拿下一本书打开的那一刻，你的时间就有了一点存量，今后每打开一本，就好比在"时间储罐"里投入一枚时间硬币，日积月累，时间的函数会让储罐产生很大"增量"。

总之，读书是件很美妙的事，也因此成为一件令人激动的事，甚至可以同爱情媲美。英国哲学家罗素就曾这样说过："对爱情的渴望，对知识的追求，对人类苦难不可遏制的同情，是支配我一生的单纯而强烈的三种感情。"

笔杆子是内容生产者，需要阅读的加持。因此，对知识的追求，必须成为支配你一生的单纯而强烈的感情，否则，你的书写将如同无源之水，是难以为继的。我正是笃定这样的信念，多年坚持以输出牵动输入，以输入保证输出，当好书写者、阅读者、学习者。我一直坚持高强度阅读，把读书自然地嵌入工作和生活中，保证每年阅读 60 ～ 70 本书，因为在我心里，阅读是人生最美的姿势。

当然，数量不是阅读的目的，更不是值得炫耀的资本，核心与本源是对知识的获取，对思维的启发，对思想的迭代。

我读的书非常杂，很多时候是随手抓来的，非常不讲究，但正因如此，我才读得更自然，更随性，没有太多羁绊。就像吃五谷杂粮，吃火烧洋芋，看起来很粗糙，做法也简单，吃相也不好看，营养却是均衡的，感受也是快意的。你完全不用像吃西餐，正襟危坐，以绅士般的矜持，给人优雅高尚的感觉。你只用关注一件事情，那就是"吃"本身。

　　读书是个自然而然的过程，就像吃饭喝水一样，你不用刻意去知道到底哪盘菜、哪顿饭让你长高了一厘米，实际上，阅读是在无声无息中滋养着你，你搞不清，也没必要去问。

　　从现在开始，你就可以尝试打开一本书，然后坚持这样做，形成习惯，不要间断，你的时间因你而存在。

第16课　有一种学习，叫模仿
——关于模仿的 3 个问题

模仿是创造的第一步，是学习的最初形式。

——茅盾

本课导读

　　本课及第 17 课谈写作模仿问题，本课是对"天下文章一大抄"这句老话的认知升级。刚工作时，就有前辈对我说过这句话，当时对"抄"字的理解是肤浅的、混沌的，隐约觉得那是在巧妙地借用，多少觉得带有点投机取巧的味道。后来，随着对公文写作理解的加深，我感到有责任从思维方式的角度获得新解释。本课回答了是什么、为什么、怎么办的问题：一是希望大家能够立体性地理解"抄"的本质内涵；二是形成一种模仿的思维习惯和意识；三是避免走入一些模仿上的误区。

本课核心观点

- ■ "抄"的本质是什么？
- ■ "抄"字包含哪些动作？
- ■ "抄"的 6 种误区

天下文章一大抄，看你会抄不会抄。

　　这话，搞文字工作的也许都听过。然而，抄什么？怎么抄？却是众说纷纭的问题。

　　刚参加工作时，前辈多次对我说过这句话，当时对"抄"字的理解是肤浅的、混沌的，隐约觉得那是在投机取巧。然而，随着认知的升级，我感到"抄"字里有大学问，可以从思维方式的角度进行解释。

抄什么？但凡好文章都可以"抄"，这没什么问题。问题是，具体到文章的内容上，有人倾向"抄"篇章结构，有人倾向"抄"表述方法，有人倾向"抄"语言文字，莫衷一是。

怎么抄？有人强调循序渐进，从模仿到创新不断迭代，有人强调长期练习，有人强调广泛涉猎，有人强调重点突破，关注点各有不同。

在谈具体模仿的方法前，个人感觉，有三个问题是必须得说清楚的：

1. "抄"的本质是什么？

所谓"抄"，并非把别人写的东西原原本本地誊写下来。那叫照抄，或叫"搬"，无非就是当了一次搬运工，不是让文字发生"化学反应"，只是实现物理空间位置的改变。

"抄"的本质和灵魂是模仿借鉴。它是一种学习方法，是创造的基础、创造的最初形态。

（1）"抄"是技术创新的方式，给科学技术发展助力

你看，我们乘坐的飞行器，最初的创意是从鸟身上获得的，有一种水下探测器就叫"蓝鳍金枪鱼"，据说锯子的发明也是模仿了小草的叶片形状。再看，"五禽戏"模仿虎、鹿、熊、猿、鸟的动作，教人如何养生。形意拳仿效了十二种动物的动作特征，有龙形、虎形、熊形、蛇形、骀形、猴形、马形、鸡形、燕形、鼍形、鹞形、鹰形等套路。不仅如此，模仿借鉴还催生了一门学科——仿生学。

（2）"抄"是人类的本能和习惯，给人类自身发展赋能

从某种意义上讲，人是在模仿中成长的。亚里士多德认为，人和禽兽的重要区别就在于"人最善于模仿"。模仿是人类的本能，不管是牙牙学语，还是蹒跚学步，都在一定程度上"抄"别人的经验，成人之后也有"抄"的潜意识，比如，在处理问题时，我们都会下意识地问别人是怎么做的。这本质上就是"抄"的意识、思维和习惯。

就拿书法绘画来说，业内很重视临摹，"初学书不得不摹，亦以节度其手，易于成就。"（姜夔）综观 19 世纪西方的绘画，几乎所有的艺术大师都临摹过意大利古典艺术，或者去巴黎卢浮宫临摹名作。我国著名的绘画大师如黄宾虹、齐白石、潘天寿、傅抱石等，都曾把《芥子园画谱》作为模仿范本。

回到写作上，"抄"同样是学习写作的不二法门。古希腊人认为"文学起

源于模仿"，我国南宋思想家朱熹也坦言："古人作文作诗，多是模仿前人而作之。"唐代皎然在《诗式》里还总结了三种模仿的方法："偷语""偷意""偷势"。茅盾先生也说："模仿是创造的第一步，是学习的最初形式。"这些言论都充分说明了"抄"在学习中的重要性。

"抄"为啥如此重要？赵孟頫针对学书法有句话："临书在玩味古人法帖，悉知其用笔之意，乃为有益。"我觉得，写作中的"抄"可以熟悉别人的"用笔之意""结构之严""修辞之妙""语言之精"。

不仅如此，还有很多好处，比如：

可以为写作者树立一个写作的标杆或范本，而有了这个标杆和范本，初学者就会有一种体验：原来文稿可以这样写！可以给写作者建构写作的信心，给人一种心理暗示：好的文章，也就这个样子，别人能写出来，我也能！可以唤醒初学者的审美意识，不管拿到任何一篇文章，都懂得从不同角度去分析它、审视它、品味它。可以提高初学者的写作效率，"抄"的过程，就如同站在"巨人"的肩膀上行走，运用别人成熟的思考结果，既避免走弯路，帮助初学者快速入门，还有助于思维方式的训练。任何一篇优秀文章，都是写作者思维精华的浓缩，这样的文章见多了、"抄"多了，就可以跟着高手的"节拍"一起舞蹈，慢慢地，自己的思考水平也就提升了。

2. "抄"字包含哪些动作？

如果你以为"抄"就是"拿起笔来写下字"这一个简单动作的话，你就大错特错了。

从系统论的观点来看，"抄"绝不是"一锤子买卖"，它是一个动态过程，一个完整的"抄"字是学、思、践、悟四个连贯动作的综合集成，是一套名副其实的组合拳。

（1）学

"学"是"抄"的起手式，不管"抄"什么文章，都必须在学的基础上进行，对抄的对象有全面而深刻的了解。倘若缺少必要的学习铺垫，面对一篇文章，你根本不知从何抄起。

何谓全面了解？个人觉得至少包括五大要素：主题、结构、材料、语言、表述方法。这五个要素就是五种学习的维度，也是"抄"的五种"姿势"。当然，我说的是至少，一篇优秀的文章，尤其对公文来说，除了以上五种要素外，还有格式、排版等，都值得学习借鉴。

何谓深刻了解？深刻是个相对概念，相对于看得见、摸得着的格式、语言而言，是指看不见、摸不着的思维方式、结构方法、逻辑关系、论证技巧等。学习可以是有针对性的学习，解决当务之急，也可以是储备式的学习，解决不时之需。对于前者，可以边学边"抄"，现蒸热卖；对于后者，一定要摘抄记录下来，等到需要时拿出来"反刍"。

（2）思

"学而不思则罔。"在学习的基础上，要把脑筋开动起来，多想一想再动手。

首先，对于别人写出来的文章，能够知其然，也知其所以然，这才是高手。

其次，在洞悉别人"写作逻辑"的基础上，还要思考"如何才能把别人的东西合理地'抄'过来"。

思考的扇面可以从两方面展开：

一方面，思考别人的文章好在哪里，比如结构采用了并列式结构，还是递进式结构，或者总分式结构；数据采用了横向对比，还是纵向对比；修辞上运用的是排比还是引用，等等。

另一方面，思考别人的标题、结构、材料、语言或修辞方法与自己所写的材料有没有相同的道理。如果有，在自己的材料里如何运用，其思想观点、逻辑关系、结构体系符不符合自己需要。

（3）践

"光想不练是假把式。""践"就是通过学习、思考，经常性地进行模仿实践，真刀真枪把别人的东西借过来，融会贯通，写出自己的文章。

"践"这个动作有两个要点。

一是有意识。就是说，"抄"不是自然而然、随心所欲地"抄"，要有"我在用某种套路写"这样的意识。只有这样，才会有快速的收获。通过无数次的"有意识"，就会养成"自然而然"的写作习惯和套路。

二是无痕迹。模仿的最高境界是"仿而不像"，就像著名画家齐白石说的："学我者生，似我者死。"高明的模仿者，心中"有意"，笔下"无痕"，能够在无声无息中"抄"，不知不觉中仿。这样写出来的作品才会真正融入你的思想，即便能够嗅到"抄"的味道，也难以找出"抄"的"证据"。

（4）悟

所谓"悟"，是指在每次模仿实践后，善于反思总结，哪些地方模仿得好、哪些地方模仿得不好，有一个客观评价，以便于改进。"悟"就像一剂酵母，可以帮你从实践中"发酵"出与原作不一样的东西来，这个东西就是我们的创新成果，也是"抄"的终极价值。

"悟"的方式不拘一格，可以是自己反思，也可以借外力助思。你可以闭门沉思，反观自省，也可以请高人点评、提出意见。我倒是倾向于以反思为主，毕竟，操刀人心理上不太愿意被人认为"原来这是'山寨'产品！"当然，以练习为主的模仿作品，大可不必有这个顾虑。

3."抄"的6种误区

（1）鹦鹉学舌

我们都知道，鹦鹉学人说话，一般是人怎么说，就跟着怎么说，没有理解，也没有创造。模仿借鉴别人的文章，首先要避免的就是鹦鹉学舌、人云亦云，在缺乏必要理解的情况下照搬照抄。

鹦鹉学舌的模仿近乎抄袭，且不说道德问题，单说模仿效果，懂行的人一看，就知道这并非作者自己观点，表达的观点很难令人信服。正如《景德传灯录》所言："如鹦鹉只学人言，不得人意。经传佛意，不得佛意而但诵，是学语人，所以不许。"

（2）方枘圆凿

所谓"方枘"，就是指方形的榫头，而"圆凿'，指的是圆形的榫眼。大家知道，方榫头和圆卯眼，两者格格不入，肯定是合不起来的。生搬硬套过来的东西，就像方枘圆凿，即便勉强拼凑起来，语意、语气、脉络都是不顺的，内容也会"水土不服"，甚至产生"排异反应"。

模仿借鉴别人的东西，切忌方枘圆凿、生搬硬套，把本来不适合的语句、观点或结构套用到自己的文章中来。模仿要像给植物嫁接。嫁接之前，判断好仿与被仿内容的"兼容性"，只有相同、相近的属种，方能嫁接。比方说，你就不能把桃树枝嫁接到苹果树上。

（3）盲人摸象

盲人摸象是小学学过的课文,这个故事告诉我们,看问题不能凭自己主观的、片面的了解作判断，应客观、全面地了解事物。

模仿借鉴别人的文章，也不能盲人摸象，因为任何一篇文章都是一个系统，涉及方方面面，不能片面地只看某一方面。一个有经验的模仿者，拿到一篇好文章后，应从主题、结构、风格、笔法、语言多个维度去审视，系统地分析、全方位地模仿。（具体方法在下一课就会讲到）

（4）买椟还珠

买椟还珠是《韩非子》里的一则寓言故事，原意是买了一个装珍珠的木匣，看到木匣的外表漂亮，索性把珍珠还给了人。

这个故事告诉我们，在模仿借鉴过程中，不能只看文章的外表好不好看、热不热闹，关键是看文章的思想内涵，尤其是思维方式、写作技巧。正所谓"内行看门道，外行看热闹"。高明的模仿者，更应注重模仿写作之"道"，因为"道"是写作之本，舍本而逐末，就会像"买椟还珠"一样可笑。

（5）东施效颦

东施效颦是《庄子·天运》里的故事，大致意思是说，美女西施因为心口疼痛，不得不皱着眉头行走，本来这是不得已的状态，却被"粉丝"东施给看在眼里，错误地以为"皱着眉头就算是美"。于是就模仿西施捂着胸口皱着眉头的模样。令她没想到的是，邻里的有钱人看见了，紧闭家门而不出；穷人看了，带着妻儿子女远远地跑开了。

这个故事告诉我们，不能盲目模仿别人。对写文章来说，不能只看表象，更应分析本质，更不要只管作者名气大不大，受不受大家追捧，关键是看文章写得怎么样，适不适合自己。倘若真是好文章，并且也很适合自己，就可以学习借鉴，否则即便"看起来很美"，"粉丝"很多，也不要去凑热闹。

（6）邯郸学步

战国时期，燕国寿陵有个少年，听说赵国邯郸人走路的姿势很漂亮，便来到邯郸学习。由于他太过于崇拜邯郸人的步法，结果不但没有学到赵国人走路的姿势，还把原来走路的姿势也忘记了，最后只好爬着回去，成为笑话。李白有一首诗写"寿陵失本步，笑煞邯郸人"就出自这个典故。

这个故事告诉我们，要结合实际需要，有选择性地借鉴，不能一味模仿别人，否则就会把自己的东西给丢了，更别说在借鉴中有所创新了。

"姿势"对了，模仿就成了

——模仿借鉴的 5 种策略

第 17 课

课文无非是例子，也是习作的例子，读范文指导作文、习作文、效法作文、评作文，这不失为一条行之有效的经验。

——叶圣陶

本课导读

本课内容发表于《应用写作》2018 年第 12 期，原名《学习写作的"五借"策略》，如果说上文是讲"要不要模仿"，那此文则是谈"如何模仿"。如果只知模仿的必要性，却不知从何仿起，好比光手逮刺猬，很难下手。因此我花大工夫研究模仿方法，我发现，很多文章只谈到模仿的个别维度，如语言、结构，多不全面，唯独唐代皎然的"三偷论"（偷语、偷意、偷势）最为系统。他认为："三同之中，偷语最为钝贼。如汉定律令，厥罪不书。应为鄹侯务在匡佐，不暇采诗，致使弱手芜才，公行劫掠。若许贫道片言可折，此辈无处逃刑。其次偷意。事虽可罔，情不可原，若欲一例平反，诗教何设？其次偷势。才巧意精，若无朕迹。盖诗人阃域之中偷狐白裘之手，吾亦赏俊，从其漏网"（《诗式》）。这"三偷"之法道出了模仿的三种方法，我现学现用，将"三偷"顺手"偷"过来，提出"五借"策略，这五种策略涵盖了文稿的主题、风格、笔法、结构和观点五种要素，相对更为全面，是模仿思维、系统思维的综合运用。

本课核心观点

■ 借题发挥：模仿情景主题

■ 借风驶船：模仿风格特点

■ 借石攻玉：模仿方法技巧

■ 借瓶装酒：模仿篇章结构

■ 借辞表意：模仿思想观点

干任何事情，"姿势"对了越做越顺，"姿势"不对事倍功半。

模仿也不例外。

我在前文讲了，模仿有学、思、践、悟"四个动作"，也有鹦鹉学舌、方枘圆凿、盲人摸象、买椟还珠、东施效颦、邯郸学步"六个误区"，如果把握不准，就会误入歧途。

本课我要说，一篇好文章就是一个多维系统，学习借鉴这样的文章，应该立体性把握，围绕主题、风格、方法、结构、观点等要素多向度模仿。据此，我从五个向度总结了五种模仿借鉴的"姿势"，即：借题发挥、借风使船、借石攻玉、借瓶装酒、借辞表意。

下面，让我们一看究竟。

1. 借题发挥：模仿情景主题

所谓借题发挥，古人称为"偷意"，就是通过移花接木的手法，把他人作品中的"情节""情景"移用到自己作品中，产生"老树发新芽"之效。

借题发挥，分为借"情景"和借"情节"两种。

（1）借鉴特定"情景"

请看李清照《临江仙·庭院深深深几许》：

庭院深深深几许？云窗雾阁常扃。柳梢梅萼渐分明。春归秣陵树，人老建康城。感月吟风多少事，如今老去无成。谁怜憔悴更凋零。试灯无意思，踏雪没心情。

你读到第一句，肯定就有似曾相识的感觉。

没错，欧阳修也有一首脍炙人口的词叫《蝶恋花》：

庭院深深深几许，杨柳堆烟，帘幕无重数。玉勒雕鞍游冶处，楼高不见章台路。雨横风狂三月暮，门掩黄昏，无计留春住。泪眼问花花不语，乱红飞过秋千去。

两相对比，你就会发现李清照词里的模仿痕迹了。事实上，李清照也坦承这一点。她在《临江仙》词序里写道："欧阳公作《蝶恋花》，有'深深深几许'之句，予酷爱之。用其语作庭院深深数阕，其声即旧《临江仙》也。"这种模仿是对"深深庭院"意境的模仿。

再看秦观《画堂春·春情》：

东风吹柳日初长，雨余芳草斜阳。杏花零落燕泥香，睡损红妆。宝篆烟销龙凤，画屏云锁潇湘。夜寒微透薄罗裳，无限思量。

凑巧的是，温庭筠有首《菩萨蛮·南园满地堆轻絮》：

南园满地堆轻絮，愁闻一霎清明雨。雨后却斜阳，杏花零落香。无言匀睡脸，枕上屏山掩。时节欲黄昏，无憀独倚门。

秦观是北宋时期的人，而温庭筠是晚唐人，这两首词里都有"雨后""斜阳""杏花"这样的意象，很有借鉴的味道，而从时间上看，显然是秦少游模仿了温庭筠。

事实也是如此，王国维《人间词话附录》说："温飞卿《菩萨蛮》'雨后却斜阳，杏花零落香'，少游之'雨余芳草斜阳，杏花零落燕泥香'，虽自此脱胎，而实有出蓝之妙。"可见，王国维先生是赞同模仿一说的。

（2）借鉴特定"情节"

这种方法在小说等文学创作中很常见。

神话学家坎贝尔（Joseph Campbell）在比较了人类各个文明的神话故事，如英国古代史诗《贝奥武甫》，两河流域古代史诗《吉尔伽美什》、古希腊《荷马史诗》，欧洲中世纪《亚瑟王传奇》，印第安人的神话、各宗教经典以及当代小说后，发现了一个统一的神话模式——"英雄之旅"。他在《千面英雄》一书中，把这种"英雄之旅"归纳成三个阶段：第一个阶段是启程，英雄从平凡的世俗世界离开。第二个阶段是启蒙，英雄在一个超自然的世界中冒险并获得成长。第三个阶段是归来，英雄完成冒险使命后，带着拯救世界的方法回归平凡世界，并造福大众。

从某种意义上讲，这些人类文明的故事，可以说都是某种"既定情节""既定规律"的重复，或者说是一定程度上的模仿。到现在，这个"英雄之旅"的既定模型对好莱坞影响巨大，无数编剧和导演受到它的启发，创作了很多佳作，如《蜘蛛侠》《超人》等，虽然这些作品讲的是不同故事，却似乎都在模仿着一个似曾相识的"情节"。

据有的学者研究，法国作家巴尔扎克的《高老头》就是在借鉴基础上创作完成的，有证据表明，《高老头》与莎士比亚《李尔王》里父女关系的情节非常相似，有模仿的痕迹。

这种模仿现象，在我国文学作品中也是存在的。

别的不说，就说"四大名著"。严格地讲，这四部作品皆非"原创"，而是作者充分借鉴相关史料、传奇故事、民间传说的情节，通过艺术加工改造而成，本质上也算是模仿。

研究表明，曹雪芹在创作《红楼梦》时，可能借鉴了《金瓶梅》家庭兴衰的故事情节。吴承恩创作《西游记》时，可能借鉴了印度史诗《罗摩衍那》中神猴哈奴曼火烧楞伽宫、盗仙草，帮助罗摩征服强敌，救出妻子的故事情节。

不仅在文学作品中可以借鉴情节和情景，公文也可以。

仔细想想，其实公文结构里起承转合间节奏上的变化，就是一种特殊意义上的情节，问题的发生环境、背景描述也可看作是一种特殊意义上的情景，而数据、事例，则可以看成是表演的主角。因此，公文写作里对主题的模仿，是很常见的。

比如，在讲话稿的起草中，经常要遵循"是什么—为什么—怎么办"的认知规律，遵循"提出问题—分析问题—解决问题"的表述规律；在总结性文稿中，通常要按"干了什么—效果如何—问题在哪里—如何改进"这样的"情节"来摆布内容。这些在本质上也是对"特定情节"的模仿。

2. 借风驶船：模仿风格特点

所谓借风驶船，古人称之为"偷势"，就是学习借鉴别人文章的风格特点，然后融会贯通，塑造出自己的写作风格。

但凡文章皆有风格，就像人都有性格一样。

著名文论家周振甫先生在《文学风格例话》一书中将风格分为文体风格、作品风格、作家风格、流派风格、时代风格、地域风格以及民族风格七种风格。

这里的借风使船，主要指文体风格和作家个人风格。

（1）模仿文体风格

学习写作，通常会从文体风格开始学起，因为任何文章都有自己的性格特点，你只有把握了这种特点，才算是入了行，要不，写出来东西会让人家觉得"没那个样儿"。

自古以来，我国文学评论里都很重视文体风格的分类。比如，曹丕《典论·论文》说："盖奏议宜雅，书论宜理，铭诔尚实，诗赋欲丽。"刘勰《文心雕龙·体性》讲了8种风格："则数穷八体：一曰典雅，二曰远奥，三曰精约，四曰显附，五曰繁缛，六曰壮丽，七曰新奇，八曰轻靡。典雅者，熔式经诰，方轨儒门者也；

远奥者，馥采曲文，经理玄宗者也；精约者，核字省句，剖析毫厘者也；显附者，辞直义畅，切理厌心者也；繁缛者，博喻酿采，炜烨枝派者也；壮丽者，高论宏裁，卓烁异采者也；新奇者，摈古竞今，危侧趣诡者也；轻靡者，浮文弱植，缥缈附俗者也。故雅与奇反，奥与显殊，繁与约舛，壮与轻乖，文辞根叶，苑囿其中矣。"周振甫先生在《文章例话》中讲了 14 种风格。

公文也是有风格的，这种风格体现在不同的文种上。按《党政机关公文处理条例》规定，公文有 15 种，这还不包括讲话稿、汇报材料、署名文章等事务性公文，这些文种都有不同风格特征。不同于一般文学作品，它们体例规范，语言平实、准确，风格严肃、庄重，政治性和政策性都很强，模仿时务必注意。

下面是我在网上看到的一篇搞笑文章，说小学四年级一班学生刘小华因患感冒请假，班主任指示班干部到刘小华家里慰问。第二天班里的黑板报登出一篇本班新闻：

本班通讯：10 月秋高气爽，阳光明媚，鲜花斗艳，到处洋溢着丰收的喜悦。刘小华同学家里欢声笑语，人头攒动。四年级一班班长王唐唐、副班长张宝，在体育委员欧阳孟楠、文艺委员李美丽的陪同下，不远千米，深入患感冒发低烧的班级普通成员刘小华家中，为他带去了节日的问候和良好的祝愿。

在交谈中，王班长多次关心地强调："刘小华生病了，就不要做作业，好好休息，身体是本钱。"刘小华激动地说："谢谢班长的关心，我一定战胜病魔，克服一切困难，争取早日回到温暖的大集体中，回到亲爱的老师和同学们中间。"

最后，王班长离开刘小华家时对送行的人们语重心长地说：刘小华同学以大无畏的英雄主义精神同病魔做斗争，目前已取得阶段性胜利，身体进一步向良好方面发展，后期一定不要松懈，要紧紧抓住打针这个基本点不动摇，使刘小华同学切实享受到同学们和老师的慰问成果，努力实现疾病细菌的持续减少，这是一个艰巨的任务。实现这一预期目标，既需要扎扎实实的学习，又需要新的思路和措施。

陪同慰问的还有团委书记牛刚，前副班长成蒙语等领导。

我读了这篇文章，忍俊不禁，仿佛在看《新闻联播》，虽然这纯属搞笑，现实中肯定没有哪个小学生会这样来写，然而从写作手法来看，却也算得上对文体风格模仿的一个案例。

（2）模仿作家风格

文章的风格和人的风格是息息相关的，从某种意义上讲，文章风格就是人的风格的投射，文章的风格反映作者的个性特征、价值倾向。

自古以来，我国就有"文如其人"的说法。如苏轼在《答张文潜书》中说："子由之文实胜仆，而世俗不知，乃以为不如；其为人深不愿人知之，其文如其为人。"由于人与人的差异性，每个作者都有其独特的个性特征、价值追求，从而也会形成独特的语言表述方式。

这种表述方式一旦被人普遍认同，便会凝固下来，形成流派，被人传承。这样的流派，在中国文学史上大量存在，如唐代诗坛上以王维、孟浩然为代表的田园诗派和以高适、岑参为代表的边塞诗派，宋代词坛上的婉约派和豪放派，近现代文学史上专写才子佳人的鸳鸯蝴蝶派等。而流派内的风格传承，本质上就是对前人风格的模仿。比如，钟嵘在《诗品》中认为，历史上许多文学家都直接继承了前人风格，如陆机、谢灵运"其源出于陈思"，颜延年"其源出于陆机"，左思诗出于刘桢，陶潜诗"又协左思风力"，等等。

据《宋史·苏洵传》记载，北宋嘉祐年间，欧阳修反对浮糜雕琢和怪癖晦涩的太学体，倡导简而有法和流畅自然的新文风，他将苏洵父子三人二十多篇文章刊印出来，天下士子竞相学习借鉴苏氏父子的风格。

最近这些年，《甄嬛传》《神探狄仁杰》等电视剧播出后，在网络上开始出现"元芳体""甄嬛体"等语体风格，诸如"本宫""小主""臣妾做不到啊！""元芳，你怎么看？"这样的词句频繁出现在各类文章中，底层逻辑也是模仿。

现代公文也强调风格的传承。现在搞文字工作的人时常会谈到毛泽东的《反对党八股》一文，以及曾风靡一时的老三篇《纪念白求恩》《为人民服务》《愚公移山》，这些文章充分反映了毛泽东的文风，我们现在推崇写"短实新"的文章，本质上就是对这种风格的传承，对这种风格的模仿和借鉴。

3. 借石攻玉：模仿方法技巧

说到借石攻玉，让我想到《诗经·小雅·鹤鸣》里的几个句子：

鹤鸣于九皋，声闻于野。鱼潜在渊，或在于渚。乐彼之园，爰有树檀，其下维萚。他山之石，可以为错。

鹤鸣于九皋，声闻于天。鱼在于渚，或潜在渊。乐彼之园，爰有树檀，其下维谷。他山之石，可以攻玉。

意思是说，别的山上的石头可以作为砺石，用来磨玉器。后喻指他人的做法或意见能够帮助自己改正错误缺点或提供借鉴。从本质上讲，他山之石，就是一种可以模仿借鉴的方法技巧。所谓借石攻玉，就是指借鉴别人的笔法、技巧、经验，为我所用。

借石攻玉，可从三个方面循序渐进地借鉴。

（1）借鉴"规范之石"

应用文是一种规范性极强的文稿，人们常说公文是"戴着镣铐跳舞"，所谓"镣铐"指的就是规范性。

我们通常说"像不像，三分样"，在党政机关写公文的人都知道，看一篇文稿的质量，一般是先看他的格式版面，如果连基本格式都不规范，实在难说是高质量的文稿。但凡高水准的稿子，外表一定是"彬彬有礼"的，美观大方有讲究，井然有序不苟且。

如何才能规范呢？

对于初学者而言，一方面建议好好学习《党政机关公文处理工作条例》和《党政机关公文格式》里规定的公文格式、行文规则、拟制要求乃至语体规范；另一方面建议找一些公认的优秀公文来学习，"依样画葫芦"，对照着高手的"姿势"来练习。尤其对红头文件来说，这一招非常管用。只要不嫌麻烦，反复研究范文、临摹范文，有空也找不同的文件来作比较，有量的积累，一定能掌握写作要领。

（2）借鉴"技巧之石"

若把写作的规范比喻为"镣铐"，方法技巧就是舞蹈技艺了。规范属于"规定动作"，是"必须如此"，而方法技巧则属于"自选动作"，是"可以如此"。

要知道，对于写作这曲"文字之舞"，即便是每支舞蹈都戴着"镣铐"，各自也有独特的舞步，有的节奏明快、有的缓慢，有的开放、有的含蓄。比如，语言表述上，有的稿子善用直笔，开门见山、一针见血，而有的稿子善用曲笔，委婉含蓄、迂回曲折，各有各的妙处。修辞方法上，有的喜欢用比喻，形象生动、深入浅出，有的喜欢用排比，铺陈叠加、恣肆汪洋、气势如虹。

初学写作的同志，不仅要善于借鉴格式这样的"外在技巧"，也要善于培养内行眼光，洞察其"内在门道"，大胆借鉴过来。

鲁迅先生这样的写作大家，照样有模仿的"前科"。大家知道，他最善用曲折含蓄的语言，暗含褒贬、点评人事，殊不知这种手法原是史家写史的手法，叫"春秋笔法"。

这种笔法，谁说不是模仿呢？

比如说，他的《狂人日记》是中国第一部白话文小说，这部作品就是借鉴的结果。想必，俄国批判现实主义文学的奠基人果戈理的小说《狂人日记》很多人都读过，只要稍加对比，不难发现鲁迅先生的作品从象征意义到文章结构，都有模仿果戈理作品的痕迹。鲁迅先生自己也承认，他的这篇作品是受到了果戈理同名作品的影响！看一看结尾吧，鲁迅说："救救孩子！"果戈理呢，他的话要多一些："妈妈，救救你可怜的孩子吧，把你的眼泪滴在他患病的脑袋上！"不仅如此，两部作品都用了"以狗喻人"的手法。

另外，沈从文有部小说叫《老实人》，其实更出名的《老实人》出自法国的伏尔泰之手。王小波有部《变形记》，当然，最了不起的《变形记》出自伟大的、不朽的卡夫卡之手。

很多写作大家，其实都是"超级模仿秀"。

（3）借鉴"规律之石"

规律是文稿写作的底层逻辑，是文稿写作中的基本方法。

借鉴写作规律、底层逻辑，是这种模仿的最高境界。写作规律，对于文章而言，是门道中的门道。写作的终极目标，就是在于把握规律，实事求是。

什么是规律？

应该包括三个方面：一是思考规律，二是表述规律，三是事物发展规律。比方说，分析问题时，一般会思考"是什么、为什么、怎么办"三个问题，这是思考规律。在写议论文时，通常按"提出问题—分析问题—解决问题"的顺序展开，这是表述规律。另外，你所表述的事物，都有其产生、演变、衰亡的过程，这是事物发展规律。

写作必须符合这些规律，否则就会流于形式，难以如实反映事物。比如，毛泽东《中国社会各阶级的分析》一文，开头一句"谁是我们的敌人？谁是我们的朋友？这个问题是革命的首要问题。"实质就是提出问题，第二段以"中国社会各阶级的情况是怎样的呢？"发问，随之用大量笔墨来分析问题，最后一段提出对待不同阶级的策略算是解决问题，这就遵循了表述的基本规律。问题是，规律一般藏得很深，不易发现，怎么办？途径只有一个，那就是分析。

作为初学者，我们每学一篇好稿子都要把自己当成写作者，设身处地想一想，别人为什么如此布局、为什么如此铺排内容、有什么规律可循。只要多分析，一定会发现其中的"门道"。

4. 借瓶装酒：模仿篇章结构

所谓借瓶装酒，就是借鉴别人文章的结构，在整体上模仿套用，局部上偷梁换柱，取得脱胎换骨之效。

借瓶装酒，可从整体和局部两方面模仿。

（1）模仿整体结构

所谓整体结构，是指一篇文章的总体结构，如开头、论证和结尾。

这种模仿"姿势"自古就有。

西汉历史学家司马迁通过《史记》一书开辟了以"本纪""世家""列传""书""表"为主体的纪传体史书体例。东汉时期，班固将"书"改为"志"，取消了"世家"并入"传"，同样写就了伟大的史学典籍——《汉书》，这是对"体例结构"的模仿。

唐代以后，我国文学史上出现了"词"这种艺术形式。我们知道，词有非常规范的体例，每一种词牌都有固定的词调、语句、格式，为了符合这样的体例，一般把写词称作"填词"，所谓"填"就是按照一定的"套路"进行模仿，借前人的瓶，装自己的酒。

明清以后的科举考试，考生答卷必须按"八股文"的范式来。一篇文章必须用破题、承题、起讲、入题、起股、中股、后股、束股的节奏来布局，"套路"很明显。写这样的文章，何尝不是模仿呢？

现代公文的结构性、规范性也很强，每一个文种都有自己的结构特点。比如，一篇调研报告不外乎基本情况、存在问题、原因和对策。一篇工作总结，不外乎"干了什么，效果如何，差距在哪里，今后如何改进。一个请示，不外乎事由、请求事项。凡此种种。初学写作，不会写不要急，只要善于模仿借鉴好文章，"依样画葫芦"，很快就能上手，即便是"写场"老手，也需要通过借鉴来激发灵感。

举个我们模仿的实例来说。

2018 年底，中央召开了民营企业座谈会，各地相继召开座谈会，我们省还组织了一期全省民营企业家能力提升培训班，由于我们厅正好是全省民营企业发展的主管部门，组办方邀请厅领导去讲课。

接到这个任务后，我们与业务处室立马着手起草讲课提纲。在构思阶段，反复尝试都不满意，要么太过保守呆板，缺乏新观点、新认识；要么思维过于跳跃，怕领导接受不了。如此反复折腾了多次，最后还是一篇兄弟省区领导的讲话打开了我们的脑洞。于是我们决定"偷个懒"，来个借瓶装酒、借壳上市。

我们参照的这篇稿子结构如下：

在全省民营企业座谈会上的讲话

× × ×

一、对民营经济怎么看——民营经济对山东发展功不可没，地位不容置疑，作用不可替代

看过去，民营经济成就卓著。

看现在，民营经济机遇难得。

看将来，民营经济大有可为。

二、支持民营经济怎么办——以更加有力有效的政策举措，急企业之急、帮企业之困、解企业之难

一要更加扎实地抓好政策落实。

二要更加精准地推出政策创新。

三要更加有效地提供要素保障。

四要更加贴心地提供涉企服务。

五要更加有力地优化营商环境。

三、民营企业家怎么干——牢记习近平总书记嘱托，心无旁骛创新创造，踏踏实实办好企业

一是永葆创业激情。

二是勇于改革创新。

三是加快队伍建设。

四是担当社会责任。

五是重视企业党建。

后来，经过一番偷梁换柱、移花接木，构思出了写作构架。

<h2 style="text-align:center">在全省民营企业家能力提升培训班上的
授 课 提 纲</h2>

×××

一、对民营经济怎么看？

（一）看过去，功不可没

第一，改革开放 40 年，我省民营经济从无到有、由弱到强，大致经历了四个阶段：

第一阶段：从无到有，初步发展阶段（1978—1992 年）；

第二阶段：从少到多，快速发展阶段（1992—2002 年）；

第三阶段：从小到大，蓬勃发展阶段（2002—2012 年）；

第四阶段：从弱到强，提质发展阶段（2012 年至今）。

第二，改革开放 40 年，我省民营经济从小到大、贡献加大，占 GDP 的比重连续跨上四个台阶：

——10% 台阶；

——20% 台阶；

——30% 台阶；

——40% 台阶。

（二）看成绩，贡献突出

1. 财政税收的重要来源。

2. 拉动投资的重要动力。

3. 创业就业的主要领域。

4. 开放发展的主要力量。

（三）看问题，不容忽视

一是民营经济总体发展水平与全国平均水平不匹配。

二是政策数量与企业获得感不匹配。

三是民营企业获得信贷支持与企业贡献不匹配。

四是民营企业发展需求与人才支撑不匹配。

（四）看未来，大有可为

一是有信心。

二是有机遇。

三是有底气。

四是有空间。

二、发展民营经济怎么干？

（一）突破"三个量级"

一是坚持不懈做大总量。

二是改造升级做优存量。

三是创新驱动做强质量。

（二）移除"三座大山"

一是破除市场的"冰山"。

二是破除融资的"高山"。

三是破解转型的"火山"。

三、支持民营经济怎么办？

（一）发挥"三个效应"，释放民营经济发展活力

一是发挥政策的叠加效应。

二是发挥人才的虹吸效应。

三是发挥企业家的头雁效应。

（二）扮演"三个角色"，提升服务民营经济工作水平

一是提升站位，把民营企业当成"自己人"。

二是找准定位，把民营企业发展当成"自己事"。

三是立足岗位，当好民营企业"娘家人"。

　　细心一点的读者应该看得出，我们起草的稿子，一级标题按照"怎么看—怎么干—怎么办"三个板块来架构，这就是模仿了"参照稿"的结构，可以说，借人家的瓶来装我们的酒。

　　（2）模仿局部结构

　　所谓局部结构，是指一篇文章的某个段落、层次，或者一个句子、一个词语。对于模仿词语，现代写作也叫"仿词"。唐代诗人王勃借用庾信"落花与芝盖

齐飞，杨柳共春旗一色"这句诗，仿造出了"落霞与孤鹜齐飞，秋水共长天一色"的千古名句，把"落花"换为"落霞"，把"芝盖"换为"孤鹜"，把"杨柳"换为"秋水"，把"春旗"换为"长天"。

唐代诗人皎然在《诗式》里说，南朝陈后主的《入隋侍宴应诏诗》一诗中"日月光天德"一句借鉴模仿了西晋文学家傅咸的《赠何劭王济诗》"日月光太清"一句，前三个字完全相同，只更换了最后两个字。

某领导在讲话中就借用上海世博会"城市，让生活更美好"的理念，提出"旅游，让生活更美好"。借世博会的"瓶"装旅游的"酒"。

在前面的领导授课提纲中，除了整体上的模仿，也有局部的模仿。比如，参照稿的第一部分，原文有三个二级标题：

> 一是看过去，民营经济成就卓著。
> 二是看现在，民营经济机遇难得。
> 三是看将来，民营经济大有可为。

我们就着这个"逻辑"来思考，觉得不仅可以写"过去、现在、未来"，也可以进行必要的变形，写成绩、问题。于是我们以此为蓝本，设计了授课提纲第一部分的四个二级标题：

> 一是看过去，功不可没。
> 二是看成绩，贡献突出；
> 三是看问题，不容忽视。
> 四是看未来，大有可为。

不仅如此，授课提纲的最后一部分也是模仿借鉴的结果。你看，在二级标题里我们提出了"自己人""自己事""娘家人"三个概念，这个说法源于网上一篇信息，我们看到时，觉得很贴切，很对"胃口"，于是决定"借"过来。这篇信息的原文如下：

省委、省政府召开高规格、大规模的民营经济盛会，领导重视程度、政策支持力度、社会影响深度前所未有，犹如冬天里的"一把火"，传递了温暖、提振了信心，必将载入安徽经济发展的史册！

一、提升站位，把民营企业当成"自己人"

习近平总书记在民营企业座谈会上的重要讲话，拨云见日、润物有声，释放出强烈的支持民营经济发展的政治信号、政策信号和工作信号，让广大民营企业吃下了"定心丸"。作为省民营经济发展领导小组办公室，省经信厅将在思想上认识到位，在行动上落实到位，尽心尽力把民营企业当成"自己人"，坚定不移推动民营经济大发展大繁荣。

二、找准定位，把民营企业发展当成"自己事"

围绕民营企业发展的痛点、难点、阻点，全力以赴办好"三件事"。聚焦转型升级这个要事，支持民营企业围绕"互联网＋制造""龙头＋配套"，开展新一轮大规模技术改造，推动民营企业高质量发展，走好专精特新、创新驱动、开放合作之路，培育一批"专精特新"生力军、"单打冠军"排头兵；聚焦融资难负担重这个急事，注重发挥政策集成叠加效应，认真贯彻落实省委、省政府促进民营经济发展30条、降成本系列政策和制造强省、三重一创、数字经济、机器人、集成电路、新能源汽车、生物医药等"政策10条"，配合金融、财政部门落实好中央已经和即将出台的缓解民营企业融资难融资贵政策，着力纾解民营企业燃眉之急。聚焦市场开拓这个难事，支持民营企业创新发展，推进产学研转化合作、大中小企业配套协作，坚持以质取胜，开发新产品、开拓新市场，加大"首台套""首批次"扶持政策落实力度，持续开展"精品安徽、精彩安徽"系列宣传，帮助民营企业融化市场的"冰山"。

三、立足岗位，当好民营企业"娘家人"

用好考核"指挥棒"，发挥领导小组办公室牵头抓总作用，加强统筹协调，完善考核奖惩，建立健全民营经济统计、调度、督查等工作机制；建好平台"加油站"，深化"四送一服"双千工程，落实领导干部联系重点民营企业制度，推进"互联网＋政务服务"，构建线上线下互动、有形无形结合的中小企业公共服务平台，为民营企业提供"找得着、用得起"的普惠服务；架好政商"连心桥"，健全政企沟通长效机制，构建亲清政商关系，积极开展百名优秀民企和百名优秀民营企业家表彰，继续开展民营经济发展情况考核，大力弘扬企业家精神、创新创业精神和工匠精神，打造"四最"营商环境。

借鉴过程中，我们没有照搬照抄，而是借用别人漂亮的"壳"，用这个"壳"来装我们的东西，最后"借壳上市"。

5. 借辞表意：模仿思想观点

所谓借辞表意，古人称之为"偷语"。这种方法是站在语言维度上模仿，引用成语、诗句、格言、典故来抒发情感、论证观点，以增强文章的说服力和感染力。

借辞表意，实际上是修辞上的引用，方法有两种。

（1）明引

顾名思义，就是在借用观点时，明确告诉读者，这个观点不是自己的独创，是谁说的、出处在哪里。比如，三国魏文帝曹丕在《典论·论文》开篇用这种方法写道：

文人相轻，自古而然。傅毅之于班固，伯仲之间耳，而固小之，与弟超书曰："武仲以能属文为兰台令史，下笔不能自休。"夫人善于自见，而文非一体，鲜能备善，是以各以所长，相轻所短。里语曰："家有敝帚，享之千金。"斯不自见之患也。

引用俗语说明文人相轻的内在原因。

再如，毛泽东在《为人民服务》一文中写道：

人总是要死的，但死的意义有不同。中国古时候有个文学家叫作司马迁的说过：人固有一死，或重于泰山，或轻于鸿毛。为人民利益而死的，就比泰山还重；替法西斯卖力，替剥削人民和压迫人民的人去死，就比鸿毛还轻。张思德同志是为人民利益而死的，他的死是比泰山还要重的。

引用司马迁"人固有一死，或重于泰山，或轻于鸿毛"的观点，说明张思德为人民利益而死的重要意义。

（2）暗引

与明引相对应，就是在借用观点时，不点名道姓说破来源，而是把观点悄然嵌入自己文章里，水乳交融。比如，曹操《短歌行》一诗：

对酒当歌，人生几何！譬如朝露，去日苦多。慨当以慷，忧思难忘。何以解忧？唯有杜康。青青子衿，悠悠我心。但为君故，沉吟至今。呦呦鹿鸣，食野之苹。我有嘉宾，鼓瑟吹笙。

这首诗里暗引了《诗经》中的六个句子："青青子衿，悠悠我心"出自《诗经·郑风》，"呦呦鹿鸣，食野之苹。我有嘉宾，鼓瑟吹笙"出自《诗经·小雅·鹿鸣》。

再如，王国维在《人间词话》里写境界的一段：

古今之成大事业、大学问者，必经过三种之境界："昨夜西风凋碧树。独上高楼，望尽天涯路。"此第一境也。"衣带渐宽终不悔，为伊消得人憔悴。"此第二境也。"众里寻他千百度，蓦然回首，那人却在，灯火阑珊处。"此第三境也。

王国维先生在这段话里先后嵌入晏殊《蝶恋花》、柳永《凤栖梧》和辛弃疾《青玉案》中的名句，没有解释其来源、出处，而是像自己的语言，自然而然地借用，属于暗引。

最后，看两个讲话片段：

（1）《复兴之路》这个展览，回顾了中华民族的昨天，展示了中华民族的今天，宣示了中华民族的明天，给人以深刻教育和启示。中华民族的昨天，可以说是"雄关漫道真如铁"……中华民族的今天，正可谓"人间正道是沧桑"……中华民族的明天，可以说是"长风破浪会有时"。

（2）缺乏协同、政策不配套，"东边日出西边雨"，会影响改革整体效益；迟迟不能在关键问题上突破，"也无风雨也无晴"，更是会错失改革良机。

第一段里"雄关漫道真如铁""人间正道是沧桑"分别是毛泽东《忆秦娥·娄山关》《七律·人民解放军占领南京》里的句子，"长风破浪会有时"出自李白的《行路难》，在文章里也没有说破来源，自然也属于暗引。

第二段引用了苏轼《定风波》中的句子，套用在讲话中，浑然一体。

第三篇

修改

好文章都是改出来的

古今中外有不少作家曾经修改他们的作品三遍五遍乃至十几遍才定稿。在文学史上传为佳话，我们应该向他们学习。

——吕叔湘

　　文章不厌百回改，修改是写作的"关键一招"，好文章都是改出来的。修改，不仅仅是例行公事，更不是可有可无的过程，而是一个"关键工艺"，甚至是一种态度，是精益求精的工匠精神在写作中的彰显。

　　本篇围绕"如何看待修改"讲 8 个问题：

◆ 认识修改：如何正确看待修改？

◆ 数说修改："数论"改稿技巧

◆ 审稿技巧：审稿"资本论"

◆ 硬伤诊治：公文病症的"外科诊断学"

◆ 软伤诊治：公文病症的"内科诊断学"

◆ 认知偏差：文稿篇幅"不等式"

◆ 系统思维：文稿篇幅"系统论"

◆ 衡量尺度：文稿篇幅"控制论"

第18课　文章不厌百回改

——如何正确看待修改？

写作还有一个过程，就是修改过程。修改时，把作品当成不是自己的，从别人的角度吹毛求疵，冷静地修改。开始处理材料时要冷，写的时候要热，在修改时还要冷。

——艾芜

本课导读

本课是"修改三部曲"之一，重点是谈认识。还是那句话：知为行之始，行为知之成。这是明代思想家王阳明的观点。西方也有一种说法：偏见比无知离真理更遥远。做任何事情都得先认识清楚，方能顺利开始。如果认知出了问题，航向就会跑偏，越努力离真理就越遥远。学公文写作也是这样，认知深度决定行为效果。本课不惜花笔墨谈认识，原因就在于此。首先，回答为什么修改是写作的题中之意，分析修改在写作过程中的位置。接着，论述为什么说修改是写文章的关键一招，分析了修改在写作中所占的分量。然后，讲修改里面的学问，告诉大家不能靠经验和本能来修改。最后，论述改稿的难处。目的在于，让大家认识到修改的重要性，进而养成习惯、修炼耐性。

本课核心观点

- 修改是写作的题中之意
- 修改是写作的关键一招
- 修改里面有学问
- 改章难于造篇

在公文写作实践中，一些人对修改的理解不到位，有的把它当成可有可无的过程，只是做做样子，意思意思罢了；有的把它当成折腾，多改几次就有负面情绪；有的只会靠感觉，不讲方法。

这哪行？

修改是一门大学问。在接下来的三课里，我会分别讲什么是修改、如何修改。按认知规律，本课先谈认知，后面再讲方法。

对于修改的认知，我想讲四点。

1. 修改是写作的题中之意

写作不是"拿起笔来就写"这么简单，用系统观点看，它是一个由构思、草拟、修改等环节构成的过程，并非单一动作，而是一套前后连贯的"组合拳"。

理解这句话，有必要打个比方：若把写文章看成制作一件工艺品，那修改就是打造这件工艺品的打磨、抛光或装饰环节，是最后一道工序。这道工序看似只是收尾，却可以让工艺品脱胎换骨、熠熠生辉。前面设计、铸模、浇筑得再好，拆模后的工艺品都是粗糙的、暗淡无光的，甚至还会有这样那样的瑕疵。怎么办？这就要靠后期的打磨了。匠人通常要动用各种工具，不厌其烦地从不同侧面打磨抛光，让作品符合规范、体现美感。从这个意义上讲，"修改"是"写作"的题中之意，是写作中不可逾越的工艺环节。

2. 修改是写作的关键一招

一篇文章，尤其对重要报告来说，从动手到"产品"出炉，往往要在修改上花大量功夫，少的，修改七八上十稿不在话下，多的修改数十稿也不足为奇，甚至推倒重来的都有。真可谓"千磨万击出深山，烈火焚烧若等闲"，一篇重量级的文章，"不经一番寒彻骨，哪得梅花扑鼻香"啊！

古往今来，修改是个普遍的写作现象。

我国著名语言学家吕叔湘曾说："古今中外有不少作家曾经修改他们的作品三遍五遍乃至十几遍才定稿，在文学史上传为佳话，我们应该向他们学习。"曹雪芹写《红楼梦》，"批阅十载，增删五次"，十年辛苦不寻常。左思呕心沥血，10年写成《三都赋》，方成就"洛阳纸贵"之佳话。钱锺书先生的《围城》作过多次修改，涉及内容变动达上千处，包括典故、比喻的运用，结构的调整，部分描写的删除，外语原文及音译，等等。正是有了对《围城》的精心琢磨，才使得这部作品总体上日趋精致,最终导致了一部光彩照人的文学经典的诞生。托尔斯泰写《战争与和平》,曾反复修改 7 次,对长篇小说《复活》中喀秋莎的外貌描写,修改了 20 次才定稿。福楼拜是 19 世纪法国批判现实主义作家。一天,莫泊桑带着一篇新作去请教福楼拜,看见福楼拜桌上每页文稿都只写一行,其余九行都是空白,很是不解。福楼拜笑了笑说:"这是我的习惯,一张十行的稿纸,只写一行,其余九行是留着修改用的。"

海明威写作态度极其严肃,十分重视作品的修改。他每天开始写作时,先要把前一天的作品读一遍,写到哪里就改到哪里。全书写完后又从头到尾改一遍;草稿请人家打字誊清后又改一遍;最后清样出来再改一遍。他认为这样三次大修改是写好一本书的必要条件。他的长篇小说《永别了,武器》初稿写了六个月,修改又花了五个月,清样出来后还在改,最后一页一共改了 39 次才满意。《丧钟为谁而鸣》的创作花了 17 个月,脱稿后天天都在修改,清样出来后,他连续修改了 96 个小时没有离开房间。

党的十八大、十九大后,新华社都发表过党的代表大会报告诞生过程的长篇报道。作为文字工作者,我读完报道之后,感同身受。可以说,每次党的代表大会报告的诞生过程,都是一个反复调研、推敲、修改、打磨的过程。

正如报道说的,一个报告的诞生往往要花 10 个多月的时间,"从瑞雪飘飞到春暖花开,从炎炎夏日到金秋时节",起草组先后要召开数十次乃至上百次会议,对文稿进行反复修改、精心打磨,对一些重大理论和实践问题边研究边起草,字斟句酌,在一点一滴中逐步完善。即使在大会召开期间也不停止,还要根据讨论反馈的意见作进一步修改。

实践证明:文章不厌百回改,修改是写作的"关键一招",好文章都是改出来的。修改,不仅仅是例行公事,更不是可有可无的过程,而是一个"关键工艺",甚至是一种态度,是精益求精的工匠精神在写作中的彰显。

修改是写作的"冰山主体",需要消耗大量的精力。如果写作量可以度量,那么最好的安排应该是"三分写,七分改",甚至"二八开"都不为过。大家一定要认识修改,理解修改,学会修改。

3. 修改里面有学问

写作是一门学问,修改也是一门学问。理论意义上的修改,不能仅仅建构在经验、感觉的基础上，而应该讲求规律性，体现科学性。

正所谓"文场笔苑，有术有门"（刘勰·《文心雕龙·总术》），即便公文写作的实践性、经验性再强，也跳不出基本规律、章法的规制，"文无定法"之外，同样有"一定之法"，这个"一定之法"就是基本章法、常识、规律。无论什么风格的文章，都必须符合基本章法，不能违反常识和规律，用现在的话来说，就是不能有"硬伤"，这是无论如何也要守住的底线。

初学的同志不能把"修改"二字看简单了，更不能忽略修改的规律。请相信，过度依赖本能和经验，只会在写作之路上离真理越来越遥远！

之所以说修改是一门学问，需从两个维度来理解。

首先，从静态的写作理论构成看，修改本身就是写作学中不可分割的一部分，离开了"改"的写作理论，很难对"写作"作出系统的解释，这是唯物辩证法的观点。虽然对公文写作而言，其过程对个人经验、感觉具有明显依赖性，却依然不能否定构建一套科学修改方法的必要性。正是基于这个考虑，我会在后面的文章里总结一套修改的"路数"。

其次，从动态的修改实践看，修改不仅仅是文字上的增减"游戏"，它是一项复杂的系统工程，需要在系统思维、整体观念的内核下，建构一套科学的"治理体系"。这个过程就像中医给病人看病，要具有整体观，既要看生病的具体细节，还要看病症的总体状况。头痛医头，脚痛医脚，这显然是蹩脚的医生才会干的事情。

修改过程中，既要抓住细节，比如格式规不规范、文字精不精练、数据准不准确，还要着眼全篇，比如主题鲜不鲜明、结构合不合理、逻辑通不通顺、观点正不正确。在视野上，首先不能局限，而是要不停地闪转腾挪，切换思维的"频道"。

尤其困难的是换位思考，从领导者、写作者、执行者、受益者的角度审视。比如，是否符合上级的决策部署、贯彻了领导的指示要求，是否总结出了关键特点、分析到了根本原因、提出了务实管用的措施。

这些，显然不是简单的文字功夫，而是"谋字""谋篇""谋事"的大学问。

4. 改章难于造篇

改稿，在公文实践中分两种情况：一种是改自己的稿，不容易，这在前面已经说了，不再赘述。另一种是改别人的稿，也称为审稿，尤其困难，这里想深入分析分析。审改是办文中的一个重要节点，一般说来又可分为两种：一是单位办文部门报领导审定之前的审改，二是负责审签的领导最后的审改。

就前一种情况而言，难在五点。

（1）难在知识跨界

一篇业务部门报来的稿子摆到你案头，常常让你有"狐狸咬刺猬——无从下手"之感。为什么？因为文稿所写的工作，对你来说可能是陌生的领域，隔行如隔山，一些约定俗成的表述、专业概念、政策术语都是问题，谁都不敢轻易下手，对修改者来说，修改是对专业知识的极大考验。

（2）难在情况不熟

通常，改别人的文章前，若没有必要的交流沟通，修改者一般不清楚文稿的写作背景、领导意图，很难拎得清轻重。因为日常工作本来涉及面就广，谁都不可能是"百事通"。再者，情况随时都在变，信息很容易就"过期"，很难像一线同志那样了解最新动态。对情况不熟悉，心里就没底气，难免产生这样那样的顾虑，比如把领导定了的事改错了，就会弄巧成拙，面对责难。如此一来，不敢贸然出手，又不敢轻易定论，在困惑中必然生出许多焦虑来。

（3）难在没有退路

众所周知，审改是送领导审签之前的最后一道关口，常常处于前后的"双重挤压"。一方面，领导对审改寄予很高的预期，经过专业审改的稿子，一般不允许出问题。另一方面，由于有人把关，一些起草者难免萌生依靠心理，觉得反正有人把关，出点问题也不怕，于是放松警惕和要求，这等于是把问题上交、压力上移，审改的人已经没有退路，必须来补这个位置，难处可想而知。

（4）难在时间紧迫

在实际工作中，送审稿会被占用太多时间，写稿的人出于稳妥的考虑，不到最后一刻不轻易报审，有时超过了报送时限，在反复催促下才报得上来。比如，上午接到通知，下午就要报材料。由于时间紧迫，既要体谅写稿的人，同时又得按时完成任务，前面的同志在"拖"，后面的人在"催"，留给审改的时间被"双向挤占"，紧张中又加深了焦虑感。

（5）难在转换思维

改自己的稿子容易，改别人的稿子难，因为不同的人有不同的思维方式。

改自己的稿子那是轻车熟路，改别人的稿子必须先"钻进去"，顺着别人的思路走一遍，读懂别人的构思后，再"跳出来"。对于思考不一致的地方，还不能一味否定别人，经常会作出一定程度上的"妥协"。既然是妥协，就得有让步，肯定没有按自己的想法写来得痛快。所以，刘勰在《文心雕龙·附会》里才说"改章难于造篇，易字艰于代句"，道出了修改的难处。

　　总的说来，对写作而言，修改的功夫是必不可少的，修改也不是那么容易的，没有"正确的认识＋有效的方法"断然改不好文章，大家一定要认识到这一点。

第19课 改稿要心中有"数"

——"数论"改稿技巧

对于敏感而聪明的人来说，写作艺术之所以好，并不在于知道要写什么，而是在于知道不需要写什么。任何出色的补充也不能像删节作品那样的大大改善作品。

——列夫·托尔斯泰

 本课导读

本课是"修改三部曲"之二，给出修改的"解决方案"。本课用了六个数字，借以说明修改中的六个维度：一是用数字"8"说明修改的八个过程，二是用数字"7"说明修改追求的七种境界，三是用数字"6"说明修改常用的六种技法，四是用数字"5"说明修改者应着眼的五个要素，五是用数字"4"说明常用的四种诊断方法，最后用数字"3"说明修改者在修改过程中应切换的三种角色。需要说明的是，本课虽然在副标题用了"数论"这个概念，然而这里的"数"仅仅指文章里"345678"这6个具体的数，完全没有探讨诸如"整数""质数""实数""素数"这样的数学理论，只是套用一个概念，便于大家记忆，修辞上应该算"仿词"。

▤ 本课核心观点

- 数字"8"：牢记八个过程
- 数字"7"：改出七种境界
- 数字"6"：用好六大招法
- 数字"5"：聚焦五个要素
- 数字"4"：用好四种方法
- 数字"3"：扮好三个角色

"文场笔苑，有术有门"（刘勰《文心雕龙·总术》），写作都遵循着一定的行文规律，讲求章法。

这不仅是对前期写作而言的，对后期修改也同样成立。

修改文章不能凭感觉"任性"而为，一篇文章摆在面前，至于改什么、从哪里切入、怎么改、过程中应把握什么节律、围绕哪些要素来改、如何转换角色和思维、最后改到什么程度算好这些问题，都"有术有门"，大有"门道"在里头，若心中没"数"，就会乱套。

下面，请跟我一起认识修改者应始终牢记的 6 个数。

1. 数字"8"：牢记八个过程

凡事都有规则，所以做事得按套路出牌。

改稿也有套路，只要善于总结，有了套路并循着套路走，先干什么后干什么，循序渐进，节奏就不乱。个人感觉，修改中可以借鉴"八段锦"的方法，把整个修改过程从头到尾解构成"前后连贯、上下相随"的八个"动作"。

（1）凝神静气接任务

一般说来，练习八段锦的人，预先都得做一件事情，就是放松身体、平心静气、调匀呼吸。这在武术里称为"预备式"或"起手式"。改稿也要一个"起手式"，这个"起手式"就是调适心理、调整状态，消除心理上的畏惧感，做到战略上轻视它，战术上重视它，以狭路相逢勇者胜的精神去应对。

（2）打破砂锅问背景

民间有句俗语：心急吃不得热豆腐。这是个颠扑不破的真理，对修改来说同样成立。拿到稿子后，先不着急动手，最好"让子弹飞一会儿"。利用"子弹飞"的这个间隙，你可以对写作背景仔细琢磨一番，对有疑问的地方可以找起草部门或起草人问一问、聊一聊，听听原作者的想法，先探个究竟、摸个虚实。最忌讳不问三不问四，想当然地改一通。实践证明，这种鲁莽的做法是会碰钉子的。

（3）带着问题查资料

任何人都不是百事通，不可能做到对每个问题都了如指掌，尤其是修改专业性强的稿子，难免有看不懂、吃不透、把不准的地方。不过，看不懂不要紧，只要别不懂装懂就行。遇到不懂的，要赶紧查，马上搞懂。电脑上查阅资料很方便，手指一动就能搜到。关于查询的内容，最有用的就是相关工作总结、信息简报、政策文件、领导讲话稿等。一般来说，经常改稿的人都是"圈内人"，平常一定会有很多"屯粮"，这个时候正好派上用场。

（4）进入文稿探究竟

没有调查就没有发言权。通过前面几招，也算基本掌握一定的背景知识，接着就需要进入文稿一探究竟了。

怎么个探法？

可以考虑给自己一个角色定位，比如把自己当成一个读者，先别想其他的，心平气和地进到稿子里，顺着作者的思维从头到尾通读一遍，尽量理解作者的构思，把主题、结构、观点、内容、数据、逻辑摸个八九不离十，真正读懂了人家的作品，然后才有条件作出判断，否则容易造成"冤假错案"，把好的改得不好，甚至把对的改成错的。

（5）跳出文稿理头绪

古语说得好：旁观者清，当局者迷。若总是顺着作者的逻辑去理解，就会成为作品的"局中人"，局限了视野，限制了思维，不利于发现问题。

接下来怎么办？

在"钻进去"读懂构思之后，还要"跳出来"审视问题，从旁观者角度来审视，用批判性思维去发问。比如，可以设想如果换做自己会怎么写、领导适合说什么、听众想听什么等。

（6）望闻问切查病症

总的说来，以上五段只是"热身动作"，作用是为后面作铺垫。热完身后，最关键的就是"诊断把脉"，找准文稿病症、病灶、病因、病理。大家一定不陌生，中医给病人诊断，有"望闻问切"之法，检查文稿的"毛病"，可以借鉴这套方法，从主题、结构、内容、观点、数据多个维度，给文稿来一次内科、外科"全身体检"。

（7）辨证施治动手改

以上准备工作做足之后，就要实质性"动刀"了。值得一提的是，在如何"动刀"这个问题上，有些人以为：无非就是文字上的增增减减，或表达上的修辞润色罢了。这种认识显然不全面。事实上，修改是个多管齐下的过程，如同中医治病，需要从整体入手，或增或删、或并或调、或换或连，综合运用多种"手法"，绝不是简单的"一招半式"可以解决一切问题的。

（8）明察秋毫百错消

这是修改的最后环节，都说"为山九仞，功亏一篑"，这一关把不好，前面的等于白做。从理论上讲，任何一篇被动过"刀"的文稿，都有存在错误的可能性，比如错别字、逻辑关系、语言风格等。显然，唯一方法就是校对排除一切问题。修改者要有"文经我手无差错，事交我办请放心"的责任和情怀，在文稿正式"出炉"前，综合运用多种方式，对文稿进行严格的"质量检验"，把错误消弭掉。

2. 数字"7"：改出七种境界

境界，是指事物所达到的程度或表现的状况。王国维说，词以境界为最上，有境界，则自成高格。修改文稿也讲境界，这种境界就是稿子呈现的层次水平。

一篇稿子应有"七重境界"。

（1）规范

规范是文稿形式上彰显的秩序感，是判断修改质量的最低标准，一篇形式上不规范的公文，谁也不会说它是好公文。

规范体现在语言文字、标点符号和排版格式三方面。对公文来讲，要做到规范其实不难，只要按照《党政机关公文格式》《标点符号用法》等标准规范来"依葫芦画瓢"，按权威文件来表述通常不会有问题。

（2）真实

追求真实性，是人类最基本的审美情趣，也是公文的基本精神。公文姓"公"，真实是其"公心"的灵魂。体现真实性，必然要求修改者实事求是地运用数据和事例，做到不篡改，不伪造，观点客观公正，不夸大成绩，不隐瞒问题，经得住推敲，经得住检验。

（3）准确

任何一篇公文都是文字与数字共同表演的舞台，文字与数字的准确性决定了文稿的质量。

对公文来说，准确性体现在三个方面。

一是文字的准确性，二是数字的准确性，三是思想观点的准确性。文字上不能有错字、别字、多字、漏字，譬如"供给侧结构性改革"这个表述，不能丢了"供给侧"三个字。数字要求数值、名称、单位、口径、符号等要精准。

思想观点必须符合事实、规律、政策或被引用者的原意。

（4）通顺

写文稿是一种文字组合的技巧。美国著名认知科学家史蒂芬·平克把写作定义为："将网状的思想，通过树状的句法，组织为线状展开的文字。"

线性展开的直观效果就四个字：文从字顺。

想做到这一点，最基本的就是各表意单元之间符合逻辑规律，问题的轻重缓急、大小多少、前因后果的铺展要有条不紊，逻辑上没有违和感。

（5）合情

文稿是给人读的，所以得考虑读者感受，照顾读者情绪。有些文稿虽然数据真实可靠，语言表达规范准确，但过于专业化，不易理解。有些文稿语言表达又过于生硬，不够生动。我把这种问题称为"不合情"。

怎么办？可以这样来处理：

适当使用比喻、排比、引用等修辞格深入浅出地表达。

也可以引用名言警句引起读者的共鸣。

另外还可以有感而发，用真心、真情来引起读者共情。

（6）合理

合情之后，还得合理，因为"理"是事物发展的规律，合理就是让文稿合乎客观规律。

理有两层意思：

一是文理，即文字表述的规律。比如"提出问题—分析问题—解决问题""是什么—为什么—怎么办"等。

二是事理，即事物发展的客观规律。比如，"投入—产出"所折射的经济规律，事件"萌芽—演变—消亡"的发展规律。修改者在修改时，应该让文章更合理，让文字在规律的框架下流淌出来。

（7）合用

任何一篇文章都是写来用的，没用的文章自然没有存在的价值，可以说"有用"是写作的出发点和落脚地。一篇文稿若不切实际，不能有效指导实践、推动工作，哪怕写得再通顺，也毫无意义。所以修改者一定要秉持"写以致用"的理念，一切从实际工作出发，果断删除华而不实的字句，让一字一句都释放出能量，发挥作用，让每条措施都直击靶心、挠到痒处、触及痛点。

3. 数字"6"：用好六大招法

但凡做事都讲章法，比如舞者讲步法，雕刻家讲刀法，书法家有笔法，不一而足。改稿也有自己的套路，归结起来就是增、删、并、调、换、连六个字。

（1）增

就是做加法，重点针对思想不够高、视野不够广、措施不够实、语言不够活等情形，缺什么补什么，让文章更充实，字里行间充满力量感和质地感。

（2）删

就是删减文字。当前，"肥胖"越来越成为机关公文的通病，信息化场景下的写作更是如此，因此需要大量做"减法"，删减冗词赘句，剔除可有可无的东西，这叫"削尽冗繁显清瘦"。

（3）并

就是归并、合并。按一定的逻辑关系，对杂乱的材料归类，把同一类别的素材有序串联，如同把散乱的珍珠串联成项链一般，彰显秩序美。

（4）调

就是调整顺序。针对逻辑顺序而言，不增加内容，也不减少内容，只是按照特定逻辑关系，把观点和素材的顺序重新排列，让它们各就其位，井然有序。

（5）换

就是更换、替换。针对不准确、不典型的文字、数据、事例，修改时重新挑选素材，用更典型的文字、数据或事例，更准确的表述方法来替换原有内容，让原稿脱胎换骨，焕然一新。

（6）连

就是连接、衔接。主要是对上下文逻辑不通、衔接不够紧密的地方，使用恰当的衔接语，让脉络贯通、前后连贯，减少表达的突兀感、顿挫感。

4. 数字"5"：聚焦五个要素

熟悉建筑工程施工的人应该知道，一栋建筑施工完毕后，进入质量验收阶段，负责验收的人通常会从外而内、从粗到细，检查建筑的外形、结构、空间、材料等。

修改稿子就是文稿这栋特殊建筑的质量检验，质量好不好、是否达到设计要求，不是一句笼统的话就能概括的，通常要紧盯格式、标题、结构、内容、文字等要素，每个"分项工程"逐一检查。

（1）看格式

我们认识一个人，往往会先看长相怎么样，仪表整不整洁，着装得体与否。这些东西放到文稿里，就是格式问题。同理，改文稿的第一步，先看外表，看大略的东西，如果这些都过不了，深层次的东西肯定好不到哪里去。只有格式规范后，才谈得上整体质量，这是公文的一大特点。

具体怎么看就简单了，因为公文都是很规范的，有具体的标准，只要对着标准来就不会有问题，重点看文种选择、页面设置、字体、字号、字符间距、标点符号等。

（2）看标题

格式问题解决后，接着就是标题了。俗话说：读报先读题，看书先看皮。标题是文章的眼睛，最先映入修改者眼帘的也是标题。标题反映中心思想，是最要害的部位，故而有"题好文一半"之说。

通常来说，标题有主标题、副标题、子标题之分，子标题还分一级标题、二级标题不等。高明的修改者往往会从标题中看出作者的构思，透视文章的逻辑关系，把标题打磨得闪闪发光，既准确、鲜明，还生动、凝练。

（3）看结构

看完标题后，就要审视结构框架了。怎么审？办法是忽略具体内容，"视而不见"，把各级标题抽离出来，剔除文字内容，仅留下框架结构，就像一座敲掉砖块的房屋一样，让结构关系一目了然、一览无遗。在此基础上逐层推敲分析结构层次的合理性，看逻辑是否严密，分条是否合理，分论点对总论点是否具有支撑性，等等。

（4）看内容

确定结构合理之后，进入文字层面的思考。对于内容，思考的重点有几个方面：一看素材挑选是否典型，二看选用数据是否准确。最为关键的是，看观点是否正确，分析问题是否客观到位，提出的措施是否切合实际。

（5）看文字

这是修改的最后一个环节，得在细节上推敲打磨。就像验收工程项目一样，大的方面没问题，还要看细部的质量，不能放过任何一个细微的质量问题，哪怕是小小的瑕疵。具体把握的重点：一方面是文字表达的准确性、规范性和生动性，需要综合运用语法修辞技巧；另一方面是数字表述形式上的规范。

5. 数字"4"：用好四种方法

爱因斯坦说："提出一个问题往往比解决一个问题更重要。"提出问题是解决问题的前提，谁能看出问题所在，谁就有可能先把问题解决掉。所以，能不能发现问题是改好文稿的关键，这里可以借鉴中医"望闻问切"四诊法来找问题。

（1）"望"：照清单来查

"欲知平直，则必准绳；欲知方圆，则必规矩。"（《吕氏春秋》）经常修改稿子的人，不妨建立校对的"正面清单"和"负面清单"，从正反两个方面明确提出哪些指标要达到什么标准、哪些问题不允许出现，然后一条条列在表上，逐一对照检查。

（2）"闻"：听朗读来查

很多问题如果不通过朗读是难发现的，如行文的逻辑、节奏、语感、语气等。对于这方面的问题，可以请一个人读，另一个人听，交错进行，营造身临其境的现场感，换位观察，更容易发现错误。

（3）"问"：请高人来查

对于拿不定的稿子，不要闭门造车为难自己，要学会借"外脑"。怎么借？可以把稿子发给高手看看，也可组织人员集体讨论一番，来场头脑风暴。对于太过专业的问题，还可问计于专家学者。

（4）"切"：以实际来查

所谓"切"，就是切合实际、切中要害。这有一个前提，那就是对问题要有必要的调查、研究和思考，抓住问题的"七寸"。比如，出现问题的原因是什么、突破的关键点在哪儿、解决的途径有哪些。这些问题搞清楚了，方能保证切中要害。

6. 数字"3"：扮好三个角色

修改是写作中的"二次创作"，说是"二次"，自然不是"一次"的简单重复，而是多种思维、多种角色的系统集成过程。在修改中，修改者要学会转换角色。

（1）入戏成为"当局者"

从"二次创作"角度看，修改者算第二作者。但当好第二作者前，需当好"第一读者"，有读者意识，把自己放进去，用当事人的心态来读。比如，一篇关于推动大学生就业的文件，就把自己当作与该工作相关大学生、学校领导或是就业机构，这些都是与就业相关的当局者，要读懂它，就要把自己作为当局者。

（2）出局作为"旁观者"

读完原稿之后，还得从受众的角色里"跳"出来，暂时"忘记"原稿写了什么，怎么写。以"旁观者"的角色来审视文稿。怎样审视？重点围绕文稿的主旨，用自己的思维方式，像放电影一样，在心中推演一遍。重点是怎么谋篇布局、选用什么材料、持什么样的观点、采取什么表述方法等。

（3）拔高担任"领导者"

修改者作为文字的"内容生产者"，应该具有"用户思维"，以"用户为中心"。以领导讲话稿为例，修改前思维要换个位，"关起门来当领导"，设身处地为领导想想，什么该讲，什么不该讲，为领导"量身定制"文稿服务。

总之，做任何事情，方法得当事半功倍，方法不当事倍功半。以上六个"数"是我在无数次"二次创作"中浓缩和萃取出来的"干货"，虽然不见得高明，不见得科学，但是对我而言，受益无穷，因此推荐给大家，不妨一试。

第20课	审稿得有"几下子"
	——审稿"资本论"

改稿包括两项工作：一项工作是把无用的词、句、段删去，把必需的词语加进去，把不合适的次序改过来。

——吕叔湘

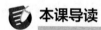 **本课导读**

本课重点回答"如何审稿"这个问题，源于我对审稿工作的体验。在综合文稿部门工作，不仅写稿不容易，审改别人的稿子也有很多难处。如果自身没有几把"刷子"，很难适应这份工作。但怎么审稿，却是一个只可意会不可言传的"默会知识"。很多人都有几下子，却不知怎么表达，大多靠自己的经验和感觉。很多朋友让我讲讲，带着这种诉求，我结合实践经验进行了梳理，按文稿写作的基本规律，总结出了审稿的十大方法——"十下子"。需要说明的是，本课借用"资本论"这个说法，意在说明审稿应具备怎样的"资本"，这里的资本是带引号的，指的是方法、能力，并非经济学意义上的资本。

本课核心观点

- 背景不清问一下
- 主题不明想一下
- 情况不熟翻一下
- 脉络不通顺一下
- 数据不准对一下
- 内容不实加一下
- 语言不精删一下
- 材料不和并一下

■ 表达不当换一下

■ 语气不顺读一下

按文稿来源分，改稿不外乎两种，一是改自己的，二是改别人的。本文谈后一个问题。如果你在综合文稿岗位，那你不仅要"折腾"自己的稿子，还要改大量的送审稿。

如何应付自如？

改自己的稿子容易，改别人的稿子难，因为"自己的孩子自己最了解"，调教起来容易，也没有顾虑。调教别人家的孩子就不见得了，须得小心谨慎。改别人的稿子，自身得有"资本"，没有几下子，绝对搞不定，正所谓"没有金刚钻，不揽瓷器活"。

下面，一起看看改别人的稿子到底需要几下子。

1. 背景不清问一下

背景就像文章的土壤、空气、温度等条件，一般看不见，但离开了它，文章就很难发芽并茁壮成长。对于修改者进行"二次创作"来说，背景至关重要，搞不好会把人家对的东西改错了，有的东西改"没"了，或者变形、走样，弄巧成拙，闹出笑话。

因此，"下手"前一定要问一问，摸清写作背景：

（1）问稿子缘起

比方说，领导在某种场合作了指示，下级单位召开会议落实，这就是"写作的缘起"。会议材料到你手上，就要小心了，务必问问报送者：这些问题是什么时间、在什么场合，什么人就什么事情提出的，为什么要提，提了哪些。若不明就里，按"常规"理解去改，大概率会改错。

（2）问文种类型

背景清楚后，还得看会议方案，问清会议安排的具体文稿任务是什么。不能把整改方案写成工作计划，整改方案就要按方案体例来写，讲话稿就要有讲话稿的样子。如果文章定位不准，就会写成"四不像"。

（3）问受文对象

若写讲话稿，你就要接着问：讲话的领导是谁？哪些部门的人参加？什么职务？写稿的人和改稿的人都得树立"用户思维"，以用户为中心，根据讲听双方的具体情况来把握表述方式，因"人"而异，看"人"说话，"柔性化写作"，才能改出"消费者"喜爱的文章。

（4）问适用场合

仍以整改会为例，还要问会议的现场和议程设置，因为只有搞清这些背景，才能准确拿捏修改的度。比如，会上是一人讲还是多人讲，若是多人讲，还要分清谁先谁后，讲的侧重点是什么。必要时，几个稿子还要对一下，统一表达口径，以避免各说各话，相互矛盾。

2. 主题不明想一下

修改是写作的延续、思维的延伸。主题是任何一篇文章发轫的地方决定文章后面的一切安排，因此，不管是一开始就"捉刀"，还是后期接手"润色"，动手前都不要忘记把主题推演一番、琢磨清楚。

琢磨什么呢？大致有三个重点。

（1）琢磨主题是什么

不管什么主题，都必须做到直接体现写作意图、点出中心思想。基于这个理解，动手前得对主题进行二次推敲，拿准了、吃透了，才好分析拆解，提出精当见解，进而对谋篇布局、选材用材作出合理判断。

（2）琢磨自己如何写

主题确立后，接着换位思考，想想换作自己应该怎么写、分几个板块、每个板块分几个层次、用哪些典型事例或数据来支撑。把这些问题咬烂了，嚼碎了，把问题想通了、想透了，才能提出合理化建议。

（3）琢磨契合点在哪里

深思熟虑后还要回到稿子上来，由浅入深、由表及里、由粗及细地对稿子作系统分析。建议先看格式后看内容，先看结构后看表述，先看观点后看语言，先看准确性再看生动性，然后与自己的思路两相对比，取长补短，择优使用。

3. 情况不熟翻一下

正所谓"隔行如隔山""闻道有先后，术业有专攻"，也许你熟稔写作技巧，却不见得了解业务和政策。对于专业性强的稿子，务必谦虚谨慎，以学生的心态来面对，以研究的精神来打磨。拿到这样的稿子，最明智的做法就是翻阅资料，做足"功课"，然后再动手。

建议提前翻翻四方面资料。

（1）翻对口政策文件

比如，上级部门发过哪些文件、对具体工作有什么要求、责任主体有哪些、有没有时限要求等。据此，检查初稿是否已经贯彻了这些要求，如果贯彻了，还要看表述是否精准。

（2）翻上级领导讲话

在翻阅政策文件基础上，还要看相关工作报告、讲话稿及重要批示等，目的是看稿子是否贯彻了领导要求、是否提出了管用的措施等。

（3）翻以往类似文稿

文稿都有一定的延续性，不仅要一如既往地坚持既定写作风格，还要一以贯之地贯彻落实既定措施，在不同稿子里反复强调。所以有必要花工夫研究以往的稿子，参考借鉴好的东西，这本来就是机关文稿写作的基本经验和普遍做法。

（4）翻部门工作资料

俗话说巧妇难为无米之炊，这句话对修改也是适用的。没有大量基础资料支撑，任何人都不敢贸然动手。因此，有必要对原作者的写作素材作一次"二次消化"，重点看工作规划、工作计划、信息简报、工作总结，以便于全景式掌握工作情况。

4. 脉络不通顺一下

好文章应该有三个标准：词达，理顺，情感通。这三点中，尤其以脉络通顺最为重要，所谓"顺理成章"就是这个道理，如同中医讲的"通则不痛，痛则不通"。

文章脉络好比人体经络，经络不通怎么办？得疏通。又好比女同胞们清晨起来都要照着镜子打理一番，用梳子把凌乱的长发梳理顺直，不使其缠绕打结。

如何梳理？

不妨用以下"五把梳子"来顺一顺。

（1）贯穿主线

看是否围绕主线来行文走笔，提出问题、分析问题和解决问题的逻辑是否清晰，文脉是否通畅。如果发现偏离主题、斜枝旁出、主次不分，要删减斧正，确保行文围绕主线有条不紊地展开。

（2）优化结构

看谋篇布局是否合理，结构是否匀称饱满。若有问题要给予匡正，让文章如同一名秀丽多姿、曲线优美的少女，体现出形态美、结构美。

（3）照应内容

若开篇点了题，结尾时要作适当呼应；若前面讲因，后面就要交代果。如此方能勾连紧密、首尾圆合。好的文章要力求前后照应、首尾照应、题文照应。

（4）衔接语气

"看文章需要看文字的换接处及过接处"（王构《修辞鉴衡》）。"一篇之中，凡有过渡接头处，当教他转得全不费力，而又有新体。"（元·倪士毅在《作义要诀》）衔接不畅的地方妥善过接、消弭"缝隙"。

（5）转换语言

若是语言不自然、不流畅，先让表达符合语法规范，再让表达符合语言习惯，尽量让语言通俗易懂、节奏明快，给人以一气呵成之感，嘤嘤成韵之状。

5. 数据不准对一下

数据是文稿的主演，是文字的"最佳拍档"，没有数据的配合"表演"，"剧目"就很难演绎得出神入化。数据是一篇文章最敏感、最吸引眼球的地方，一旦出错，问题往往会被放大，就像一个"知名演员"，随时生活在聚光灯下，但凡有点绯闻，就会被媒体"炒作"。

写作者也好，修改者也罢，建议养成"数据思维"，学会从多个维度对数据进行"核对"，把好"质量关"。

（1）看数据来源是否可靠

见到数据先问"出生"，问来源，问渠道。若是权威部门的数据，或是调查研究核实的"一手数据"，可放心使用；若是网络查询或其他渠道摘录的数据，则要多长个心眼儿，确认可靠方可考虑采用。

（2）看数据内容是否准确

对来源可靠的数据同样不能掉以轻心，还得"过过脑子"，对数据进行必要的检查判断，重点检查数据是否客观、真实、准确，看统计口径、时间节点是否匹配，尤其是经过"二次加工"的数据，要坚决防止"造假""注水"和"化妆"。

（3）看数据之间是否兼容

有时候，表面上看没有问题的数据，只要一对比印证，问题就出来了。同一篇文章前后数据、前后不同文稿里的数据、同一个场合不同文稿里的数据之间不能"打架""撞车"，产生"排异反应"。

（4）看数据表述是否规范

文字有文字的规范，数据有数据的规范。什么时候用阿拉伯数字，什么时候用汉语数字，小数点如何保留，计量单位是什么，每个细节都有特定讲究，修改时要按照有关规范来写，不可随意发挥，给数字"变形"。

6. 内容不实加一下

有些稿子思想不够高、视野不够广、措施不够实、语言不够活，读起来干巴巴的，很空洞，没有"质感"。

这样的稿子摆在你面前，怎么办？

方法就是做"加法"，在"度"上下工夫。

（1）深度

在摆事实的同时，适当讲点道理；在讲现象的同时，说说问题的本质。适当运用科学思维、科学理论来增加写作的理论深度，从"就事论事"的表达中跳出来，进入到"就事论理"的深层境界。

（2）高度

正所谓"不畏浮云遮望眼，只缘身在最高层"，在"就己论己""就业务谈业务"的同时，还要善于跳出自己看自己，从政治的高度审视问题，从全局的高度定位自己。

（3）广度

"横看成岭侧成峰，远近高低各不同"，在看自身发展的同时，适当拓展视野，从"上面""下面""侧面"多向度地分析判断，纵向、横向全方位地比较研究。

（4）厚度

对只写其一，没写其二的内容，多作一些拓展，从概念开始，进行分类、分块和分层，形成层层剥笋、环环相扣的支撑体系，增强说服力。

（5）实度

对只讲道理、谈认识、讲观点的内容,适当增加一点鲜活事例,用事实来说话,让稿子更实在。必要时可点缀一两个关键数据，收到"四两拨千斤"之效果。

（6）力度

有些稿子提要求、写措施语气不坚决，气势不够强。遇到这种情况，可适当使用一些程度副词加强语气，表达态度。也可辅以排比、反复、比喻、引用等修辞，积蓄表达力。

（7）温度

公文语言不全是冷冰冰、硬邦邦的，尤其是致辞、讲话稿、信函等文稿，尽量少用官话、套话，可以结合场景，讲一些应景的、有感情的、有温度的话语。

7. 语言不精删一下

语言是文章的细胞，篇幅是文章的身体。冗长累赘是公文一大通病，一不小心就发作，尤其在互联网场景下，更容易患上"肥胖症"，这是修改要极力避免的问题。

怎样才能精练一点？

不妨删一删，从结构、材料、语言、修辞多个维度做"减法"，削尽冗繁方能显得"清瘦"。

（1）精结构

对于结构不合理、重点不突出的文章，要大胆砍掉多余的板块，剪掉横生的枝条，删除冗余的层次，避免面面俱到、层层嵌套，撑大文章体量。

（2）拣材料

茅盾先生说："选用的时候，可就要像关卡的税吏似的百般挑剔了，整整一卡车的'货'，全要翻过身来，硬的要敲一敲，软的要捏一把，薄而成片的，还要对着阳光照了又照，一句话，用尽心力，总想找个把柄，便扣下来，不让过卡。"精挑细选还不够，使用时还要精打细算，能用一个材料说清的，不要用两个。

（3）炼词句

鲁迅先生强调，"文章写完以后至少要看两遍，竭力将可有可无的字句段删去，毫不可惜。"尽量删去那些照搬照抄的空话、空洞无物的套话、老生常谈的老话、人云亦云的废话，拧干水分。

（4）慎修辞

尽量使用准确、庄重、平实和简洁的语言，适度使用排比、反复等修辞，避免堆砌辞藻，以文害义。另外，选择直白的表达方式，叙事说理尽量开门见山，直奔主题，辞达则已，少铺垫、少补充，切忌穿长靴、戴高帽。

8. 材料不和并一下

材料就像砌墙的砖，讲求关系的有序、和谐，不能有违和感。一堆珍珠如果没有串联的线，就是散的、乱的，不会变成美丽的项链。一篇文章若材料缺乏合理秩序，也是散的，就像一堆砖一样，形不成一个整体。

怎么让材料达到"和"的境界？

不妨并一并，把逻辑关系理顺。

（1）归类分组以求"形和"

对属于同一类别、同一层次或同一领域的东西要归归类，分分组。比如，同样属于"创新发展"范畴的，就不要放到"开放发展"里边去，"上帝的归上帝，恺撒的归恺撒"，不要混淆起来。同一层次的划分，标准要统一，边界要清晰，不重复、不遗漏、不交叉，不能"你中有我，我中有你"。

（2）归纳概括以求"气和"

不仅要善于归类，还要善于概括提炼，把同一类别的观点、事例和数据进行总结提炼，分析出它们最核心的共同点，揭示事物的逻辑和规律。比如，文章里同时写了"加大淘汰落后产能力度""推动钢铁、水泥、建材等产业向高端化发展""推进技术改造升级"等，就可以归纳为"推动传统产业转型升级"。

（3）画龙点睛以求"神和"

标题是文章的眼睛，也是整篇文章或各段落层次的统帅，标题取不好，材料就如乌合之众。因而古人建议，"立片言而居要，乃一篇之警策"（晋·陆机《文赋》），在归纳概括的基础上，取好大小标题，让闪闪发光的标题发挥出统帅三军的强大领导力。

9. 表达不当换一下

有些文稿结构合理，观点也正确，就是表述不恰当——要么说法不准确，要么语言不通俗，要么角度不合理。

怎么办？

所谓"兵来将挡，水来土掩"，表达方式不恰当，不妨换换表述方式。具体说来，有"三板斧"可用。

（1）换内容

更换没有代表性的内容。比如，论述一个地区工业经济发展步伐加快，关键就是看规模以上工业增加值增速是多少，若用其他没有说服力的指标，要坚决更换过来。

（2）换表述

更换不具准确性的表述。若是理论文章，叙述不足，就说明，说明不够，就议论；若是讲话稿，嫌肯定句式太平，就用设问句式，嫌语言不生动，就用比喻、排比、反复、对仗增加气势，用群众语言接接地气；若是政策文件，则要摒弃修辞，力求规范严谨浅显通俗。

（3）换角度

转换缺乏说服力的角度。比如，写社会治安效果，若写政府投入资金多少、完善设施多少，表达效果不如转而写社会案件发生率降低多少或市民安全感如何提升。

10. 语气不顺读一下

材料改定后，还要踢好"临门一脚"——认真校对。建议在模拟环境下进行朗读校对。

老舍先生曾说："我写作中有一个窍门，一个东西写完了，一定要再念再念再念，念给别人听（听不听在他），看看顺不顺？准确不？别扭不？逻辑性强不？看看句子是否有不够妥当之处。"朗读，是用舌尖来检验文稿质量，它就像军事上的"实弹演习"，在仿真环境下，问题马上就暴露出来。

怎么朗读？需要把握三个关键。

（1）身临其境

选一个安静的环境，模拟现场环境，从头到尾朗读一遍。朗读最好两人一组，一人读一人听，若人手充足，也可一人朗读，多人一起听。朗读者当好领导认真读，确保一气呵成不停顿，听者对着稿子认真听，边听边看边标记。

（2）交叉朗读

读完一遍后，听读双方互换角色。不管什么角色，双方都要从文稿的语体、语气、语调、语速上去找感觉，看文字、看数字、看标点，并在听读过程中去感受逻辑和语气的变化。

（3）不厌其烦

任何事情都经不住一个"磨"字，校稿也是这个理。只要不怕麻烦，多校对几遍，问题都可以在这个阶段解决。记得《水浒传》里有个"三碗不过冈"的故事，若是校对也来个"三遍不过关"，问题一定无处遁形。

古人云：改章难于造篇。没有雄厚内功，不会"几下子"，是不行的。所以，文字工作者一定要练好修改这门工夫。

第21课　公文最怕有"硬伤"
——公文病症的"外科诊断学"

我国的文化，优良的传统之一，就是重视书籍、报刊的校对工作。凡是认真读书的人，有事业心的出版家，有责任心的编辑人员，都重视校对工作。因为，有好文章，固然是第一义，但如果没有认真的校对，好文章也会变为不好的文章，使人读起来别扭，甚至难以卒读。至于写文章的人，当然就更注意校对了，因为这一工作的负责与否，直接关系到他的文章的社会效果。

——孙犁

📇 本课导读

本课及 22 课是姊妹篇，梳理文稿常见的问题清单。创意源于对阿图·葛文德《清单革命》一书的阅读，该书论证了清单管理的好处，受到包括马尔科姆·格拉德威尔在内的名人高度赞誉，我深受启发。在后来的拓展阅读中，我发现清单管理已成为一种流行的管理学思想，广泛运用在工作、生活和学习中，好评如潮。于是就想，何不引入清单思想来管理文稿呢？反复推敲，发现可以，因为公文写作本质上就是一种"知识管理"，修改校对是管理的一个环节。我甚至觉得，还可将公文里的错误分为两类，以伤痛来比喻"问题"，一类是看得见，没有解释余地的"硬伤"，另一类是较为隐蔽，有一定解释余地的"软伤"。在此基础上，我将检查校对称为"诊断学"，检查"硬伤"对应外科诊断，检查"软伤"对应内科诊断。

🗐 本课核心观点

- 什么是公文的"硬伤"
- "硬伤"的 4 种症状
- "硬伤"的 4 种病因

■ "硬伤"的 3 种防治方法

写材料的人最不想见到的事情，也许就是费尽移山心力打造出来的稿子里有"伤"，被推倒重来，"一夜回到解放前"。故而写作时都很小心，生怕踩到"雷"，受到"伤"害。

归结起来，公文写作中的"伤"大致可分为两类：一类是硬伤，另一类是软伤，本课先讲"硬伤"。

1. 什么是公文的"硬伤"？

从一般意义上理解，硬伤是人体在骨骼结构、重要器官上受到的严重伤害。说它"硬"，是因为这种伤在明显处，一眼就能注意到，想捂都捂不住，再就是伤势较重，伤在关键处，影响深、危害大。同样的道理，文稿的"硬伤"，就该是那些看起来明显、位置关键，没有商量余地的、影响深远的重大失误。

相对而言，硬伤具有以下三个特征。

（1）外在性

相对于"软伤"而言，硬伤是"外伤"，只要有基本的文字基础，都可以很直观地看出来。比如多字、少字、错字、别字。再比如，公文格式里面的编号、密级、版头、发文字号、主送机关、标题、引文、数字、计量单位、人名、地名、时间、落款、发送范围、附件标注、印发日期、印制份数等，都是形式方面的问题。

（2）绝对性

硬伤是绝对的伤，错的地方都有十分明确的规定性。"四个意识"就是"四个意识"，"四个全面"就是"四个全面"；一就是一、二就是二；今年就是今年，明年就是明年；北京就是北京，南京就是南京；公斤就是公斤，市斤就是市斤。没有丝毫"弹性"，不能变通，更不能变更，没有解释的余地。

（3）明显性

正因为"硬伤"的外在性，所以"硬伤"很明显，可以一目了然。尤其是公文格式方面的问题，绝大部分格式要素都处于文章的关键部位，人们看文件，一般是由外到内，从头到尾地看，所以这些问题会首先"映入眼帘"。

总的来说，"硬伤"在公文写作中属于低级错误。出现这样的错误，轻则会让人莫名其妙，啼笑皆非，甚至引起舆论哗然，损害单位形象，影响领导权威，重则会造成无法挽回的重大损失。作为一个有经验的文字工作者，要坚决避免出现硬伤。

2."硬伤"的 4 种症状

（1）格式失范

格式反映的是公文该有的体面和讲究，也是文稿起草的规矩，格式能使文稿"彬彬有礼"，但有些重要文件却在阴沟里翻了船，出现格式错误。格式上的错误主要有三种。

一是缺乏完整性。一份完整的红头文件包括份号、密级和保密期限、紧急程度、发文机关标志、发文字号、签发人、标题、主送机关、正文、附件说明、发文机关署名、成文日期、印章、附注、附件、抄送机关、印发机关和印发日期、页码等要素，每个要素都有特定功能，不可或缺。主送机关写不清，文件根本发不出，没有接受对象；涉密文件如果未标注密级、份号，文件分发、查对、清退和销毁寸步难行。

二是缺乏准确性。比如，一份以政府名义印发的文件，却将发文字号编成了办公厅的文号，这是重大的硬伤，必须收回重印。若是把本该"机密"级的标为"秘密"级，恐怕就要出大问题了，后果不堪设想。

三是缺乏规范性。譬如，有的单位向上级请示工作，想"两场谷子一场打"，在报告中夹带点请示事项，索性把报告请示合二为一，写成"×××关于做好×××工作的请示报告"，你说上级对这个文件是一阅了之呢，还是下个批复解决问题？不仅如此，有些人在给上级报送的材料里还生造文种，如《关于×××的工作总结》《关于×××的工作建议》《关于×××工作回复》等，要知道，在《党政机关公文处理工作条例》里是没有"总结""建议""回复"这些文种的，只能以"报告"或"函"的文种形式出现。

（2）文字失误

写作是文字的表演艺术，文字的"演技"决定文稿水准，可是很多"导演"却疏于管理，致使"演员"在关键"桥段"上犯低级错误。文字上的错误主要表现为四点。

一是错字。笔画上的多少造成错字，如将"水平"写成"太平"，把"擘画"写为"擎画"，看似小节，错在关键处要出大问题。如阐述党的指导思想和政策方针时，把"习近平新时代中国特色社会主义思想""四个意识""四个自信""四个全面"等重要政治性规范表述写错，把法律法规和重大政策里的数据、单位写错，会造成重大影响和损失。历史上就曾有作战参谋将"沁阳"写成"泌阳"，多了一撇，输了一场战斗。

二是别字。用拼音输入法的人最容易写别字，因为很多字音同而字不同，似是而非。譬如：有个讲话稿说"2017 年是脱贫攻坚收关年，也是农业供给侧结构性改革深化年。"将"收官"错写为"收关"，读音都一样，看起来也相似，实则谬矣！再有，某领导讲话标题为"戮力同心谋新篇　砥砺前行开新局"，"戮力"应为"勠力"，估计也是拼音输入的问题。有一次，我也差一点酿成"大祸"，在一份为省领导起草的文稿中，将领导名字中的"晏"字误写为"宴"，虽然及时发现更正了，却"吓"出一身冷汗来。

三是多字。我早年曾听人讲过一个故事，说有一年一位国家领导人到地方考察，某地在准备的汇报材料中，竟将"副总理"写成了"副总经理"，多了一个"经"字，却让一位国家领导人摇身一变，成了企业副总经理，这"伤"够硬的，估计这事之后起草人员肠子都悔青了。近来，我身边也发生过类似情况，一份文件由于校对不严，开篇第一句就出现硬伤，本来是"中共××省委"，却写成"中共××省政府"，明显的低级失误，却恰恰在关键环节、敏感部位，绝对是硬伤，所以领导审签时很生气，直接原文打回，对相关人员作了严厉批评。

四是漏字。记得有一次，我在一份文稿中把工业领域的常用指标"规模以上工业增加值"里的"加"字不小心弄掉了，"增加值"变成了"增值"，指标就完全变了样，许多人就没读懂。这种情况若是在表述党的理论方针政策时出现，影响尤其严重。譬如把"现代化经济体系"写成"现代经济体系"，"供给侧结构性改革"写成"供给侧改革"，内涵大打折扣，严重影响权威性和严肃性。

（3）数字失准

数字和文字一样，都是语言符号，通常"联袂演出"。一篇公文在关键地方用数据说话，可以达到四两拨千斤的作用。正因为运用频繁，数字也很容易出现问题。数字错误主要表现在三个方面。

一是计算失误。我曾改过一个稿子，原文说"三年来，全省共支持新区各项资金8877万元，其中2015年4797万元，2016年1220万元，2017年2960万元。"

把三年的资金累加起来总计是 8977 万元，显然有问题。

二是单位错用。譬如，涉及经济发展、资金安排、情况统计的地方，若差之毫厘，会谬以千里，后果不堪设想。再如，规模以上工业增长 7.6% 写成了增长 7.5%，"奖励 100 万元"写成"奖励 100 亿元"。我身边就多次发生过因为数字错误而对单位造成严重影响的案例，教训很深刻。

三是序号混乱。序码错乱不连贯，如同项链断了线。我就曾经犯过这种错误，由于对稿子作了结构上的调整，将四个部分归并为三个部分，忘记将序号也变换过来，结果稿子印出来后，"第一"之后接的是"第三"，明显的逻辑硬伤，只得重印。不仅如此，有时还会出现次序颠倒，如将"一二三四五"写为"一三二四五"之类的，看似小事，但在重要文件里却是硬伤。

（4）结构失严

结构是稿子的骨骼，具有支撑性作用，而有些文稿似乎缺乏完整的结构，要素不全、畸轻畸重，缺乏整体性和协调性。结构失调的表现有：

一是体量不匀。段落层次之间协调性不够，段落之间体量差距悬殊，字数多的段落，一个标题下面洋洋洒洒几千字，篇幅数页；字数少的，三言两语，寥寥三五行，少得可怜。整个结构，长的长、短的短，大的大、小的小，俨然一个"异形"，极不匀称，缺乏美感。

二是层次不清。层次划分没有清晰的边界，你中有我，我中有你，交叉重叠。划分标准不统一，同级标题"同床异梦"，不同层次、不同范围的内容杂糅。有的头大帽子小，有的头小帽子大，标题与内容完全不匹配，上级标题完全统不住下级标题，要修改就要伤筋动骨，重新规划设计。

三是要素缺失。思考不系统、不全面，该有的要素没有。譬如，发会议通知，会议主题、时间、地点都写到了，但是却把参会者一项漏掉了，你叫谁去开会呢？再如，写总结性材料，总结了成绩，提了措施，却没有分析问题，这措施的针对性如何体现呢？另外，有些工作自成系统，如供给侧结构性改革，包含"去产能、去库存、去杠杆、降成本、补短板"五项任务，忽略任何一个都不完整。

四是前后矛盾。譬如，前面讲到某项经济指标增长"势头强劲"，后面却说"增长乏力"，前面说"圆满完成了各项指标"，后面又谈某项指标完成不理想。有的稿子前面说"讲四点意见"，读完之后发现只讲了三点。

3."硬伤"的 4 种病因

以上这些"病灶"主要在文稿的主旨、结构、逻辑、材料、语言和格式六个要素上，"病症"表现有很多，很难"一网打尽"，如标点符号、语法修辞等也会给文稿造成硬伤，建议读者在此基础上完善，建立更为丰富的"清单"。

综合分析，以上问题的"病因"大致有四个方面。

（1）日常不善学

很多问题的出现，表面看起来似乎是偶然，其实是必然，这个必然后面隐藏的是写作者学习的态度。什么态度？就是不愿学，不善学。很难想象，一个不善学习的人能写出高质量的稿子来。所以文字工作者必须要在学习上下足功夫，打开素养的"总开关"，让知识的源头活水随时浸润自己的思想。

（2）交流不善悟

很多人之所以写作时跑偏，最核心的问题还是自己不善于与领导交流沟通，不善于请示汇报，不善于换位思考，不能站在更高的角度上想领导之所想，领悟领导的意图。若想把文稿写到"点子"上，写到领导的心坎里，哪些该写、哪些不该写，哪些要重点写、哪些点到为止，这些问题都得自己去"悟"。

（3）写前不善谋

结构和逻辑上的问题，大多因为前期谋划不够，许多人习惯于踩着西瓜皮，滑到哪里算哪里，这是很不好的写作习惯，也是出现硬伤的重要原因。表面上看，写文稿是"写"的过程，其实不然。"写"只是思维过程的延续，它需要谋在先，想在前，否则谁也不可能靠一时的脑洞大开而把问题思考得通透深刻，也没有谁能把框架搭得逻辑严密。那些结构完整、逻辑严密的文章，无不是提前思考、谋划的结果，所以古人才强调"意在笔先"，动笔之前下足"谋"的功夫。

（4）写后不善核

人们常说，好文稿是"改"出来的，这个"改"字，既有作者写作过程中的修改的意思，也有后期"校对"的含义。不管如何，校对都是杜绝文稿犯错的好办法，尤其是格式、文字这样的错误。这需要文字工作者带着高度的责任心和使命感来写，用精益求精的工匠精神去对待每一个细节，哪怕是一个标点符号都不轻易放过。只要做到这一点，相信这些硬伤是绝对可以避免的。

4."硬伤"的 3 种防治方法

文稿硬伤的"病灶""病症""病因"都搞清楚了，接下来关键就是如何治病了。中医强调"上医治未病，中医治欲病，下医治已病"，预防是最高境界。

如何有效防止文稿硬伤呢？我的建议有三条。

（1）平时常健身

学习一定是增强"抵抗力"的第一方法，只有平时学习多出汗，写时才能少受"伤"。预防硬伤，必须要加强学习，把党的路线方针政策学懂弄通吃透，把工作的实际情况、工作规律研究透彻，做到底数清、情况明，写作时才会准确无误。

（2）写时严把关

人非圣贤，孰能无过。写材料难免会有思虑不周的地方，但出了问题也不用怕，关键是在文稿"出炉""上市"前把问题解决掉。还是那句话，最好的解决方法就是校对，在工作中建立严格的校对制度，多管齐下，不让一个问题从眼皮子底下溜走。毛泽东同志曾经说过："从前人称'校对'为'校仇'，校对确实很难，非以仇人对之是不胜所为的。"所以，非得在这关上下大功夫不可。

（3）事后善总结

无数事实告诉我们，文稿的问题如同笼子里的猛兽，"一不小心"就会跳出来伤人。长期从事文字工作的人，要学会吃一堑长一智，从每次"不小心"的跌倒中总结经验教训，把每一次"受伤"都记录在案，分析问题的原因，提出解决的对策，久病也就成医了。以后再遇到类似问题，便会条件反射，洞察于秋毫之末。

习近平总书记曾指出，防范化解重大风险，"我们必须始终保持高度警惕，既要高度警惕'黑天鹅'事件，也要防范'灰犀牛'事件；既要有防范风险的先手，也要有应对和化解风险挑战的高招；既要打好防范和抵御风险的有准备之战，也要打好化险为夷、转危为机的战略主动战。"文稿写作又何尝不是呢？

第22课　公文也怕有"软伤"

——公文病症的"内科诊断学"

我还觉得要写好文章的人，最好能把语句变成你的精兵，用兵的时候，做到指挥若定，使每个字都能听到你的指挥，心到笔到，想写什么就能够写得出来，这是不容易的。你的工具若是不熟练的话，它就不听你的调动！

——冰心

 本课导读

本课与上一课是姊妹篇，需结合起来读，因为两篇文章讲了一个问题的两个方面。本课讲"软伤"，先界定什么是"软伤"，分析"软伤"的三个特性：内在性、相对性和隐蔽性。接着归纳常见的15种软伤表现：偏离主旨、观点偏颇、引用错误、不分主次、角色错位、逻辑不周、脉络不顺、语序错误、陈述不当、词不达意、评价过满、判断失准、牵扯无关、缺少限定、过于具体。最后就如何辨识和处理"软伤"提出了四条建议。总的来说，这两篇文章只是开列了常见的问题清单，一个不太完整的"清单"，供大家参考。读者可以根据自己的经验对"清单"进行完善，列得越细，说明你的"临床经验"越丰富，诊断技术越过硬，那些"疑难杂症"就逃不过你的眼睛。

本课核心观点

- 什么是公文的"软伤"
- "软伤"的15种症状
- "软伤"的4种防治方法

上一课咱们讲了关于"硬伤"的表现形式、成因及如何防治的问题，本课讲"软伤"的内涵、症状及防治方法。

1. 什么是公文的"软伤"？

上堂课说到"硬伤"，就是伤在明显处，一眼就能注意到，想捂都捂不住，伤在关键处，影响深、危害大的错误。还分析了文稿中经常出现的"硬伤"表现形式。本文我们讲一讲"软伤"。

所谓"软伤"，是相对于"硬伤"而言，是指那种不容易发现的、隐蔽性强、必须经过认真推敲斟酌才能发现的错误。综合来看，软伤有三个特点。

（1）内在性

软伤更多地表现在内容上，是"内伤"，表面上看不出问题所在，只有对问题的本质有深刻了解才能发现问题。比如，"2019 年，要深入推动供给侧结构性改革，在'破''立''降'上下功夫"。这句话，从形式上看没有什么问题，但是对中央经济工作会议精神领会透彻了，你就会发现，2019 年供给侧结构性改革的重点不是"破""立""降"三个关键，而是"巩固、增强、提升、畅通"八字方针。

（2）相对性

软伤大部分不是绝对的"伤"，在某些情况下，或者用不同的标准来衡量，甚至不觉得它是"伤"。记得有一次，我们为领导起草一个扫黑除恶动员会上的讲话，初稿里有一段话："在无线电管理、食盐、信息通讯、民营企业发展、工业园区建设、重大项目落地运营以及厅属职业技术学院教学过程中，都存在不同程度的涉黑涉恶问题。"后来领导看了以后，觉得不妥，很多问题还有待查证，不能武断地说"都存在"，最后改为"都很可能存在"，这样一来语气就显得合理了很多。

（3）隐蔽性

"硬伤"是一目了然，只要有一定的常识，甚至是靠感觉就可以发现的。而软伤则不然，它通常表现为表意的准确性、逻辑的合理性、语气的合理性、审美的趣味性等。这些问题都是内在的，故而仅靠"眼睛"去看是不行的，而要靠"大脑"去思考，深度思考、反复推敲才能发现。尤其对于那些涉及语气、语感等问题，要在朗读之中才能发现。

相对于"硬伤"而言，"软伤"虽然看起来不太明显，但影响却是同样严重的。如果偏离了主题，意味着整篇文章都要作废；如果逻辑上出现问题，则会让人读不懂；如果评价不准确，随意夸大或缩小问题的严重性，则会对工作产生严重影响。所以，文字工作者，不仅要注重避免"硬伤"，还要避免"软伤"。

2. "软伤"的15种病症

（1）偏离主旨

出现这种问题是写作之前缺乏对写作意图的准确把握导致的，因为有些写作者凭自己的主观臆断，想怎么写就怎么写，结果下笔千言，离题万里，该写的不写，不该写的却大写特写。

有一次，某部门报来一份领导的民主生活会剖析材料，本来会议要求材料的核心是分析自身存在的问题，查找原因，提出整改措施，但材料却大谈成绩和经验，恰恰又在说到问题时蜻蜓点水。这明显是与会议意图背道而驰，所以不得不打回去让重写。还有，有的文稿本来是作交流经验的，却花了很多篇幅来谈问题。这些都是偏离主旨的表现。

（2）观点偏颇

指的是思想观点、意见建议明显违背科学理论、客观规律、道德规范、上级要求或客观事实。例如，有个单位在总结中写他们的制度创新，主要做法是将表现一般的干部的岗位津贴扣下来，用来奖励工作干得好的同志。这看似好经验，却与有关政策规定相冲突，这样的观点就是有失偏颇的。

还有一次，一个部门在招商引资情况汇报中，对一些项目落地设置了不必要的要求，虽然出发点是对的，但违背了省上"开门迎客"的开放式发展战略，结果受到了领导的严厉批评。

（3）引用错误

即引用他人观点和政策文件时出现错误。譬如，有的把文件标题写错，有的把发文字号写错，有的把政策条款写错，有的把观点和政策出处搞错。有个文稿在讲脱贫攻坚工作中要增加群众财产收入时，把"有恒产者有恒心"这句话安在了孔子身上，属于张冠李戴，因为这句话是《孟子·滕文公上》里的名言。

（4）不分主次

总想毕其功于一役，把所有问题都说得明明白白、面面俱到，生怕遗漏了哪一方面的内容。这样的文章看似什么都写，实则什么问题都没写到位，根本分不清什么是关键，什么是重点。表面上所有东西都正确，殊不知读完之后，什么收获都没有。

（5）角色错位

比如，本来是下级向上级汇报工作的，却大谈认识，大讲道理，不讲实际进展、下步措施；本来是平级之间协商工作的，却要像上级向下级安排工作一样，动不动就"要这样""要那样"，用词不符合角色定位。

比如，有一个地方的统战部为党委代拟的关于加强统战工作的决定中说："统战部要加强同组织部的联系"。这个说法就属于角度错位。正确的说法应当是"统战、组织部门要加强联系"。因为这两个部门是平级，党委给他们提要求应同时提，而不能把统战部单独挑出来让其加强同组织部的联系。

还有的文稿照抄中央文件，不注意把中央的角度转换为本地区、本部门的角度，在自己的文件里竟称"全党必须增强做好××工作的责任感和紧迫感"，"要发挥中央和地方两个积极性……"一看就觉得不对。

（6）逻辑不周

比如，有一文稿说："'三个代表'是体育工作的指南"。这样不能说不正确，但推敲起来不严谨。因为它违反了形式逻辑三段论的说法，缺少大前提。应改为"'三个代表'是做好各项工作的行动指南，体育工作应坚持以此为指导"。

还有的文稿违反"不不为是"的逻辑关系，将意思说反。比如，有一文稿在讲到反腐败时说："要增强惩治反腐败的决心"。"反腐败"是正确的，但加上"惩治"二字意思就整个反了。应改为"要增强惩治腐败的决心"或"要增强反腐败的决心"。

（7）脉络不顺

不同内容之间逻辑关系不通，读起来不顺畅。譬如，本该是平行、并列的层次却高低不等、大小不同；本该有因果关系的各块之间毫无必然联系，材料对观点缺乏支撑性；本来前后递进关系的各块之间，居于前面的却放到了后面，次序颠倒。

以招商引资工作为例，一般是项目策划包装在前，洽谈推介在后，最后才是签约落地及建设投产。因此，写作时须按这种工作规律来写，不能颠倒了顺序。

（8）语序错误

有个文稿在讲到学习时说："要认真学习马列主义、毛泽东思想，学习邓小平理论和中央有关指示。"实际上，马列主义、毛泽东思想、邓小平理论是一个层次的，应当并提。

排列错误还表现在对问题轻重的权衡上。如果是分析问题的原因，就应将主要原因排在前面。但有的文稿没做到。比如，有一文稿在分析人们对个体私营经济看法时称："由于几千年'重农抑商'的传统观念以及'左'的影响，个体私营经济在一些人的心目中名声不好。"这就没有把握好问题的轻重。作为这个问题的原因，"左"的影响应当是首要的，应当放于"重农抑商"之前。

（9）陈述不当

比如，有一表彰通报在叙述事情经过时称："接到上级命令后，我们紧急动员，反应敏锐，措施果断，部署周密，策略得当……"这段话后边的 4 句把工作过程说成了上级评价的话。正确的表述应当将"反应敏锐"改为"迅速行动"，将"措施果断"改为"果断决策"，将"部署周密"改为"周密部署"，将"策略得当"改为"讲究策略"。

（10）词不达意

在一份关于乡镇换届的文稿中有这样一句话："农村基层经验丰富、工作需要的乡镇党委书记，任职年龄可以适当放宽。"

这个表述让人提出疑问：哪个乡镇党委书记不是工作需要的？工作不需要就不必要设这个职位。揣摩这句话的本意，改为"长期做农村工作、基层经验丰富的乡镇党委书记，根据工作需要，任职年龄可以适当放宽"更为合适。

（11）评价过满

比如，有一文稿在评价形势时说："目前形势是很好的，广大人民群众的积极性是很高的。"这两句话中用了两个"很"字，显然说得过满。改为"目前形势是好的，广大人民群众的积极性是高的"，可能更准确、客观些。从这个例子可以得到这样一个启示："很"字不可轻易使用。

（12）判断失准

有一个文稿在介绍了先进经验之后总结道："我省农业发展和农村改革中取得的每一个成绩，都是上述经验推广的结果。"这个说法就有失全面，应改为"我省农业发展和农村改革取得的成绩，是与上述经验的推广分不开的"。因为农业的发展和农村改革取得的成绩，首先是贯彻中央在农村的方针政策的结果这样才能体现出文稿的政治站位来。

（13）牵扯无关

有一文稿为强调城市街道党建工作，与农村党建工作进行对比，说"我省是农业大省，这些年各地对农村党建工作很重视，相比之下，对城市街居党建工作不那么重视"。仔细品味，你会觉得似乎哪里不对，原来是这几句话中"我省是农业大省"牵扯了无关，使人误解为重视抓农村党建就因为是农业大省。

有些事讲一句话就够了，不必赘言。比如，有个文稿在陈述了离退休干部两费拖欠较多、补欠困难大的情况后称："请上级给予补助，以体现对我市离退休干部的关心。"后面一句可以不讲。

（14）缺少限定

比如，"要立足当地解决问题，不要把矛盾和问题上交"这句话，乍看是个积极的态度，但细想一下并不对。因为有些矛盾和问题，如果涉及全局，必须及时上报；有些则需要上级了解情况，以便给予及时指导。因此，不能一概而论应在"不要"后边加上"简单地"三个字作限制。

（15）过于具体

比如，有个文稿讲到机关作风建设时说："要自觉遵守工作纪律，不迟到早退，严禁工作时间串岗聊天、打扑克、下棋等自由散漫行为。"

这个表述过于具体，容易产生两个问题：第一，尽管这些自由散漫的现象是个别行为，但这样一说，容易使人产生"机关这么乱"的错觉；第二，过于具体反而不易说完整挂一漏万。因此，遇到这种情况时应写得概括一些。像以上这段话，改为"要自觉遵守工作纪律，工作时间不准从事非公务活动"可能更妥当。

3. "软伤"的 4 种防治方法

（1）善于学习，慧眼独具

俗话说，吃药不如防病。写作者应该加强学习，提升文字工作水平，从源头上减少文稿"致病"的概率。文字校核的人也要不断提升思想水平、政策水平、文字水平，加强对政治理论、方针政策、法律法规，经济、科技、语言、逻辑等方面知识的学习，掌握多种衡量事物正确与否的尺度。如果不是这样，所审文稿即便是遍体鳞伤，也会视而不见，觉察不到问题的所在。

（2）善于审核，洞察秋毫

古人说："识为先，断次之。"处理"软伤"，首先要学会"辨识"。审校文稿如同医生看病，只有详查细看，才能找出病在哪里，伤在何处。如果没有看，没有仔细、认真、反复地看，就谈不上有正确的判断。因此，在文稿不慎产生"软伤"的情况下，还要有严格的检查程序，就像医生给人看病前，通常要通过"望闻问切"这些传统的方法了解病人的情况，必要时还会做超声波检查，目的就是把问题找出来，好对症下药。

（3）善于发问，深思熟虑

古人云"处事贵熟思"，审核过程就是思考的过程，因为发现问题要思考，纠正问题同样要思考。对重要事件要考虑是否属实；对重要观点、重要提法要考虑是否与中央一致；对所分析的问题要看是否客观真实；对某些问题的归纳概括要看是否辩证、准确；对涉及的敏感问题要看表述是否科学得体；对提倡或禁止的事要看是否会带来负面作用，等等。

（4）善于推敲，精益求精

对一些拿不准、有疑问的问题，要主动向熟悉这方面情况的同志请教，力求使问题得到妥善、恰当的处理。对一些字、词用得是否准确，要多推敲，要有"吟安一个字，拈断数茎须"的精神。比如，前面列举问题提到的关于"长期做农村工作、基层经验丰富的乡镇党委书记，根据工作需要，任职年龄可适当放宽"的表述，就有一个推敲过程。"长期做农村工作"一句，开始写的是"长期在农村工作"，后考虑这样讲不准确，即将这句话中的"在"字改为"做"字。改写一个字，可以说是举手之劳，为什么要改这个字，却不那么简单。因为这里面有一个存疑、选择、比较、确定、推敲、再确定的思维过程。

第 23 课　"减肥"不能带偏见
——文稿篇幅"不等式"

　　文章总是"有话则长，无话则短"。要说的东西多，就长一点；说的东西不多，就短一点。我是喜欢短文章的，但我也并不反对长文章。有内容的长文章是好的，就怕像王大妈的裹脚布——又长又臭，那实在受不了。文章最好是用最经济的办法，把你想要说的东西说出来。

——郭沫若

📝 本课导读

　　本课是"瘦身三部曲"第一篇，载于《应用写作》2019 年第 11 期，原名《文稿减肥的"四个不等式"》，重点解决认知问题。大家知道，2020 年全国"两会"《政府工作报告》仅 11000 多字，篇幅较往年缩减近一半，成为一大亮色，一时间"减肥"问题成为笔杆子热议的话题。然而，在实际工作中很多人虽知精简的重要性，也有精简意识和方法，写出来的文章却总患"肥胖症"。追根溯源，问题的关键还在思想上，思想有偏见和误区。不管做什么事情认知是行动起航的地方，有什么样的认知就有什么样的行为所以本课先谈"减肥"的认知问题。为便于理解，本课剖析常见的四个认知误区。借用了数学里"不等式"的概念，希望多向度理解"瘦身"，树立正确的"减肥观"。

📇 本课核心观点

◆ "减肥"不等于"越瘦越好"
◆ "减肥"不等于"胖了再减"
◆ "减肥"不等于"只减字句"
◆ "减肥"不等于"只做减法"

当今时代,信息技术高度发达,释放出极大的技术红利,问题是,对写作而言,最大的好处就是可以轻易获得写作"食粮",让写作变得越来越容易。问题是,在"营养过剩"的情况下,稿子患"肥胖症"的概率也加大了。许多人不得不花大功夫在"文稿减肥"上,令人不解的是,尽管大家都努力"减肥","肥胖"总控制不住,即便一时减下来了,一不小心就反弹回去了。

根源在哪里?这是个值得深思的问题。

依我看,根源还在认识上,正所谓"偏见比无知离真理更遥远",效果之所以不理想,就是因为人们在认知上有偏差,没有科学、全面地理解"减肥"。因此,想解决减肥问题,首先还得纠正认知上的偏差。

重点要解好4个"不等式"。

1. "减肥"不等于"越瘦越好"

一些人错误地认为,公文推崇"短实新"的文风,应以"瘦"为美、以短为上,并且越短越好。其实不然,文章与人体是一个道理,胖与瘦得讲究"度",太胖了自然不好看,但也不是越瘦越好。瘦得适当,那叫苗条、精干,是美态;瘦得过了,那叫营养不良,瘦骨嶙峋,是病态,不在提倡之列。

至于"度"的拿捏,需把握五个原则。

（1）随事而变

不同事物有不同特点,有的复杂,有的简单。对于情况比较复杂的,牵扯问题自然多,涉及面也广,论述起来比较吃力,需要相对长的篇幅才能说清楚;反之就很省力,无需太多言语。所以篇幅长短要根据表述内容的需要来定,这叫内容决定形式。

（2）量体裁衣

不同文种有不同结构,有的结构简单、短小精悍,如请示、批复、命令等,多的几百字,少的只有十来个字;有的综合性文种,如讲话稿、工作报告结构相对复杂,字数少的一两千字,多的上万字,乃至数万字。所以篇幅长短,还得看文体,适当体现文体特征。假如把一个命令写几万字,那简直是不可想象的。

（3）因地制宜

每篇文稿都有特定的应用场合,而不同场合有不同考量。哪些问题是该讲的、哪些问题不该讲，哪些应该多讲、哪些应该少讲都应根据场合来定。场合不同，谋篇有主次之分，用墨有详略之别，这就叫到什么山唱什么歌。

（4）审时度势

所谓"时"可从两方面来理解。

一些文稿的使用场合会有时间要求。比如，有些会议发言人数较多，会限定每个发言者的发言时间，如果文稿是在这种会上用，一定要看菜吃饭，根据会议确定的时长来定篇幅长短。

一些文稿反映的问题有轻重缓急之分。比如，一个地区发生了紧急事件，十万火急，你向上级报情况就必须长话短说、直指其要，用最短篇幅把核心问题说清楚。而在问题已经得到控制的前提下，就可以不纠结篇幅问题，你可以写得系统一点、尽可能全面一些，把问题的背景、过程、原因、建议等讲透哪怕篇幅长一点也无妨。

（5）因人而异

古希腊哲学家普罗泰戈拉说过：人是万物的尺度。同样，人也是文稿的尺度，长短由人说了算。

这里的人，主要是两类：

一类是指审定或使用文稿的单位领导，篇幅长短要考虑领导对文稿的要求。

另一类是文稿的最终受众，考虑这部分群体的感受。

总之，要因人而异，该长则长，该短则短。

2. "减肥"不等于"胖了再减"

一些人写文章，没有提前预防"肥胖"的意识，非得等到"发了福"，胖得不行了再来减。这种心态，就像生活中的一些人，没有发福时肆无忌惮地吃、吃、吃，等到身体变了形才发现问题的严重性这时再来减就难了。写文章最好不要这样，应该防患于未然，把功夫下在前头提高减肥的预见性。

提高减肥的预见性，应做到四点。

（1）提纲设计宜简不宜繁

文稿写作发轫于构思，通过构思提炼主旨，擘画蓝图，形成写作的总体设计方案——提纲。因此，要预防"肥胖"就要打好"预防针"，从构思抓起、从提纲上控制，提前注入简洁的"基因"。怎么做呢？就是在确定主题时分清主次、有所取舍，抓住一个核心，突出最想解决的问题、最想说明的事情、最想突出的观点，不搞面面俱到。

（2）材料选择宜精不宜杂

仅靠设计"瘦身"是不够的，还要靠材料的控制。如何控制？方法就是在写作时选好"建筑材料"和"工艺方法"，并做好"成本控制"和"质量控制"，以节约写作成本，让写作更"经济"。一方面，要精心挑选好、加工好、使用好素材，让"食材"更精致、食用有节制。另一方面，尽量用最少文字表达最多信息，也就是所谓的"言简意赅"了。

（3）文字表述上宜直不宜曲

文稿的表述方式有曲与直之分，曲笔复杂，直笔简约。我的建议是，尽量用直笔，在提出问题、分析问题、解决问题中把脉络贯通，一气呵成，不要横生枝节；开头最好直截了当、一针见血，不绕弯子；结尾收束要干净利落，言尽则止，切忌穿长靴。

（4）修改校对宜严不宜宽

修改好比是工程质量监理机制，对文稿进行检查、纠偏，以保证文字产品的质量。修改有两种：一种是过程中的修改，一种是初稿出来后的整体修改。不管哪一种，都建议有"对标思维"，按照前期的设计方案照"镜子"，从主题、结构、材料和语言全面入手、系统诊断、严格控制好篇幅。

3. "减肥"不等于"只减字句"

有些人以为，文稿之所以"胖"，无非就是冗词赘句太多，因而"减肥"理所当然地就是删减文字了。这种认识虽然看到了文稿的文字要素，却忽视了主题、结构、材料和表述方法等核心要素缺乏系统性。事实上，一篇文章就是一个文字生态系统，这个系统由不同要素组成，想改变它，需要系统思维、综合施策。

具体来说，应该从四方面入手。

（1）立意上求纯

意犹帅也，立意统领文稿的结构安排、材料选用和语言表述，对篇幅有诱导作用。所以在选题立意时尽量做到主旨单一、切口适中、主干突出、脉络通畅，不要想面面俱到、事事照顾。一旦你什么都想讲，那篇幅自然就短不了。

（2）结构上求简

结构是文章的骨架，直接划定了文稿的边界和规模，对篇幅有决定作用。所以在设计提纲时，就要坚持简约的理念，控制住提纲的规模，横向分点和纵向分层不宜过多，不能层层嵌套、叠床架屋，像开中药铺。一旦文稿的层级多了，篇幅就很难短下来。

（3）材料上求精

材料是文稿的直接组成构件，它的精细程度对文章很重要。所以在拣选材料时，务必要精挑细选，不要贪多；加工材料时，要精雕细琢，不要偷懒；使用材料时，要精打细算，不要浪费，能用一个说清的，绝不用两个。

（4）语句上求短

语言是文稿的细胞，是文稿的最小组成单元。所以在表述时尽量使用简洁凝练的语言，尽量用单句、短句，少用复句，慎用长句，也可酌情采用缩略语或简称，做到简洁明快、精练不繁。

4. "减肥"不等于"只做减法"

有些人以为，"减肥"的方法主要是删繁就简，以做"减"法为主，这是片面的观点。因为文稿"发福"的原因是多方面的，并非仅仅是"文字多了"这么简单，故而仅凭"减"这一招半式难以奏效。

我的体会，有效的"减肥"应多管齐下。

（1）减

主要针对文稿中的冗词赘句。按照前人的说法，对于那些可有可无的东西，要竭力删掉，毫不可惜；对于准确性不足的材料和观点，果断斧削。

（2）并

主要是用来合并同类项。因为文稿的层次或段落之间难免会有些事例、观点、语言或数据交叉重复，一旦如果发现这种情况，大胆归并。

（3）炼

如果遇到文稿的观点、素材和文字不明确、不简洁、不凝练，怎么办？我的建议是，概括提炼，使之由散而聚、由多而少、由粗而精。

（4）换

有时文稿的素材的权威性、典型性、精练性有所欠缺，既不好归并，也不宜删除，怎么办？当然不是简单地一删了之，最好的办法就是调换，回到素材库里重新挑选妥当的素材将之替换掉。

（5）补

古人说："天之道损有余而补不足"。给文稿"减肥"也是一样的道理，不仅做"减法"，还做"加法"，既要"减肥"还要"强身"，既敢于删除多余内容，当遇到不充实的内容，该补的就要补，这样才能让文稿更加丰满。

第24课　切莫头痛医头、脚痛医脚

——文稿篇幅"系统论"

写作的技巧，其实并不是写作的技巧，而是删掉写得不好的地方的技巧。

——契诃夫

📖 本课导读

本课是"瘦身三部曲"第二篇，发表于《应用写作》2019 年第 10 期，原名《怎样让文稿"瘦"下来》，从整体上给出瘦身策略。有人说，精简无非是写好后做"减法"，把多余字词删掉罢了。这话乍听没问题，实际不全面、不系统，还缺乏超前性，因为他们只关注某个环节和要素。事实上文稿是一个文字生态系统，这可从三个方面来理解：其一，它由字、词、句、段等文字单元组成，每个单元之间环环相扣，形成一个文字系统。其二，文稿由主题、结构、材料、语言、修辞等要素组成，并按特定逻辑关系组成一个表意系统。其三，写作不光是"写"这么简单，而是领会—构思—写作—修改—校对等一套动作的组合，是系统工程。基于以上三点，不能孤立地理解写作，精简文稿也必须有系统思维，力求从整体上解决。本课摒弃了"头痛医头、脚痛医脚"的思维，立足于写作全过程、全要素，防患于未然，是系统思维体现。

📋 本课核心观点

- 立意构思时主旨像小孩一样单纯
- 谋篇布局时结构像板凳一样简洁
- 选材用材时标准像挑刺一样严苛
- 叙事说理时笔法像打针一样直白
- 遣词造句时语言像钢铁一样精练

任何一篇文稿都是一个文字的生态系统。

所以解决好"瘦身"问题，必须有系统思维，从写作过程来考虑，在写作的前端即开始考虑，并在写作全过程进行控制；从文稿的构成要素来考虑，对全部要素进行管理。唯有如此，才能从源头上全方位保证文稿不"发福"，始终保持"苗条的身材"。

本课主要讲控制文稿篇幅的五个过程、五大要素。

1. 立意构思时主旨像小孩一样单纯

所谓"意在笔先"，意味着苗条身材得从立意开始管起，因为立意是文稿的主帅，直接决定了谋篇布局、材料选择和遣词造句的方式。当然，也直接影响到文稿篇幅。因此只有把立意搞定了，身材才管控得住。

怎样让立意构思"单纯"一点？建议做到以下三点。

（1）一篇文稿一个中心

简单地说，就是一事一文、一篇一旨。有的同志经常在这个问题上纠结，总觉得多包含几层意思是好事情。殊不知，这是写文稿最忌讳的，因为这样很容易把篇幅撑大了。

一篇简洁的文稿，应该紧扣最想解决的问题、最想说明的事情、最想突出的观点来选题。比如，邓小平在 1978 年底中共中央工作会议闭幕会上的讲话，他说："今天，我主要讲一个问题，就是解放思想，开动脑筋，实事求是，团结一致向前看。"你看，这个讲话的意图很简单，就是"如何解放思想、实事求是"。

（2）鲜明地提出自己的观点

有些文稿写得太长，究其原因就是观点不鲜明、不直接。

比如，有些人写通知，开头非得写写意图、背景、依据、过程，引用一大串文件名，这样精神、那样指示，绕半天到不了正文上，光开头就能写三五百字。也有的人表达观点时旗帜一点都不鲜明，表达得不直爽，很难直接看出他赞成什么、反对什么，通篇含糊其辞，顾左右而言他，模棱两可，字倒是堆了一大堆，实际上多是废话。

这里给大家讲两个故事：

明朝开国皇帝朱元璋对文书工作有严格要求，严禁繁文就是其中之一。洪武九年十二月，刑部主事茹太素给朱元璋呈递一份陈时务书，长达一万七千字，共谈五件事。朱元璋命中书郎中王敏读给他听，读到六千三百七十字还没有接触到正题，朱元璋大怒，叫人把茹太素打了一顿。第二天半夜里，叫人再读，直到一万六千五百字，才接触到所谈的五件事，其中四件事可行。为此，朱元璋命令订立上书陈言格式，繁文违式者罪之，并亲自写了序言。

法国著名雕塑家罗丹完成一座雕像后，就请学生来欣赏，学生们对作品赞叹不已，尤其是对雕像胸前那双漂亮的手印象深刻。罗丹听了以后，很失望，拿起斧头就砍掉了雕像的双手。学生不解，问他为什么，他说：正是这双手过于引人注目，扰乱了我要表达的主题，只有把它砍掉，才能凸显主题。

这两个故事告诉我们，公文写作中，表达要单纯，剔除多余的东西。懂得"显旨"，是控制篇幅的有效手段。

（3）尝试以小切口作大文章

有些文稿篇幅控制不住，不是语言不够精练，也不是材料选用太多，而是切口太大了。因为切口大，概念的外延就大，写的东西就多。

举个例子来说：

假如要写一个分析报告，主题是工业发展，如果切口不加以限制，着眼于整个工业来写，题目定为《关于某地工业发展的分析报告》，开口就很大，文稿体量一定小不了。如果缩小成"制造业"，定为《关于某地制造业发展的分析报告》，面就没那么大了，不用去考虑采矿业、电力、热力、燃气及水生产和供应业方面的问题，内容自然就少了许多。

如果再缩小一点，定为《关于某地制造业发展的问题分析报告》，那切口就更小了，只专注于制造业存在的问题、原因、对策即可，报告可能就会是个短小精悍的报告。

所以，写作者要根据需要，适当确定主题大小，不能一味求大。只要把意图表达清楚就行了，不要求全责备。例如，毛泽东在八届七中全会上的讲话："别的事我不讲，只讲工作方法，现在的中心问题是工作方法，要会做工作。"这就是一个小切口大文章的典范。

2. 谋篇布局时结构像板凳一样简洁

写文章和盖房子一样，结构设计决定了建筑体量大小，所以，想管理好"身材"，还要从谋篇布局上下功夫。

一篇文稿篇幅的长短，其实从谋篇布局就定下了，如果不防患于未然，大概率会把文稿写得很臃肿。因此，在设计"骨架"时，一定要简洁明了不复杂，就像以前农村常见的长条板凳，结构简单，受力均匀，稳当。

所以，设计结构时建议避免三个误区。

（1）切忌面面俱到，生怕漏了什么

很多人写文稿很累，写出来的东西也很长，就是有照顾心理，什么问题都想兼顾，生怕漏掉什么似的。精简的文稿，设计时一定要敢于抓大放小，不搞面面俱到。

写到这里，让我想起管理学上的"二八定律"，这个定律在写作上也是成立的。在影响事物发展的要素中，关键因素往往是少数，大约占20%，其余80%尽管是多数，却是次要的。回过头来思考写作，意味着，只要抓住了关键少数，分清表达的主次，一定能够用最少的文字把问题解决掉，完全不用担心有些东西不写进去事情就办不了。

毛泽东同志特别强调抓关键，他在1961年3月召开的中共中央工作会议上就讲到这一点，他说："今后不能搞那么多文件，要适当压缩，不要想在一个文件里什么问题都讲。为了全面，什么都讲，结果就是不解决问题。"这告诉我们，写文稿不要面面俱到，如果什么都讲，其实就如同什么都没讲，因为读者或听众不知道你最想解决的问题是什么。

（2）切忌多多益善，认为多写是水平

写得多，是水平的体现。这是有些人的错误认知。要知道，好文稿并非以字数来衡量的，真正的好文稿应惜墨如金，遵循"经济学原理"，讲求表达的效益。恰恰以最少笔墨表达最多信息的文稿才是最好的，至少，也是最有效益的。

我有个观点，写作应符合经济学规律。学过经济学的同志都知道，在产出一定的情况下，投入越少，效益越高！在这个效益的函数里，投入和效益是成反比的，控制投入量是提升效益的关键。把这个理论应用到写作中，如果把文字量当成"投入"，把所要表达的目标作为"产出"的话，那么，最有效率的表达方式无疑就是以最少文字表达最多信息。

怎么做到这一点？

我想至少应该把握三个原则：一是观点需讲则讲，不需讲最好不讲。二是素材当用则用，不必用的最好不用。三是能用一句话、一个段落表达清楚的，最好不要用两个。

（3）切忌层层嵌套，认为那样才系统

提纲写得太复杂，层层嵌套、叠床架屋，也是导致文稿"发福"的重要原因。事实上，精简的文稿纵向分层不宜过多。

如何做到这一点？

这就需要写作者在前期谋篇布局时做好"规划控制"，从一开始就保持骨架不臃肿。有一点很重要，就是尽量用文稿的内在逻辑来统领写作，能用一个层级说清楚的，尽量不用多个，因为层级多了，脉络容易乱，也容易横生枝节，进而弱化主干。

我见有些人写的提纲"一""（一）""1"还不过瘾，还要加上"（1）"甚至正文里还有"一是""二是"，四五个层级，如此叠床架屋，篇幅不大才怪。这对大型学术研究而言还可以，但对公文来说是不行的。毕竟，行政资源是有限的，时间和精力也是有限的，把问题搞得那么复杂，既没必要，也不可能。

毛泽东反对这种做法，称之为"甲乙丙丁，开中药铺"，"是一种最低级、最幼稚、最庸俗的方法"，是党八股的一大"罪状"。今天，我们思考"瘦身"问题，这算是一个很好的思考维度了。

3. 选材用材时标准像挑刺一样严苛

材料是文章的"血肉"。

文章的身材是"清瘦"还是"臃肿"，很大程度上体现在"血肉"多少上。从这个意义上讲，"身材"管理问题，本质上是材料管理问题。

管理材料涉及方方面面，既有材料的搜集、存储，还有加工和使用。以我的体会，想管好材料，关键是扮演好三种角色，在"精"字上下功夫。

（1）像税吏一样，精挑细选、百般挑剔

茅盾先生对此有精辟的见解，他说："选用的时候，可就要像关卡的税吏似的百般挑剔了，整整一卡车的'货'，全要翻过身来，硬的要敲一敲，软的要捏一把，薄而成片的，还要对着阳光照了又照，一句话，用尽心力，总想找个把柄，便扣下来，不让过卡。"

高明的作者，在选材时应有百般挑剔的精神，把好入口这道关。因为只有如此，才能保证选择的材料典型、生动、可靠、权威。否则，搜罗了一大堆粗糙的材料，充其量只是为撑大篇幅制造可能性。

（2）像裁缝一样，对布料进行精心裁剪

一个有经验的写作者，不是说材料选好就万事大吉了，而要像裁缝一样，花功夫把布料裁剪好，才能顺利缝出合身的衣服。

裁剪目的有四个：一是使材料由宽而窄；二是使材料由繁而简；三是使材料由粗而精；四是使材料由厚而薄。总之，就是变得精练好用。

剪裁的方法也有四种：一是归纳合并，把同一类别的材料归纳整合；二是去粗取精，删除细枝末节和冗词赘句；三是概括提炼，形成材料的核心观点；四是深度开发，挖掘材料背后的隐藏价值。这四种方法可以根据需要分别使用，也可以多种方法配合使用。

（3）像月老一样，在配对上精打细算

在使用材料时，得克制，这是确保文章篇幅不"发福"的心理机制。这和吃饭是一个道理，当一个人面对一桌山珍海味时，如果他不懂得克制，就会图口舌之快，大快朵颐，吃个十五分饱；如果他懂得克制，就能挣脱欲望的控制，看菜吃饭、按需取材、适可而止，吃个七八分饱就行了，而不是把所有美食一举"消灭"。结果是可以预测的，懂得克制的人自然能保持苗条的身材，反之则必然发胖。

如何克制，把握用材的度呢？需注意两点：

一看材料和观点是否统一，这解决的是"必不必要"的问题。我觉得，用材料就像月老牵线说媒，关键看双方是否对得上眼，两相都情愿，否则无论单方看起来有多好，在一起也是不合适的。

二看问题表达清楚与否，这解决的是"度"的问题。不管任何问题，只要现有的材料已经足以说清楚就行了，能用一个材料说清的，最好不要用两个。这叫"纵有弱水三千，我只取一瓢饮"。

4. 叙事说理时笔法像打针一样直白

用什么样的笔法，对文章"身材"的管理也是很关键的。一般说来，笔法有"直""曲"之分，直笔能一针见血，直截了当；曲笔"千呼万唤始出来，犹抱琵琶半遮面"，迟迟入不了题。

在具体写作时，怎样才能"直白"？建议有三点。

（1）开门见山，不绕"弯子"

所谓不绕"弯子"，就是交代背景、陈述依据、描述过程要简略，最好直截了当，开篇破题。

中共中央在 1951 年就专门发出指示明确要求："一切较长的文电，均应开门见山，首先提出要点，即于开端处，先用极简要文句，说明全文的目的或结论。"这个要求与国际著名咨询公司麦肯锡"金字塔原理"一样，就是"结论先行、以上统下、归类分组、逻辑递进"，让人一目了然。

毛泽东在《中国社会各阶级的分析》中就践行了这个要求，文章开篇就摆出观点："谁是我们的敌人？谁是我们的朋友？这个问题是革命的首要问题。"让读者第一眼就领会了文章主旨。

（2）主线贯底，不分"叉子"

所谓不分"叉子"，就是笔墨不要游离于文章主线之外。

这个问题可从三方面来理解：一是紧紧围绕主线来表述，提出问题、分析问题、解决问题，内在逻辑要连贯。二是先讲什么、后讲什么，有条不紊地展开；三是全篇的起承转合，衔接要自然、过渡要顺滑，环环相扣。

仍以《中国社会各阶级的分析》为例，整篇文章始终围绕"提出问题—分析问题—解决问题"这条线展开，开篇提出问题，接着分析社会各阶层的情况，最后得出结论。通篇文章脉络清晰，没有横生枝蔓。

（3）意尽则止，不留"辫子"

所谓不留"辫子"，就是叙述情况、说明问题、论述观点时，要收得住，意尽则止、辞达则已，不拖泥带水。

毛泽东、邓小平的文章就具备这个特点，比如《组织起来》《纪念白求恩》《为人民服务》《愚公移山》《解放思想，实事求是，团结一致向前看》等文章，把问题讲清楚了就结束，干净利落，从不纠缠。

5. 遣词造句时语言像钢铁一样精练

语言是文章的"细胞"。

文章的"身材胖瘦"，归根结底就是文字的多少。一般说来，不管什么事物，若想让数量变少，最直接的办法就是"做减法"，让数量少下来。同样的道理，让文章身材变得苗条清瘦，"减法"是最直接的方法，能迅速"燃烧"掉多余"卡路里"，产生立竿见影的效果，正所谓"削尽冗繁留清瘦"。

为便于大家做好"减法"，我归纳了四条经验。

（1）尽量删除可有可无的词句

文章写好后，尽量锤炼语言，大胆删除那些重复多余的词句、不准确或不得体的语言、没有实际意义的空话套话。按鲁迅先生的说法："文章写完以后至少要看两遍，竭力将可有可无的字句段删去，毫不可惜。"

这个过程就如同洗衣服，洗好后反复拧，反复晒，去除多余水分。也好比煮饭前淘米，反复淘，尽量去除杂质。

有一则制鼓的歌诀，全文原有二十个字，"紧紧蒙张皮，密密钉上钉，天晴和落雨，打起一样音"。后来在传诵过程中，被人们改为"紧紧蒙，密密钉，晴和雨，一样音"十二个字，一个秀才在记载这则歌诀时，又删成八个字："紧蒙密钉，晴雨同音。"由二十个字改成八个字，仍不失原意。这说明，许多语句在不违背原意的前提下，完全可以再精练些。

（2）让语言简洁明快起来

任何文章，因为简洁，所以明快，简洁是形，明快是势。这一静一动，共同营造了文章的调性。

怎样才能简洁明快？

大致可从两方面入手：一是在炼词上，酌情使用缩略语或简称，这样可以减去不少字句；二是在用句上，尽可能用单句、短句，少用复句，慎用长句，尤其是复杂的"欧式长句"。

十九大报告使用了大量缩略词，如"五年来，我们统筹推进'五位一体'总体布局、协调推进'四个全面'战略布局，'十二五'规划胜利完成，'十三五'规划顺利实施，党和国家事业全面开创新局面"。这段话里连续用了四个缩略词，文约而事丰，起到了化繁为简、以少寓多的效果。同样，报告里大量使用单句、短句，如"人民有信仰，国家有力量，民族有希望"，简洁明快，给人以轻松愉悦之感。

（3）保持语言修辞的克制

所谓克制，即在写作时不滥用语句。如何做到这一点？关键有四点：一是抒情要慎重；二是修辞要恰当；三是叙事要直白；四是语言要简洁。

我们来看一个例子：一位刚参加工作的学生第一次写年度总结，一开头他就这样写："'嘀嗒'！'嘀嗒'！时间如白驹过隙，一年的时间在转瞬间消失了，这一年中，在党的改革、开放方针的指引下……我厂面向辽阔奔腾的大渤海，背靠日夜火车如梭的京山铁路大动脉，紧把着首都、天津的大门口……"。这就是不恰当地运用了文学的修辞手法，用写小说散文的手法来写总结，显然是不合适的。当然，公文里也不是说不能修辞，必要的修辞还是要的，但要适度恰当。

什么叫恰当？

就拿排比来说，需要注意两点：一是从修辞的初心讲，不能为了排比而排比，无端堆砌辞藻，以文害义。二是从修辞的形式讲，排比的数量也要适当，不能排得太多。

多少叫不太多？

我的观点是三到四个为宜。比如："改革开放 40 年来，从开启新时期到跨入新世纪，从站上新起点到进入新时代，40 年风雨同舟，40 年披荆斩棘，40 年砥砺奋进，我们党引领人民绘就了一幅波澜壮阔、气势恢宏的历史画卷，谱写了一曲感天动地、气壮山河的奋斗赞歌。"这段话连续用了三个"40 年……"的短语，形成排比，不多也不少，恰到好处。

（4）学习"数学式"的表述方法

数学是一种趋于无限简洁的语言符号，数学式的表达方法简洁、明了对控制篇幅十分有用。

怎么运用这种方法？

关键就是把握有效的叙述、说明和议论方法，尽量使用综合、归纳、概括等方法。比如，对交叉内容进行归纳，对繁杂材料进行概括，对零散情况进行综合，对空泛观点进行提炼。如，"概括起来说，民营经济具有'五六七八九'的特征，即贡献了50%以上的税收，60%以上的国内生产总值，70%以上的技术创新成果，80%以上的城镇劳动就业，90%以上的企业数量。"把复杂的情况用"五六七八九"几个数字就说得清清楚楚，如果没有归纳概括，是很难达到这种效果的。

第25课　心中有尺度，笔下才有限度

——文稿篇幅"控制论"

一篇作品字数的多少，本来不能硬性规定，有话即长，无话则短。但话有精练与啰唆之别。与其啰唆而长，毋宁精简精练而短。

——茅盾

📝 本课导读

本课是"瘦身三部曲"第三篇，载于《应用写作》2019年第12期，原名《量准文稿"身材"的四把尺子》，谈如何把握文章的篇幅问题。从整体与局部的关系讲，文稿的整体篇幅是每个段落、层次或具体观点的"体量"构成的，受这些"文字单元"的繁简详略程度影响。所以，控制文稿篇幅，说到底还是控制每个"文字单元"的详略，倘若每个具体问题都言简意赅了，文章篇幅自然就简短了。问题是，怎么控制每个单元的繁简详略？这是个灵活的问题，因为所谓繁简详略是相对而言的，没有绝对的界定，正如前文谈到的，公文写作是多因素度量的结果，有很强的相对性、灵活性。写作过程如同解数学题，在底层遵守着数学函数 $y=f(x)$ 规律，写法随人、文、物、事、时等变量变化，表述的繁简详略也遵循这个逻辑。因此，我借鉴了控制论的观点，提出了四个控制维度，帮大家有效控制文稿篇幅。

📖 本课核心观点

◆ 以人为尺

◆ 以事为尺

◆ 以文为尺

◆ 以时为尺

很多人一直在纠结稿子是短一点好，还是长一点好。

有人说越短越好，那样简洁，效率高；有人说长一点才好，那样显得实，能把问题说细、说透。于是，大家就困惑了、焦虑了，不知咋办。

事实上，长和短不能一概而论，因为在公文的世界里，没有放诸四海皆准的标准，只有特定场景里最"贴心"的篇幅。长与短不能靠某个权威写作大家敲定，也不能靠某种权威标准、规范来确定，只能在变动不居的写作场景中，紧扣影响写作的变量，用特定的尺度来控制。

这就产生了两个问题：一是影响写作的变量有哪些？二是写作过程中如何把握这些变量？

关于第一个问题，影响写作的变量大致有四种，即与写作相关的人、写作要表达的事情、与写作相关的时间、文种类型。不同的人，不同的事，不同时间，不同文种，篇幅会表现出极大差异性，可谓千文千面、不拘一格。

至于第二个问题，针对以上四种变量，我量身定制了四把"标尺"（人、事、文、时），作为度量篇幅长短的"度量衡"。在此基础上，我总结了一套文稿篇幅"控制论"，供大家参考。

说到控制论，大家都知道它是 20 世纪的伟大科学理论之一，由美国数学家罗伯特·维纳 1948 年提出。它是一门研究生命体、机器和组织内部或彼此之间控制和通讯一般规律的科学，在工程、生物、经济、社会等自然科学和社会科学领域都有广泛应用。

所谓控制，就是为了改善某个或某些受控对象的功能或发展，需要获得并使用信息，以这种信息为基础而进行通信并作用于对象。这话很学术，不易理解，通俗地说就是不同的人和事物之间通过某种方式交换信息，不断反馈信息、纠正偏差，循环往复以致系统自洽的过程。

人类社会有很多领域都离不开控制，包括自然生态在内的系统，从建构那一天开始，就得通过信息传递获得反馈，并以特定方式纠偏，通过纠偏而进化，进而达到整个系统运作逻辑的自洽。即便像建构一个由不同文字模块组成的文字系统——文章，同样可以从控制论中获得解释。

就拿"篇幅长短"这个问题来说，写作者在创作过程中，就得从不同维度与外界进行信息交换，进而获得反馈，纠正偏差，最终确定篇幅长短，这俨然就是一个系统优化控制过程。

当大家拿不准篇幅长好还是短好时，不妨用下面这"四把尺子"控制文章篇幅。

1. 以人为尺

古希腊哲学家普罗泰戈拉有句名言："人是万物的尺度，存在时万物存在，不存在时万物不存在。"在文稿写作中，人是主导因素，是篇幅的尺度，文稿篇幅的确定，关键在人。

对公文而言，决定篇幅的人来自两方面。

（1）来自内部审签者

审签者是文稿的"初级消费者"，对文稿有正向塑造作用，甚至有最终决定权。怎么与审签者交换信息？最明智的就是提前掌握审签者的"消费需求"，比如，对讲话稿而言，应围绕领导要求、职务特征、目的意图、风格特点来写。

再以发言材料为例，若下级向上级汇报工作，一般直奔主题，要言不烦，讲结果，讲成效；若上级安排工作，则可以适当展开，从谈认识、讲思路，到讲方法、提要求，既体现思想性，还体现可操作性。即便是同一个场合的材料，意图不同，各部分的繁简详略也不同。若是为了展示成绩，稿子应尽量少谈认识，多讲成绩；若是研究工作，则要少谈成绩，多讲下一步如何做、具体措施是什么；若是请求解决问题，则要多讲事由、请求事项，少讲道理。

（2）来自外部接受者

即文稿的受众，受众是文稿的"终极消费者"，对文稿有"逆向塑造"作用。如何与他们交换信息？重点是看受众喜欢听什么、密切关注什么。

仍以发言材料为例，主要有三方面考虑。

一是考虑受众的时间宽裕度。若时间相对充裕，可以适当增加内容和篇幅，越是全面系统和透彻，效果越好；若时间紧迫，就要控制篇幅，越简短越好。

二是考虑受众的工作熟悉度。如果对方对情况不太熟悉，可以考虑增加篇幅，把工作的来龙去脉、基本情况作适当铺垫，然后再切入正题；如果对方对情况已经很熟悉了，则要开门见山、直陈其要，不绕弯子。

三是考虑受众的风格特点。比如性格特征、兴趣爱好、思维习惯、知识背景，以及工作履历等，己所不欲，勿施于人，主动考虑对方感受，对方喜闻乐见的事情多写，对方不想了解的事情最好不写。

正是基于这个洞察，毛泽东才说："想一想自己的文章、演说、谈话、写字是给什么人看、给什么人听的。"这就是所谓的"用户思维"，根据用户的需求来设计篇幅长短。

2. 以事为尺

文稿是客观事物的反映，随客观事物变化而变化。篇幅长短要服从内容需要，根据文章所写事情的复杂程度来控制。

怎么控制？需要把握五条原则。

（1）多则长，寡则短

比如，一个科室的工作总结，一两千字就可以说清楚；一个单位的总结则不然，涉及面广，方方面面都要兼顾，没有几千字下不来。所以，长和短要看所写内容的多少。

（2）实则长，虚则短

对于言之有物的真材实料、言之有理的真知灼见、言之有情的肺腑之言，可以深入细致地分析，反之就尽量从简，甚至略而不谈。

（3）难则长，易则短

对于背景复杂、涉及面广、解决难度大的问题，可多分几个层次、多换几个角度，对于相对简单、容易理解的问题，可概括性地表达，只要让人看懂就可以了。

（4）重则长，轻则短

对于重点、难点、亮点，以及各方关注的焦点、热点，事关全局、影响深远和意义重大的问题，浓墨重彩地写，无关紧要的问题一笔带过也是可以的。

（5）新则长，旧则短

对于新情况、新问题，解决问题的新措施、新方法，取得的新成绩、新进展，有必要重点写、详细写，而众所周知、老生常谈的情况，就不要过度展开。

3. 以文为尺

俗话说：像不像、三分样。写好一篇文稿，需量"体"裁衣，让形式符合文体特征，让人一看就觉得"应该是这个样子"。这里所谓的"体"，就是文种、体例，如《党政机关公文处理工作条例》规定的 15 种公文就各有各的体例范式，篇幅上差别很大。

如何量？看两方面情况。

（1）文种类型

不同文种有不同特点，有不同表述方式。有些文种结构简单、语言简洁、篇幅简短，如请示、批复、命令，字数多的几百字，少的只有十来个字。比如，1954年毛泽东在第一届全国人民代表大会第一次会议开幕式上的致辞，仅660余字，精练至极，堪称学习的经典文本。而一些综合性文稿，如讲话稿、工作报告则不然，结构相对复杂，涉及方方面面，字数少的一两千字，多的上万字。比如，党的十九大报告，全文共十三个部分，长达32000多字，篇幅非常宏大，绝非通知、批复等文稿可比。

（2）篇章结构

文稿内部有各种表意模块，有的用来谈认识、谈理念、讲意义，有的用来讲措施、讲方法、提要求，有的讲面上，有的说点上，模块不同，表述要求也是不同的。比如，起草工作指导意见，对于目标、任务、措施、要求等核心板块，一般要写深写细，不厌其精、不厌其实。而对于认识、思路、原则等板块则不用过度展开，点到为止即可。对于点上的情况，可以详尽一些。对于面上的概括，则要尽量归纳概括、抽象简洁。

4. 以时为尺

文章的篇幅到底怎么控制？最好是审时度势，把文稿放到具体的"时间"背景下考虑，做到因"时"而变，根据时代背景和时间要求控制篇幅。

"时"是什么？可从两方面理解。

（1）宏观之时

即时代、时期，属于写作的大背景。表现在两方面。

一是时代条件。比方说，科技水平、社会环境等，一定程度上会影响写作。现在信息技术发达，写作场景已然发生变化，不再是用毛笔书写，而是在键盘上敲打，然后手指一点，打印机上就能打出来，二者的书写效率有霄壤之别。另外，当今可用的写作素材越来越丰富，获取也越来越便捷，所以写作篇幅完全可以长一点，技术上完全没问题。在古代则办不到，一没电脑，二没网络，不仅书写成本高，关键是效率低，所以写作不得不追求简约，如曾巩在《南齐书目录序》就说："号令之所布，法度之所设，其言至约，其体至备。"那是技术条件限制了篇幅，也是没办法的事情。

二是时代背景。好文章要体现时代性，所谓"文章合为时而著，歌诗合为事而作"就是这个意思。1942 年，毛泽东在延安干部会上讲："现在是在战争的时期，我们应该研究一下文章怎样写得短些，写得精粹些。……文章太长了，有谁来看呢？"换言之，如果是和平时期，篇幅长一点也不是不可以。

（2）微观之时

可理解为具体时间，如小时、分、秒等，属于写作的具体约束性条件。拿汇报材料来说，表现在两方面：

一方面是"时间有限"。比如汇报时长规定为 10 分钟，讲得复杂了会超时，挤占别人的发言时间；讲得简略了，时间用不完，浪费了可惜。这就需要写作者把握好这个度，充分考虑时间的因素，做到看菜吃饭，根据时间长短来确定篇幅长短。

一方面是"事情紧急"。比方说，一个地方发生了自然灾害或安全事件，你要第一时间向上级汇报事件情况。怎么写？这种汇报稿就要简明扼要，不纠结细枝末节，让上级在最短时间内把握实情、快速决策。若是事情不紧急，汇报稿就可以适当增加篇幅，把工作汇报得尽量详尽一些。

第四篇

修炼

人在事上磨，文从心里走

磨砺心智的另一种有效方式是写作。

——史蒂芬·柯维

　　写作力不是"一种"能力，而是多种能力的"化合物"，是个复杂的能力系统，因此精进写作力要有系统思维，要从多个维度综合修炼，学习力、思维力、语言力、创新力、意志力、道德力，一样都不能少。

　　本篇围绕"如何修炼"讲 11 个问题：

◆ 修炼项目：笔杆子的"6 项修炼"

◆ 内功心法：笔杆子的长期主义复利

◆ 战斗意志：笔杆子也要有"亮剑精神"

◆ 学习机制：笔杆子精进的"8 大机制"

◆ 复盘思维：写作要有"复盘思维"

◆ 执着态度：一篇文章 6 次构思复盘

◆ 实战经验：从实战中复盘的 3 点经验

◆ 激发灵感：如何在写作中激发灵感？

◆ 实战技法：应景讲话的 5 个特点和 6 个诀窍

◆ 写作实例：发现工作亮点的"4 只眼睛"

◆ 写作实例：一次课后感言引出的 5 点感受

写作力是多种能力的"化合物"

——笔杆子的"6项修炼"

第26课

磨砺心智的另一种有效方式是写作。通过不断记录自己的想法、经历、深刻见解和学习心得，我们的思路就会更加明晰、准确和连贯。如果能够在写信的时候与他人深入交流思想、感受和理念，而不是肤浅地停留在事物表面，也有助于我们提高思考、推理和获得他人理解的能力。

——斯蒂芬·科维

📖 本课导读

本课是受 2019 年奥斯卡最佳纪录片《徒手攀岩》的启发而写。该片记录了一位叫 Alex Honnold 的美国职业攀岩运动员徒手攀岩的过程。片中的悬崖叫酋长岩，是地球表面最大的单体花岗岩，坐落于美国加利福尼亚州约赛米蒂国家公园内，岩石高 3000 英尺（约合 914 米），比迪拜哈利法塔还高约 86 米。当然，打开我脑洞的不是岩石的高耸陡峭，而是 Alex 的攀岩方式。在攀岩过程中，Alex 没有任何辅助工具和保护措施，完全靠手指和脚尖着力，在近乎笔直的悬崖上艰难攀爬，最后到达顶点。这简直就是在"玩命"，一旦掉下去，必定粉身碎骨，然而 Alex 却能心平气和，泰然处之，顺利完成挑战。他是如何做到的？看完片子，我明白了。为了这次攀爬，Alex 准备了八年，这期间，他攀爬了无数悬崖，光酋长岩就爬了 60 次，一遍遍反复练习，考察线路、记录细节、适应环境、制定攀爬方案，从技术、心理、体能各方面作了刻苦训练。回想公文写作，其实很像攀岩，"写作力"的提升也是一场漫长的身心修炼，是对意志力、道德力、学习力、思考力、表达力、创造力的综合考验。本课基于这样的跨界思考，提出了"写作力"的六种修炼模式。

📖 本课核心观点

- 学习力修炼
- 思维力修炼
- 语言力修炼
- 创新力修炼
- 意志力修炼
- 道德力修炼

什么是写作力？如何提升写作力？

这是笔杆子普遍关心的问题。

按系统论观点，任何事物都是一个系统，都有特定要素、结构和功能。在此理论框架下，必须把写作力的组成要素、结构机理搞清，将之拆解为若干"子能力"来审视，方能真正理解其本质和内涵。

我理解，写作力是结构化的能力，它不是"一种"能力，而是"多种"能力的综合集成。

别小看这种洞察的意义，很多初学者正是不懂这一点，才常常感到迷茫，不知如何提升，不知从哪里练起。理论和实践表明：文字工作需要相当的学习力、思维力、语言力、创新力、意志力和道德力，这六种能力有机构成了整体的写作力。举个例子，我们说一个人能力强，往往会从研究思考能力、语言表达能力、组织协调能力等多方面细化论证，这些"子能力"合起来就构成了这个人的"综合能力"。我想，对于写作力的论证，大致也是这个逻辑。

明白了这一层，如何提升写作力这个问题就容易了。建议是：精进写作力，不能笼统对待，眉毛胡子一把抓，也不能偏执一面，走入某个死胡同。

具体说来，要像练武者一样，眼耳鼻舌身意，方方面面都要练，学习力、思维力、语言力、创新力、意志力、道德力六项修炼每一项都不能落下。

1. 学习力修炼

学习是写作的活水源头。

朱熹有诗云："半亩方塘一鉴开，天光云影共徘徊。问渠哪得清如许，为有源头活水来。"我想，若把写作力比喻为"半亩方塘"，那学习力无疑就是"源头活水"，一个从事写作的人，若没有源头活水的持续灌注，哪怕你才高八斗，也有"江郎才尽"的一天。任何写作都是从学习之源流出的绵绵细流，若不学习，源头就断了，写作之河流着流着就干涸了。

怎样修炼学习力？建议有五条。

（1）在读书中获得理论

这需要养成读书的习惯，掌握读书的方法，有针对性地选取一些写作书籍和业务书籍来读，从中汲取写作的理论知识，打开知识的理论源头。历史学家吴晗说："要想做学问，就要多读、多抄、多写。除此之外，没有什么秘诀。"

（2）在文件中洞见门道

常言道：内行看门道，外行看热闹。学会从专业的视角去阅读文件，带着问题去看，看人家怎么分析问题、解决问题，找出其中的规律。

（3）在调研中收集资料

既要善于深入一线收集第一手资料，也要学会利用网络的搜索引擎或学术数据库，多渠道快速收集目标素材，积累"下锅的米"。马克思为写《资本论》，阅读和摘抄的书籍多达 1500 种以上。俄国作家果戈观在上学时期有一本 147 页的大笔记本，内容包罗万象。

（4）在记录中沉淀语言

好记性不如烂笔头。但凡遇见精到的观点或精妙的语言，千万不要迟疑，第一时间记到笔记本上，不方便时也可以先发到自己的微信里，待方便时再慢慢整理，这是我屡试不爽的好方法。

（5）在请教中获得灵感

公文写作也有一定的"创作"成分，创作就需要灵感的驱动。灵感怎么获取？最有效的方法是多交流。多与同行交流沟通，多听听别人的想法，是打开脑洞、获得启发的好法子，正所谓听君一席话，胜读十年书啊。

2. 思维力修炼

写作，本质上是一种思维活动的物化过程。

写作最终拼的是思维，"写"是"想"的顺势而为，想得清楚，才能写得明白。现实中，写作高手往往是思维力极强的人，通常是非常善于思考琢磨的人、思维灵活的人。事实上，经典文章的过人之处，就是思维力闪现出的思想力。

思维力可从五方面提升。

（1）悟道，悟透事物发展规律

一要悟为什么写，准确把握写作任务的来龙去脉，吃透写作的真实意图，摸清写作的必要性。

二要从全局上思考，该工作在本单位和区域内处于什么样的"重量级"，把工作放到全局的高度来审视和掂量，把握写作的重要性。

三要探求事物发展的基本规律，尽量梳理事物背后的底层逻辑，透过现象看本质。

四要站在一定的时空跨度上，综观历史上这类文稿是怎么写的、上级有哪些要求、兄弟单位有哪些值得借鉴等。

（2）研事，理清工作来龙去脉

一是站在时间维度，对一项工作的把握不仅要盯住现在的基本情况，还要看历史上取得的成绩，并且放眼未来，看未来发展的目标是什么，有哪些基本的规律和趋势。

二是站在空间维度，不仅要知道自己的情况如何，还要分析研究在兄弟单位中排名第几、在一定空间内是什么位置，站在问题构成维度把笼统的事物解剖开，看它由哪些板块构成、上下有哪些层次、重点是什么、特点是什么等。

（3）识人，以用户思维换位思考

一是吃透上情，重点看上级领导有什么要求，支持什么、反对什么，重视什么、关注什么，是什么个性、有什么样的思维习惯、喜欢什么样的文风等。

二是体察下情，掌握下级单位工作情况，哪些做得好、哪些做得不好，哪些问题基层可自行解决、哪些问题需要上级帮助。

三是感知民情，善于倾听群众呼声、关注各方诉求，写出群众的心里话，必要时还要听取群众的意见。

（4）用材，想想素材的来源用途

围绕写作的意图，思考素材从哪里来，用何种素材、用在哪里、用多少，在此基础上对材料进行甄别、筛选和加工，使之符合自己的写作需要。

一是问清三个问题：写什么、用什么、缺什么。写什么决定素材选择的范围，用什么决定素材的形式，缺什么决定搜集素材的渠道。

二是严格两项检查：对材料真实性、典型性、新颖性、实用性的"体检"，对材料来源渠道、相互关系的"政审"。

三是做好六种加工：阅读梳理，由粗到精；引申联想，由此及彼；立足全局，由点到面；阐幽发微，由表及里；挖掘创造，提炼加工；把脉时势，平中见奇。

（5）谋篇，对文章结构作出安排

一是立主题。主题明确了，文稿也就有了"主心骨"，真实的观点、真实的目的才跃然纸上。

二是分层次。分清篇章结构和各个层次，把握好观点之间、前后之间、主题与论点之间、论点与论据之间的内在联系。

三是顺逻辑。处理好各段落、层次之间的关系，分清是包含、并列，还是递进关系，分清轻重缓急，辨明先后顺序。

四是列提纲。从一级标题开始，逐层确定二级标题、三级标题。

3. 语言力修炼

语言是思想的外衣，是写作者手中的武器。

语言力是写作力最直观的表现。一个有深厚写作功力的人，必须有相当的语言驾驭能力，否则就写不顺畅，就像金庸小说里的段誉，尽管内功修为高，但驾驭不了，行走江湖时总被人欺负。写作者必须熟练掌握语言这种"武器"的使用方法。

写作力不是笼统的能力，语言力同样不是，可进一步拆解细分为：

（1）文字的吸引力

文字是思维的外衣，所有文字工作都为内容服务，所有思想都要文字来表现。唯有增强文字的吸引力，给人以有趣的阅读体验。

（2）过渡的连接力

任何文章都由句子、层次、段落等语言单位组装而成，不同语言单位之间必然有脉、意、气、势、形的差异，写作者必须在衔接方法上下功夫，粘连紧密才能体现整体性和流畅性。

（3）讲理的说服力

机关公文写作通常要论证问题的重要性、必要性、紧迫性以及措施的合理性，要能让人心服口服、心悦诚服，就得有充足的证据，给人以无可辩驳的合理性和正当性。

（4）思想的感染力

写作是语言的艺术，增强语言的艺术性，可以通过语言的调配而创造一种深切感动的力量，以此获得听者或读者的观点认同或情感共鸣，让大家听得进、记得住、传得开、用得上。

（5）结构的层次感

所谓层次感即有条不紊地表达，句与句、段与段、块与块之间排列组合体现出一定的规律和秩序，表达时围绕一定秩序展开文字，写出井然有序的文章。

（6）论证的逻辑性

德国哲学家黑格尔说过，"逻辑是一切思考的基础"。一篇文章顺不顺，关键看脉络清不清晰，而脉络的实质是逻辑，这要求写作者加强逻辑修养，遵循逻辑规律。

4. 创新力修炼

写作本身就是一种创造性活动，是一个从无到有的过程。

众所周知，写一篇好文章不难，难就难在篇篇都是好文章，特别是围绕同一主题写出创新的好文章更难，非有强大创新力加持不可。

创新的关键在思维，所以创造力的修炼得从思维入手。

（1）学会跨界，拆掉思维的"围墙"

敢于打破学科界限，将陌生的问题与众所周知的问题进行比较，找到共同的底层逻辑。这在本质上是类比思维。例如，有人借用中医"望闻问切""四诊"法总结其所在地精准脱贫的做法，用"牛顿力学三定律"来谈中德关系，这些都是跨界思维的运用。跨界思考，可以让思想更自由，写出来的文章别开生面、耐人寻味。

（2）戴上"放大镜"去思考问题

想写出有新意的文章，选题上就要讲究。通常的做法是，把主题聚焦到一个关键问题上，不求面面俱到。写作时，尽量做到从小点切入，小题大做、钩沉发微，把最闪光的东西展现出来。"用最小的面积惊人地集中了最大量的思想"，学会用一滴水来折射太阳的光辉，用一粒沙来探知世界的奥妙。

（3）眼中有面"多棱镜"，多向度观察世界

古诗云："横看成岭侧成峰，远近高低各不同。"说明客观事物是复杂的，多层次多侧面的，对同一事物，从不同角度去审视，就可获得不同认知。达·芬奇画蛋的故事家喻户晓，他努力从不同角度去画不同形态的蛋，画出的蛋没有两个是完全一样的。我们写经常性的文章，就好比画鸡蛋，只有从不同角度去画，才能常画常新。

（4）当个潮人，跟上时代的步伐

要想常写常新，写出不一样的精彩，还需要审时度势，把握时代的脉搏，跟上时代的步伐。具体说，就是要善于用敏锐的眼光捕捉新事物，接受新观点，并把这些新东西融入文稿，这样才能写出具有浓厚时代特征又富含新意的好文章。

5. 意志力修炼

写作是件苦差事，十分考验意志力。一篇文稿的"出炉"，往往经过反复"捶打""淬火"，少则数次，多则数十次，绞尽脑汁，"为伊消得人憔悴"。从这个意义上讲，在写作这场马拉松比赛中，最大的敌人就是自己，甚至可以说，写作力的较量实质上是意志力的较量。

对意志力的修炼，建议有四点。

（1）有敢于"亮剑"的勇气

古代剑客与对手狭路相逢，无论对手有多么强大，即便倒在对手剑下，也敢亮出宝剑，这就是"亮剑精神"。文字工作是一场没有硝烟的战争，常常会有狭路相逢的"遭遇战"、火着枪响的"闪电战"、旷日持久的"拉锯战"，无论任务多么艰巨，必须亮剑出鞘，果断投入战斗。

（2）能同寂寞交朋友

熬更守夜、加班加点是文字工作者的家常便饭，经常只有"一盏残灯伴夜长"，寂寞是写作者的朋友。因此接受寂寞、适应寂寞是一种境界，也是一门必修课。如何达到这种境界？王国维在《人间词话》里早就说了，先得有"独上高楼，望尽天涯路"的高远，其次是"衣带渐宽终不悔，为伊消得人憔悴"的执着，最后是"众里寻他千百度，蓦然回首，那人却在灯火阑珊处"的信念。

（3）当个精益求精的文字"工匠"

文字工作是精细活，哪怕一个标点符号都容不得半点马虎。这要求笔杆子

对自己的文字负责，精益求精不马虎，一字一句不苟且，如果没有工匠精神是做不到的。

（4）吃下别人吃不了的苦

文字工作者经常是"五加二""白加黑"，甚至像网上说的"996"，辛苦得很。这种"苦"，有写作本身的"清苦"，也有推敲琢磨的"痛苦"和孜孜不倦的"刻苦"。然而"吃得苦中苦，方为人上人"，这是常理，文字工作者就得吃别人吃不了的苦，才能尝到别人尝不到的甜。

6. 道德力修炼

我有个观点：干好工作，最终是在拼人品。

写材料也是这样，写作力的最底层就是道德力，是人品，是修为。人一旦有了道德，就有信念，有动力，就会用良心干活。

你看《士兵突击》里的许三多，不管如何，始终坚信"有意义就是好好活，好好活就是做有意义的事"。《阿甘正传》里的阿甘，总是坚持"Run，forrest，run!"。这就是人品，就是道德力的外露。纪录片《徒手攀岩》里的Alex，始终怀有向上的信仰和动力，每一次攀登都为了向上提升，最终完成了奇迹般的挑战（徒手登上酋长岩）。这些都是责任、信仰、精神、情怀，即道德力。

《延禧攻略》里，皇后乌拉那拉氏评价魏璎珞："这个女人非常有意思！不论干什么都能别出心裁、力争上游。在绣坊能绣出最出色的凤袍，在长春宫能哄得皇后最疼爱她，哪怕去刷马桶也能刷得与众不同，这种力争上游的劲儿让人佩服。"

笔杆子修炼道德力，不妨学学魏璎珞。

（1）不怨天尤人，力争上游

魏璎珞作为皇后身边光鲜亮丽的宫女，被罚到了辛者库刷马桶。面对如此大的落差，她却能在极短时间内调整好情绪，不但把马桶刷得干干净净，甚至还刷出了前所未有的新境界，别出心裁地用妙方去掉了马桶的臭味儿。

反观现实，一些人难免有小情绪、小抱怨，这也正常。但别忘了，怨天尤人者，天怨人嫌；牢骚满腹者，肠断肝伤。笔杆子应该学学魏璎珞，以平静的心态面对枯燥的写作，将文稿作为安身立命之本，苦练以文叙事、以文辅政、以文鼎新的能力，写出别人写不出的水平，练就别人拿不出的本事。

（2）不敷衍了事，精品至上

魏璎珞在绣房、长春宫、辛者库、圆明园、延禧宫，面对任务从不敷衍了事，总是别出心裁、追求精品，甚至不惜点灯熬油、割发刺绣、放血抄经。那股认真劲儿，让人动容诧异。

反观现实，一些人写材料总是一味敷衍应付，平时不努力学习，临时胡乱拼凑，不花工夫研究进展情况是否全面、经验做法是否准确、问题是否把得到位、形势是否研得科学、措施是否提得务实。不妨学学魏璎珞，树立精品意识，准确把握领导意图，在"细深快"上下功夫，做到掌握情况细、分析问题深、制订方案全、配套措施实、工作落实快，全方位完成好文稿写作任务。

（3）不投机取巧，肯下笨功

魏璎珞刚进长春宫时，其书法水平为零，运笔姿势不端，识文断字甚少，还经常被皇后、皇帝批评，但好在魏璎珞肯下笨功夫来练，其练习书法的场面几乎贯穿整个电视剧，后来水平精进不少。

现实中，一些人想找到公文写作诀窍，可就缺少研究的精神，粗浅浏览多、深度研习少，捧瓜看热闹多、挺膺深学少，微信里电脑里倒是收藏了很多好稿子好素材，书桌上摆了很多好资料好文章，就是不去深度钻研。不妨学学魏璎珞，把学习作为一种习惯，选一些好文章来精读、细研，持续下苦功夫、笨功夫。你要明白在写作之路上，永远只有日积月累，才能有所精进，写出高水平的文章来。

总之，写作力是一个复杂的能力系统，这种能力的修炼是系统工程。因此笔杆子写作力的精进要有系统思维，善于从多个维度综合修炼，既要修炼学习力、思维力、语言力，还要修炼创新力、意志力、道德力，这些能力一个都不能少。

第27课 使"寸劲"，求"寸进"

——笔杆子的长期主义复利

涓滴之水终可磨损大石，不是由于它的力量强大，而是由于昼夜不舍的滴坠。

——贝多芬

本课导读

近来，不少读者朋友加我微信，探讨写作感受。有朋友感慨地说："自己写了一两年后，仿佛遇到了天花板，水平提升太慢了，心里着急。"问我：有没有快速提升的方法？我说："每个人都会遇到能力的天花板，写公文也不例外，很正常，千万不能心急，得慢慢来。"不可否认，钻研方法、追求上进是件好事，我鼓励这样做，但不能急躁。有一次，我看电影《叶问》，看到咏春拳里的发力方式，很受启发，于是就以"寸劲"为题，写了这篇文章。通过本课，希望你相信，你的努力在长期主义的复利下，一定会积累成奇迹。

本课核心观点

- 何为"寸劲"？
- 寸劲给写作的 3 点启示
- 如何使"寸劲"求"寸进"？

我在一线干文字工作近 20 年，从街道到区里，从市级机关到省级机关，从一个普通办事员成长为处级干部，经手的综合文稿数以千计，成长就在一点一滴、一词一句之中。

写多少就收获多少，走一步就一个脚印。

急于求成是文字工作的大忌，因为这是一场"马拉松"，急不得，也急不来。急了，一定会出问题。就像武侠电影里，但凡练功者心态不对，就会急火攻心，

"走火入魔"。

学习公文之路，路途远、时间长、考验多，想短时间内变成高手是不可能的。如果刚学会走路就想跑，一定是会摔跤的，结果会在一次次摔倒中消磨热情和意志。

鉴于这条路的长期性和曲折性，我建议大家务必克服急于求成的心理，学会久久为功、绵绵发力，懂得像练习咏春拳一样，在使"寸劲"中求"寸进"。

1. 何为"寸劲"？

看过武侠电影的人应该有直观印象，通常是搏斗一方近距离（甚至"零"距离）瞬间发力，形成短促、快速、爆发力强的攻击。

电影里有这样的镜头：练武者站在一排排水缸面前，先握拳靠近水缸，凝神静气，指尖忽然进击，水缸应声而破。最有代表性的是，电影《叶问》里，咏春高手叶问在贴身搏斗中，随粘随打，于方寸之间蓄积强大攻击力，击倒对方。还有部电影叫《杀死比尔》，里面有个桥段，女主人公被人活埋，躺在十分局促的空间里，手臂仅有数公分的活动空间，然而她硬是一拳拳将木板击穿，逃出生天。她所用的，正是白眉道人传授的寸劲。

寸劲，是一种发力方式。

在中国传统武术中，发力方式除寸劲外，还有整劲、崩劲、合劲、螺旋劲、沉劲等。寸劲，顾名思义，即于方寸之间用劲发力，与整劲、合劲明显不同，动作幅度没有整劲、合劲大，近距离运气，集于一点，瞬间爆发，形成攻击力。

寸劲看似波澜不惊，实则杀伤力巨大，主要特点是：

（1）贴身缠斗，动作幅度小

寸劲没有大开大合、大起大落，而是在有限空间（分寸）里发力。

就像写公文，舞台就一张 A4 纸那么大，没有身体上的驰骋天下、纵横千里，只有思想上的"心骛八极，神游万仞"，只能"混迹"于字里行间，在逼仄的空间演绎"惊心动魄"的故事，在螺蛳壳里做"道场"。

（2）瞬间发力，以速度取胜

天下武功唯快不破。在贴身缠斗中，因没有足够的空间蓄势，故而追求瞬间爆发，以迅雷不及掩耳之势发出来，从速度的提升上获得补偿，达到整劲、合劲同样乃至更好的攻击效果。

这跟公文写作很相似。有的稿子头天晚上接到通知，第二天早上就交稿，纯粹是"火着枪响"的事，写作者根本没时间慢慢研究。怎么办？只能使用"寸劲"，以快取胜，虽然施展空间、时间有限，但出招速度一定要块，快速拿出初稿，为后期修改赢得时间。

（3）汇聚力量攻其一点

从物理学角度分析，力量集中到一个点上最具杀伤力。寸劲的另一个特点是力量集中不分散，将力道集中于一点（比如指尖），然后向一个点反复攻击，形成力量的叠加。

这跟我们学写作一样，攻击点要集中，火力也要集中。集中火力就不能贪多，只能在某个时段内盯住某个文种或文稿的结构、语言、逻辑、修辞、修改等技术要点，一城一城地攻，一仗一仗地打。如果三心二意，打一枪换一个地方，什么都得不到，写作能力就很难精进。只有把所有火力对准一个点不停地攻击，才能形成强大的攻击力，撕开一道"口子"来。

（4）集中意念、锲而不舍

寸劲之所以能够在短时间内蓄积快而狠的力道，关键在意念。首先，攻击者先集中精力、凝神静气，将内气集于一点，这叫运气。这个过程非靠意念难以完成。接着，将所聚之力瞬间释放，一次攻击不奏效，再来一次、两次、三次……锲而不舍向一个点反复发力。这考验的是意志。假如一次攻击不成就灰心丧气，只会半途而废、功败垂成。

学习公文写作，必然在不同时期遇到能力的天花板，怎么击碎这块天花板？方法就是：善于用学习来"运气"，蓄积力量，使"寸劲"，反复冲击天花板。每写一个稿子、每搞懂一个问题，就进一小步，量够了，楼板必然被"冲破"。

2. 寸劲的 3 点启示

寸进，是一种成长心态。

学习公文写作，道理与武术搏斗相通。一旦选择了写作，相当于选定了一个对手。一旦"交上手"，就可能是贴身缠斗，不许有大开大合、大起大落，你出一拳，我踢一腿，见招拆招。反复搏斗中，必须使"寸劲"，一招一招地化解、一点一点地发力。

（1）文章得一篇一篇地写

不懂写作的人会以为：公文写作能力就是"一"种能力，就像电影里的神功，谁要是有幸"学会了"，就"一会百会"。其实不然。写作能力是复杂的能力，涉及知识的积累、方法的运用、思维的训练、习惯的养成等。

仅拿方法来说，都不是笼统的，而是具体的、复杂的。《党政机关公文处理工作条例》规定的"法定公文"有15种，各有各的体例、各有各的章法。学会了写通知，不见得会写报告，学会了写会议纪要，不见得会写意见。除此之外，实际工作中还有大量的讲话稿、理论文章、经验材料、工作总结、事迹材料等综合文稿，写法差异很大，门道更多，很难一概而论。必须一个一个地练，练一个才能会一个，各是各的，不能混淆。好比你练会了太极拳，不代表你懂八卦掌，你会使刀，不见得会弄枪，因为各有各的套路，各有各的心法。

（2）骨头得一根一根地啃

写作是个系统工程。

首先，从动态角度看，写作能力可分为素材积累、立意构思、提纲草拟、组织写作、修改校对、反馈完善等，涵盖了文稿全生命周期的各个环节，并非"写"这么简单，是套"组合拳"。

其次，从静态角度看，一篇文章分为主题、结构、材料、语言、表述等不同要素，不仅仅是"语言"问题，还有"逻辑"问题，是多学科、多领域、多环节的综合集成。每个环节、每个要素都是一篇大"文章"，想笼统地通过学习某种方法获得整体跃升，是绝对不可能的。理性的方法是：把问题分门别类，一个一个地学，写作中见招拆招，一刀一枪地拼、一词一句地练，一点点用力、一步步提升，不厌其烦、不急不躁。

（3）经验得一点一滴地堆

学校的学习可以很系统，也可以很有计划性、针对性，但实际工作则是"见子打子"，工作需要写什么、写多少，就怎么写、怎么练，经验的积累是"被动式""偶然性"的。

之所以这样说，是因为不同单位或部门有不同的写作侧重点，有的侧重于写格式化的"法定公文"，讲话稿、理论文章则很少涉足，有的侧重于写变化性大的综合文稿，会议纪要、通报又很少涉及。我想，如果没有写领导讲话稿的需要，恐怕没人会给自己预设一个讲话稿来写吧！除非，实在闲着没事了。最符合实际情况的，就是抓住每次锻炼的机会，写好每篇该写的稿子，确有余力的情况下，可以主动承担写作任务，争取更多的锻炼机会，学一点算一点，进一寸算一寸。

3. 如何使"寸劲"求"寸进"？

建议把握三个要点。

（1）精神上寸心不懈

寸劲考验的是短距离、瞬间的爆发力，所以必须时刻集中精力，不能有丝毫松懈。前面说过，公文写作能力的提升是个漫长过程，必然会遇到很多天花板，会遇到极难翻越的高山，你会因此感觉道路漫长、提升无望、前途渺茫，你会焦虑、彷徨，甚至打"退堂鼓"。这都很正常，因为这是每个文字工作者成长路上都会经历的考验。正确的做法是，永远保持信心、热情，坚持不懈，坚韧地往前走，就像汪国真在《热爱生命》里写的："我不去想能否成功，既然选择了远方，便只顾风雨兼程……"

（2）态度上寸土不让

寸劲本来就是近距离贴身搏斗，腾挪空间不大，胜败在分寸之间。文字工作是"精细活"，"差之毫厘，谬以千里"，奥妙尽在细节处。千万不要抱怨没有系统学习，你想想在一线写作的人，有几个是系统学会了才去写的？都是在千万次写作中学会的。这要求我们要在细节上下功夫，在细节上学功夫，以精益求精、不苟且的精神对待每篇文稿，对待一词一句，哪怕是一个标点符号。每个细节都有学问，如果以大而化之的态度对待文字，文字同样会以这样的态度回报你，你将永远无法获得能力的跃升。

（3）方法上得寸进尺

这里强调寸劲与寸进，不是说不能有大的学习动作，也不是说不能有大幅度的提升。我主张使"寸劲"，更多是宣扬一种心态。我还是认为，当寸劲使到一定程度时，写作经验积累到一定程度时，在某些场景下，也可使出"尺劲"来，系统性学习获得"大幅度"的提升。得寸而进尺，是量变到质变的一种形式，也是"学然后知不足"的内在要求。

胡适先生曾说过一句话："怕什么真理无穷，进一寸有一寸的欢喜。"细细品来发现：胡适先生就是在倡导使"寸劲"，求"寸进"啊！循序渐进、一步一个脚印，这是学习公文的基本规律。既认识到探求"无穷真理"的长期性、复杂性，还要鼓足勇气，一点一滴积累、一寸一寸精进，常使"寸劲"，不辞"寸进"。相信，你的努力在长期主义的复利下，一定会积累成奇迹。

第28课　狭路相逢勇者胜
——笔杆子也要有"亮剑精神"

考验越是巨大严峻繁杂，对于善于承受考验的人就越有好处。无论多么强烈的痛苦，对于任何一个能够看出这痛苦给人带来非同一般的裨益的人，都会丧失效力。

——卢梭

本课导读

我特别喜欢看电视剧《亮剑》，剧中人物李云龙常对士兵说：狭路相逢勇者胜。他带过的兵在战场上都是嗷嗷叫，战斗力"爆表"，先后消灭了坂田联队、山崎大队和山本的特种兵。他能打胜仗，靠的不是武器和兵力上的优势，很大程度上是敢于亮剑的精神，他在军校的毕业论文题目《论军人的战斗意志——亮剑精神》道破了这一点。什么是亮剑精神？正如他讲的：古代剑客在与对手狭路相逢时，无论对手有多强大，就算是天下第一剑客，明知不敌，也要亮出自己的剑，即使倒在对手剑下，也不能后退。这就是亮剑精神。因此李云龙有超人的勇气、胆识和意志，不管敌人是谁，不管情况有多糟，纵然敌众我寡，纵然深陷重围，都敢于亮剑，敢于战斗到最后一人。这些年，我和处里同志加了很多班，熬了很多夜，啃了很多"硬骨头"，写作看似风平浪静，实则充满挑战，深知干好这项工作也要有"亮剑精神"。

本课核心观点

- 笔杆子的剑要亮出情怀
- 笔杆子的剑要亮出勇气
- 笔杆子的剑要亮出水平
- 笔杆子的剑要亮出意志

文字工作是一场没有硝烟的战争。

在这个特殊的战场上，可能有狭路相逢的遭遇战，也可能有旷日持久的拉锯战，考验的不仅是写作能力，更是勇气、胆识和意志。

写作中经常有突如其来的任务，比如今天下班才接到上级通知，明天就要开会，你得在明天上午拿出稿子。这就像古代剑客与对手狭路相逢，没有任何退路，明知不敌，即便会倒在对手剑下，也要果断亮剑，迎着敌人冲过去，不允许半点犹豫与胆怯，来不得半分退让和虚假。从这个意义上讲，笔杆子同样也是需要"亮剑精神"的。

下面，我通过自己工作经历，谈谈笔杆子手中的"剑"该怎么亮？

1. 笔杆子的剑要亮出情怀

情怀这东西让人觉得虚，搞不好还会被人笑话，说你自作多情、故弄玄虚，甚至被当成"书呆子"和"一根筋"。因为现在很多人已经不谈情怀了，认为"诗和远方"太傻、太天真，只有眼前"苟且"最好。

但我不这么认为，一个人最宝贵的东西正好就是情怀。不管做什么，有了情怀的加持，你才会在别人不愿干的时候担起来，在别人无法吃苦的时候扛下来，在别人耐不住寂寞的时候挺下来。

情怀是一个人对事物价值的终极认同，就像古代剑客心中始终坚守的"匡扶正义"的使命感一样，如果缺了它，一切拼搏就会失去意义。

情怀不是古代剑客的专利，而是每个人都应该拥有的责任心、使命感。即便今天在路上指挥交通的警察、在工厂里辛劳生产的工人，乃至在田间劳作的农人，同样需要情怀的加持，否则很难在平凡与辛劳中坚守。

你说笔杆子能少吗？不能少。

对笔杆子来说，情怀就是以文辅政。别小看这四个字，它是坚守阵地的据点，是拼搏奋斗之灵魂，如果你把它弄丢了，那你就很难在枯燥的写作中耐住寂寞、守住清贫、经住折腾。

曹丕在《典论·论文》中谈到"盖文章，经国之大业，不朽之盛事"，道出写作治国安邦的作用。北宋张载的"横渠四句""为天地立心，为生民立命，为往圣继绝学，为万世开太平"，道出了古代笔杆子的终极情怀。

对生活在当今社会的我们，可以不谈天地、生民，也可不谈万世太平，但底线是要守住的，在其位、谋其职、尽其责，做好自己的本分。说白了，既然你干上了写材料的工作，就有责任把它干好，不能轻言放弃。只有如此，你才能为自己找到奋斗的理由，实现内心的自洽、与自己和解。

2. 笔杆子的剑要亮出勇气

在武侠小说里，常常会说某位剑客剑气逼人，杀人于无形。

可什么是"剑气"呢？

在我看来，剑气不是剑实际蕴藏的能量，而是剑客由内而外散发出来的胆识和气魄。正如《亮剑》中李云龙说，狭路相逢勇者胜，勇气是可以克敌制胜的，因为心中有了勇气，剑才会被赋予能量，散发出勇猛刚强的气质。剑锋所指，所向披靡。

我一直认为，甘愿当笔杆子的人是有勇气的，因为写作不是一件容易的事情，某些事可以吹牛而不需要检验，或者检验周期长，而写作不行，必须真刀真枪写出好作品，否则马上就会被戳穿。

笔杆子的修炼非一日之功，没有三五年、十数年功夫下不来。正因如此，很多人一谈到写材料就避而远之，一般人不愿意沾手，沾了手的人轻易又上不了手。这种情况下，敢于接受挑战的人难道不需要勇气吗？尤其在急难险重任务面前，没有勇气，你怎么能挺得住呢？

举个自己亲身经历的事情来说：

2020 年 5 月 6 日晚，我们接到通知，省委财经委 8 日上午开会，要研究贯彻落实"六稳""六保"工作，通知让汇报全省保市场主体、保产业链供应链稳定工作情况。

这个会议规格高，材料分量可想而知，因此厅主要领导格外重视，对材料寄予厚望，给我们的要求是，要确保在汇报的单位里最好。

可是我们心里根本没有底，感到焦虑，因为在机关里写材料，谁也不敢保证他写的材料是最好的啊！这种焦虑来自四点：

其一，正所谓"文无第一、武无第二"，好与不好是由别人说了算，不是我们说了算的，即便厅领导满意了，也不敢说省领导就满意啊。

其二，这次同台"竞技"的有发改、财政、商务、人社等单位，这些单位人才济济，写作高手很多，谁都不是"吃素"的，谁也不想落下风，所以必然暗中较劲，使尽浑身解数来准备。谁敢保证自己最好呢？

其三，时间太紧，可以说到了火烧眉毛的程度。因为 6 日通知报领导审批后，已临近下班，等领导开会安排完，已是 7 日凌晨，而会议 8 日清晨就开，留给我们不到 30 个小时，我们听到了时间急促的脚步声。

还有一点，就是厅主要领导刚刚到任，团队和他还缺乏磨合，不太熟悉他的风格，虽然有一些思路，但终究没底。

领导期望值这么高，全厅的同志都在看着，万一写不好，如何下台？一想到这些，咱们心里感到迷茫、焦虑，甚至恐惧。

我知道，这个时候必须战胜恐惧，必须像古代剑客一样，果敢地亮出手中的剑，决不能在关键时刻"掉链子"。

我尽力鼓励大家，希望大家亮出自己的勇气。

3. 笔杆子的剑要亮出水平

剑客的勇气和胆识不是靠盲目自信，而是靠剑术、靠水平。

斗争的勇气固然可嘉，但剑术才是克敌制胜的关键。电视剧里的李云龙，之所以能在李家坡消灭山崎大队，是靠匹夫之勇吗？不是！他是在勇气的加持下，靠挖地道、扔手雷的方法，用灵活的战术赢得了胜利，而不是仅靠不怕死的精神。

写材料是典型的脑力劳动，同样不能靠蛮力，而要有精湛的"剑术"，在与"对手"狭路相逢时，出招得稳、准、狠、快。

首先，对问题的分析把握既"稳"又"准"。比如，哪些该写、哪些不该写，从什么角度切入、用什么数据支撑，这些都是"剑术"的体现。这种"剑术"基于平时的研究分析，这是写作之本、写作之源。如果缺乏分析研究，纵使文字水平再高，也写不到点子上。

其次，行文走笔得既"狠"又"快"。所谓"狠"，即有力度，该写的内容浓墨重彩，深入挖掘，彰显出强大的表现力、说服力、感染力；所谓"快"，即写作必须干净利落，快速完成。

写好这篇稿子，我们大致经历了四个阶段。

第一阶段：在凌晨后我们做了两件事：一是构思，二是收集素材。我们深知，不管再急的稿子都要先琢磨清楚，因为只有想清楚了，才能写明白。所以我们没有急着动手，而是认真推敲琢磨，同时抓紧收集素材，认真研读上级文件，参阅网上资料，来了个双管齐下。

第二阶段：深夜两点后，团队开了一个讨论会，主要讨论写什么，从什么角度写，分几个部分，架子怎么搭，标题如何取，怎样写出新意，附哪些附件，格式如何才美观等问题，然后拉出写作提纲。

第三阶段：反复推敲提纲，天一亮就发给领导审，以争取时间。事实证明，我们踩准了领导的点，"设计方案"顺利通过，于是趁热打铁写初稿。正所谓"磨刀不误砍柴工"，有了提纲的写作，就像有了图纸的建筑施工，很顺畅。午后，相对成熟的初稿就"出炉"了。

第四阶段：主要是修改，改了又报，报了又改，前后两次，直到 8 日深夜两点才定下来。在夜阑人静时组织校对，踢好"临门一脚"。等到材料装袋完毕，一看时间，已然凌晨四点。

大家拖着疲惫的身躯，冲破重重夜色回到家里。

清晨，我在忐忑中醒来，陪同领导参加了会议。好在我们的苦没有白吃，汇报得到省领导高度认可。那一刻，我感到无比欣慰，我们的剑不仅亮出了勇气，也亮出了水平。

4. 笔杆子的剑要亮出意志

有一次，领导在一次会上说，当好处长要做到："最难吃的苦，你要最能吃，最能熬。"在我看来，何止是当处长啊，每个写材料的同志都是这样，"苦"和"熬"是修炼的两个法则啊！

写作是一件伤精费神的苦差事，每次写作都是意志力的比拼。任何一篇文稿的"出炉"，都要经过反复"捶打""淬火"，少则数次，多则数十次，通常是"五加二""白加黑"，甚至"996"。

本次写作，我们从 7 日凌晨干到 8 日凌晨，连续奋战 28 个小时，若从上一天算起，整整两天两夜，40 个小时。团队里的两位女同志，亦以坚强的意志熬到了最后，令人感佩。

说实话，笔杆子的"苦"是多种多样的，有写作本身的"清苦"，也有推敲琢磨的"痛苦"，孜孜不倦的"刻苦"。

面对这些苦，我们是坦然面对，还是退缩避让？

真正的笔杆子，一定是坦然面对、果断出剑。我想，任何一件事情，你只有吃下别人吃不了的苦，才能尝到别人尝不到的甜。不怕苦干，就怕白干，不怕吃苦，就怕挖苦，不怕任劳，就怕任怨。

怎样才不怕吃苦？

办法就是：没有办法。

正因没有办法，才会甘于吃苦，只有别无选择，才会选择苦熬，"熬"是破解苦的唯一方法。

冯仑在《扛住就是本事》一书里也认为：扛住就是熬，就是跟同事、同行竞争者比坚持。有意思的是，我们煮中药时，很少说煮，而是说"熬"，因为这个过程不仅时间长，而且要饱受高温考验。没有高温和长时间煎熬，药性是很难被逼出来的。

写材料，本身就是一场人性的修炼，如果受不了清苦、坐不住板凳、耐不住寂寞、经不住诱惑、受不了折腾，断然难以把思想精华逼出来。

这么多年，我和同志们经历了好多次熬夜加班，都坚强地熬过来了。这次会议后，领导召开全厅干部大会，通报表扬了每个参加的同志，这在单位历史上是罕见的，给了我们莫大的鼓舞。

正是在无数次煎熬中，我们抱团取暖，形成一个"智慧共同体"，在最难熬的时刻撑起来、顶住了。每完成一个大稿子，就是一次精神上的"亮剑"，亮出的不是别的，正是高远的情怀、无畏的勇气、过硬的素质和坚强的意志。

第29课　在写作中学习写作

——笔杆子精进的"8大机制"

读书是学习，使用也是学习，而且是更重要的学习。从战争学习战争——这是我们的主要方法。没有进学校机会的人，仍然可以学习战争，就是从战争中学习。革命战争是民众的事，常常不是先学好了再干，而是干起来再学习，干就是学习。……说学习和使用不容易，是说学得彻底，用得纯熟不容易。说老百姓很快可以变成军人，是说此门并不难入。把二者总合起来，用得着中国一句老话："世上无难事，只怕有心人。"入门既不难，深造也是办得到的，只要有心，只要善于学习罢了。

——毛泽东

📝 本课导读

公文写作实战性强，成长周期也很长，如何有效培养笔杆子，是大家普遍关心的问题。现实中，在人员紧缺的情况下，用人单位一般会把人直接投入写作一线，在实战中锻炼成长。这种情况下，大多数人只能靠自己。于是笔杆子如何有效提升写作能力就成了一个问题。除了送入学校培养这种方式，最经济适用的方法就是在干中学、在学中干，用看不见的"机制"来培养人。本课呼吁用人单位和笔杆子建立行之有效的写作机制，帮助笔杆子在写作中学习写作，在实战中"自然而然"地进步。本课总结的八种成长机制，都是我在实践中检验过的，大家不妨一试。

📋 本课核心观点

- 学习机制：不间断学习
- 分享机制：相互分享范文
- 团队机制：跟着团队进步

- 沟通机制：注重全过程沟通
- 推稿机制：在推稿中训练
- 师徒机制：跟着师傅学习
- 模仿机制：在模仿中借鉴
- 跟稿机制：跟着稿子走

公文写作实战性强，成长周期也很长。

现实工作中，在人员紧缺的情况下，用人单位进新人后，一般会把人直接投入写作一线，在实战中锻炼成长，很少对新人进行专门的写作训练，即便有也是入门级的，离实战还很远。因此，大多数人只能在实战中自然成长，靠自己去领悟、摸索。

有没有一种切合实际的人才培养方法呢？

肯定有。我的建议是，建立 8 种在干中学、在学中干的长效机制。

1. 学习机制：不间断学习

南宋诗人陆游晚年曾教育儿子说：汝果欲学诗，工夫在诗外。大致意思是说，如果想学写作，得在生活中积累，一点一滴慢慢积累。

练好这种"诗外工夫"，需要建立常态化的学习机制，把生活学习化、学习生活化，像吃饭喝水一样学习。

具体说来建议做到"五会"。

（1）会看

看什么？不外乎读书、看报、学文件，利用一切条件，实现常态化阅读，在日常文件传阅时从中积累政策理论，学习写作方法和技巧。

英国哲学家罗素就曾这样说过："对爱情的渴望，对知识的追求，对人类苦难不可遏制的同情，是支配我一生的单纯而强烈的三种感情。"笔杆子是内容生产者，需要阅读的加持，因此，对知识的追求必须成为支配你一生的单纯而强烈的感情，否则，你的书写将如同无源之水，是难以为继的。

我正是笃定这样的信念，多年来坚持以输出牵动输入，以输入保证输出，当好书写者、阅读者、学习者，把读书自然地嵌入工作和生活中。2021 年，即便工作很忙，令人困惑的事情也多，还是坚持读了 58 本书。

（2）会听

怎么听？可以多参加一些调查研究或专题会议，深入一线听介绍，掌握工作动态。若是在领导身边工作的同志，可以听领导在各种场合的讲话，以便收集思想观点。一些重大问题还可专门请教专家学者或有经验的同事。即便是日常闲谈，也可以听别人说，捕捉有用的信息。

（3）会想

写作本来就是思维的运动，若要关键时刻想得清楚，就要在平时做好思维训练，多想想为什么、怎么办。

（4）会写

刀越磨越快，手越写越顺。输出可以倒逼输入，写是最好的学习。文字工作者日常除了完成工作任务外，还要主动练笔。练笔的方法很多，可以自己找些专题，写研究报告，写理论文章，哪怕是朋友圈发个心得体会，都可以。

（5）会管

所谓管，就是管理素材。而管理素材又有一个前提，那就是，养成收集资料的习惯，建立自己的素材库，把所思所想、所见所得集中起来。至于素材的形式，个人觉得可以不拘一格，可以是电子版，也可以是实物，可以存在电脑里，也可以收藏在手机里，还可以记在笔记本上。

2. 分享机制：相互分享范文

一篇好文章就是一座宝库，只要找到打开它的钥匙，就能从中发现写作的秘密。因此，建议在单位建立"文稿交流欣赏机制"，经常挑选一些经典文章来分享交流。之所以推荐这种方法，是因为在赏析过程中可以打开脑洞、启发思维，让人找到写作的"感觉"。

学习范文被实践证明是一种有效方法，我在县区工作时就曾享受过这种方法的红利。这里要强调的是，实施过程中，有三个问题需要注意。

（1）关于主题选择

可以根据工作需要，尽量选择与自己工作领域相关的稿子，因为这样更容易获得"同感"，引起"共鸣"。至于文种，不用设定什么限制，可以是一份文件、一个讲话稿，也可以是总结、报告，乃至信息、简报。总之，但凡有借鉴意义的稿子，都可以拿来欣赏。

（2）关于分享形式

最好采用圆桌会议的形式，不要太压抑，也不要太刻板，我的体会是，自由一些更有利于营造轻松的氛围，消除参与者的心理压力，进而引发头脑风暴。当然，为了围绕主题，提高分享效率，还需要确定一个主分享人，由他（她）引出话题，从而激发大家自由探讨的兴趣。

（3）关于赏析角度

所谓"内行看门道，外行看热闹。"分享要体现出必要的专业性，围绕人家的稿子好在哪里，不好又在哪里来分析。我的经验是，从写作全过程、文稿全要素着眼，可以是主题、结构、材料、语言、修辞、格式，可立足于一个点，也可立足于多个点，可以学习好的一面，也可指出不好的一面。

（4）关于分析频次

这个问题要根据实际情况定，不宜规定得太死。对于专业的文稿部门，有条件的可以每周搞一次，由团队成员轮流坐庄分享；条件不允许的，每月一次也无妨，关键是稿子是否有代表性，思考得是否深入。

最后补充一点，交流分享尽量有书面的东西，配上原文，做到有分析、有体会，最好在会后再将大家的发言梳理出来。一段时间后，还可以将大家收集的范文及体会编辑成册，就成了一部有实战性的好教材，也会成为团队"传帮带"的有力武器最有意思的是可以营造一种积极向上的文化氛围和团队精神。

3. 团队机制：跟着团队进步

一般说来，在工作中一旦遇到大稿子（如重大报告、专项规划、政策文件）时，单位都会组成写作专班，由团队完成。工作以来，我参加了无数重要文稿的起草，深感团队就是一所好学校，它与一般意义上的学校完全不同。在这所学校里，任何一个人都可以从队友身上学到东西，相互启发、取长补短，吸取成长的"卡路里"。

因此，我建议建立团队作业机制，通过大稿子来锻炼队伍。就笔杆子如何参予团队写作，我有三点建议。

（1）集中精力多做思考

在文稿起草过程中，由于团队成员较多，有经验的组织者通常会让每个成员都提前思考，然后集中讨论。作为参与者的你，千万不要有依赖思想，更不能滥竽充数。要紧张起来，让自己的脑子转起来，主动思考写哪些、怎么写。自己有了思考后，再听别人讲，比如看看人家是如何定义问题、分析问题的，两相对比，收获会更大。

（2）竖起耳朵听别人讲

集体创作的特点是会经常性讨论问题，不管初期构思还是后期修改，有经验的组织者都会先组织大家讨论，听取大家的意见。这时做为参予者的你要抓住这种讨论机会，认真聆听别人思考问题的出发点在哪里、问题从哪里切入、从哪些层面展开，甚至看人家如何取标题等，据我的经验这种学习的机会是很难得，因为大家都会八仙过海，各显神通，对人启发特别大。

（3）必要时统一次稿

集体创作必然会分块写作。既然分块，就得有人统稿。建议主动争取这个机会，因为这是锻炼的好机会，因为你在统稿中，不仅可以站在全局角度思考问题，对每个板块内容、逻辑、语言风格、布局等进行协调，还会反复与大家交流沟通，碰撞思想，对人的写作能力的锻炼是很大的。

4. 沟通机制：注重全过程沟通

写作最忌讳"躲进小楼成一统，不管春夏与秋冬"，应该随时与社会建立链接，方能写出读者喜爱的稿子。我一直有个感受，公文写作过程很像求解数学函数的过程，在函数式 $y=f(x)$ 中，因变量 y 好比是稿子，自变量 x 好比是数据、信息材料等影响因子，文稿 y 一定是随着变量 x 的变化而变化的。

如何才能对冲变化带来的信息不对称？方法就是建立全过程沟通机制，随时和有关方面沟通信息。

建立这种机制需要注意两点。

（1）关于沟通方式

写作前期做好调查研究，充分掌握第一手数据。写作期间保持与相关单位和人员的联系，可通过电话、微信、QQ等方式沟通信息。初稿出来后，可以通过征求意见、座谈等形式，有针对性地听取外界的意见。条件允许的话还可以请教同行，或许，同行的一个小建议就能帮你打开一个脑洞。

（2）关于沟通内容

写作期间，只要写作因子发生变化，就得沟通。比如，某些数据有了更新，发生了变动，或上级新开了一个会议，出台了文件，工作的提法、要求、思路有调整，甚至会议议程改了，都要及时沟通否则，你写出来的东西可能就是不合要求的。

5. 推稿机制：在推稿中训练

经常写材料的人，都有推稿的经历，甚至有人说，是否"推"过稿已经成为衡量笔杆子阅历的重要标准。

"推稿"是什么？很简单，就是一大群人围坐在一起，一台电脑、一个投影仪，一人操作键盘，你一言我一语各抒己见、反复推敲，直到大家满意为止。

我参与过无数次"推稿"，感觉这是一种高效的写作方式，也是学习写作的好方式，对新手尤其有用。所以，建议建立推稿机制，在推搞中培养人。

如果你有机会参加推稿，这里有四点建议送给你。

（1）主动参加推稿

如果你是一个新手，哪怕领导没让你参加推稿，都尽量争取旁观。所谓"观千剑而后识器，操千曲而后晓声"，哪怕坐着看人家写，不参与写作，收获也会很大，尤其有高手参与的推稿，更是难得的学习机会。

（2）提前做好功课

但凡推稿，都得提前对稿子进行阅读。阅读稿子应全面、深入，最好是从稿子的结构、数字、文字、目标、措施各个要素入手，得出自己的看法和观点，带着观点参加，否则跟不上节奏。

（3）认真聆听

"推稿"过程就是一个百家争鸣、各抒己见的过程，通过聆听，可以探知"大手笔"是如何思考问题、如何遣词造句、如何谋篇布局的，从这个意义上讲，推稿是一次难得的写作实战课，是花钱都难买的机会。

（4）大胆发表观点

一旦你参与进去，即便还是新手，也不要怯场，不要怕有领导和高手在。只要你有想法应大胆说出来，哪怕观点不成熟也无妨，说不定你的发言会给别人提供全新的思考角度呢。

6. 师徒机制：跟着师傅学习

有人说，在职场中，想快速进步，关键有两点：一是有高人指路，二是有贵人相助。

说到高人和贵人，让我想起古人学习手艺前的拜师。比如电视剧《神医喜来乐》里面，民间郎中喜来乐与徒弟德福就是师徒关系。

在公文写作领域，有个好师傅带会让你少走很多弯路。当然我们不搞古代"拜师"那一套，关键是写作方法的传、帮、带，因为公文写作实践性太强，理论和实践脱节严重，课堂里学的东西不管用，写作方法通常要在实战中摸索。所以学徒制特别实用，是一种高效的学习模式，过去是，现在也是，学手艺是，学写作也是。

学徒制的好处体现在两个方面。

第一，它是一种高度情境化的学习模式，能把理论与实践有机结合起来，学的人在真实场景中观察师傅操作，捕捉师傅的技艺，并在师傅指导下实操，遇到问题，师傅马上会纠正。

第二，学徒制可以有效解决工学矛盾，徒弟不用特意抛下工作去学习，师傅也可以边工作边教授，既高效又经济，何乐而不为呢？

所以，建议把这种机制建立起来，形式可以多样化，只要能体现"传帮带"就行。真心希望新同志珍惜职场中遇到的前辈，向"师傅"虚心求教，同时建立"AB角"制度，一旦有新人进来，就能制度性安排有经验的老同志带，这样就会形成一个可持续的人才培养机制。

7. 模仿机制：在模仿中借鉴

很多初学者不知怎么学习，在我看来，很简单，只要会模仿就行了。实践证明，模仿是创造的第一步，是学习的最初形式。众所周知的书法绘画里的临摹、写生，说白了就是模仿。写文章也是一样的道理，所谓"天下文章一大抄，看你会抄不会抄"，某种角度上讲的就是模仿的道理。

问题是，模仿什么？如何模仿？

大家不用担心在信息网络时代，可供模仿的东西不少。模仿什么呢？就专门模仿名家大作、佳作，模仿上级机关的大稿子。

当然，模仿不是邯郸学步、东施效颦，而是有很多讲究和方法在里面的。

首先，多角度、多层次模仿。如同"永"字法：点、横、竖、撇、捺、折、钩、挑，八方兼顾。可以模仿结构，学别人谋篇布局；可以模仿笔法，学别人摆事实、列数据、讲道理；可以模仿风格，学别人的笔法；可以模仿语言，引用金句，套用观点，借鉴修辞。

其次，模仿要循序渐进。最开始可以"依葫芦画瓢""照猫画虎"，模仿得生硬一点，最终目的是扔掉"模仿"这根拐杖，获取到别人的精髓，形成自己的风格。

8. 跟稿机制：跟着稿子走

一般人可能会以为，一篇文稿一旦经领导审签定稿，就算画了句号，写作使命就完成了。其实并非如此，离画句号还远着呢！

事实上，一篇文稿的"全生命周期"至少包括构思、书写、修改、审定、校对、印刷、执行、反馈几个阶段。

文稿审定了，并不代表写作使命结束了，事实上还有很多文章可做。比如可以研读审定稿、花脸稿，看领导改过哪些地方，揣摩领导为什么这样改、好在哪里，还可以随领导听会，现场听领导讲，重点看领导在哪些地方有临场发挥、哪些地方有调整。最后还要关注受众反馈，倾听受众意见，看哪些写得好、哪些写得不好、下步如何改进。

所以，建议建立跟稿机制，把跟稿子作为一种学习方式，一种制度性安排，让写作者对文稿全过程负责，有始有终，随文稿一同进化。

第30课　写前有"沙盘"，写后有复盘

——写作要有"复盘思维"

吾日三省吾身：为人谋而不忠乎？与朋友交而不信乎？传不习乎？

——曾子

 本课导读

　　本课是阅读《复盘：对过去的事情做思维演练》一书后有感而作。所谓复盘，其实是围棋术语，是指棋手下完棋后，回头重新把棋子在棋盘上走一遍，看过程中哪步下得好，哪步下得不好，分析推演原因及可能性。柳传志第一个将复盘引入做事，复盘让联想解决了很多问题，成为联想的重要方法论，在联想每一个重大决策背后都有复盘的影子。通过复盘，可以总结经验教训，把问题搞清楚，把事情想明白，进而高效解决掉。实践证明，公文写作实践也需要有复盘思维，复盘能使写作者写一文，学一技，长一智，快速精进。建议大家写作中养成复盘的思维和习惯。

本课核心观点

- 什么是复盘？为啥复盘？
- 复盘的 6 种形式
- 复盘的 6 个对象
- 复盘的 5 种方法
- 如何养成复盘思维？

　　一次偶然的机会，我读了《复盘：对过去的事情做思维演练》这本书，书中介绍：联想在发展中，大到战略，小到具体问题，不管失败成功，事后都像"放电影"一样重新推演一遍，看看原来定的目标是什么、当时怎么做的、

边界条件是什么、前后有没有变化、哪里做对了、哪里做错了，进而分析原因、总结经验教训、优化方法策略。目前，复盘已成为联想的重要方法论，在联想的每个重大决策背后，都有复盘的影子。

复盘，不仅是商业方法论，也是一个工作习惯，更是一种思维方式。深入分析发现，复盘在公文写作中同样适用，而且还是必需的环节。事实上，一个高效的写作者往往都是复盘高手，通常在写作中反思、在反思中精进，做到写前有沙盘、写后有复盘。

对于公文写作中的复盘，我主要讲五个问题。

1. 什么是复盘？为啥复盘？

复盘是个围棋术语，指棋手在下完一盘棋后进行情景再现，在棋盘上重新摆一遍，看看哪里下得好，哪里下得不好，哪些步骤有不同的走法，怎样走才是最好的。这个过程就是复盘，也叫复局。

实践证明，复盘是棋手精进棋力的好方法。通过复盘，棋手可以发现棋路变化，找到更好的下法，总结形成自己的套路。比如，中国围棋元老陈祖德就讲过一个故事：有一个棋手林海峰，他修养特别好，输了棋还跟对手请教、研究。可是一次他的孩子到我家里说，他爸爸输了棋回家肯定三个晚上睡不着觉，一直在摆棋，就是说梦话也是在讲棋。故事里林海峰晚上"摆棋"，就是复盘。

复盘不仅局限于下棋，而是一种普适方法论。历史上，通过复盘获得成功的故事很多，如《战国策》里"邹忌讽齐王纳谏"的故事，还写进了中学课本。文章讲邹忌用生活中的小事设喻，劝告齐威王广开言路、修明政治。以前我们更多从"规劝艺术""纳谏胸怀"角度来解读，殊不知，本文蕴含着复盘思维的密码。

故事说齐国人邹忌，身高八尺多，而且身材容貌光艳美丽。有一天早晨他穿戴好衣帽，照着镜子，对他的妻子说："我与城北的徐公相比，谁更美丽呢？"他的妻子说："您美极了，徐公怎么能比得上您呢！"城北的徐公，是齐国的美男子。邹忌不相信自己会比徐公美丽，于是又问他的小妾说："我和徐公相比，谁更美丽？"妾说："徐公怎么能比得上您呢？"第二天，有客人从外面来拜访，邹忌和他坐着谈话。邹忌问客人道："我和徐公相比，谁更美丽？"客人说："徐公不如您美丽啊。"又过了一天，徐公前来拜访，邹忌仔细地端详他，自觉不如徐公美丽；再照镜子看看自己，更觉得远远比不上人家。晚上，他躺在床上想这件事，说："我的妻子认为我美，是偏爱我；我的小妾认为我美，是惧怕我；客人认为我美，是有求于我。"于是邹忌上朝拜见齐威王，说："我确实知道自己不如徐公美丽。可是我的妻子偏爱我，我的妾惧怕我，我的客人对我有所求，他们都认为我比徐公美丽。如今的齐国，土地方圆千里，有一百二十座城池，宫中的姬妾和身边的近臣，没有不偏爱大王的；朝廷中的大臣，没有不惧怕大王的；国内的百姓，没有不对大王有所求的：由此看来，大王受蒙蔽一定很厉害了。"齐威王说："说得真好。"于是下了一道命令："所有的大臣、官吏、百姓，能够当面批评我的过错的，可得上等奖赏；能够上书劝谏我的，得中等奖赏；能够在众人集聚的公共场所指责、议论我的过失，并能传到我耳朵里的，得下等奖赏。"政令刚一下达，所有大臣都来进言规劝，宫门庭院就像集市一样喧闹。后来，燕、赵、韩、魏等国听说了这件事，都到齐国来朝见齐王，齐国成了后来的强国。

不难看出，邹忌是个有复盘思维的人，他面对亲人朋友的赞美，没有盲目认为自己比徐公美，而是认真对比反思，分析原因，最后由己及君，以小见大，由家事到国事，悟出了大道理。

近代以来，最重视复盘的人，要数曾国藩了。读过他传记的人都知道，咸丰七年（公元1857年），曾国藩的父亲去世，遂发丁忧折，请假守制，离营回家。他用一年时间复盘了过往的问题，找到了原因和解决的办法，复出后不断实践，成就了一番大事业。

我还注意到一个有趣现象，从《恺撒传》《福特传》《富兰克林传》《王阳明心学》等名人传记中可以看出，这些人都有复盘的习惯，他们总是在夜晚或每周、每月空出一天时间，专门用来总结思考问题、定位自己的目标，这说明复盘就是高效能人士的共同习惯。

记得早年我看电视剧《神探狄仁杰》，发现狄仁杰也有个习惯，就是每每在案件进入紧要关头之时，喜欢独自一人静静地思考，把以前跟案件有关的事情一桩桩、一幕幕，就像放电影一样在脑海中过一遍，推敲各种可能性，结果总能有惊人的发现，这个过程就是复盘。

习近平总书记在党史学习教育动员大会上讲话时，用很大篇幅阐释了学习党史的重要意义。我体会，学习历史就是复盘的一种方式。他反复强调"历史是最好的教科书""走得再远，都不要忘记来时的路"，这都是复盘思维的体现。从这个意义上讲，历史上像遵义会议、十一届三中全会等重要会议都是复盘的实践，通过复盘吸取经验教训、找准前行道路。正如习近平总书记讲的："我们党一步步走过来，很重要的一条就是不断总结经验、提高本领，不断提高应对风险、迎接挑战、化险为夷的能力水平。要更好应对前进道路上各种可以预见和难以预见的风险挑战，必须从历史中获得启迪，从历史经验中提炼出克敌制胜的法宝。"

可见，复盘不仅是一种普适的方法论，还是一种普适的思维方式，完全可以运用到写作中。因为写作是一件复杂的事情，思绪千丝万缕，过程百转千回，如果缺乏反思，很容易走入"死胡同"。在写作里引入复盘思维，可以提高写作效率，快速进步。

2. 复盘的 6 种形式

归纳起来，公文写作中的复盘有 6 种形式。

（1）全面复盘与专项复盘

全面复盘是对写作全过程、全要素的系统盘点，过程上涵盖调研、构思、提纲、修改、校对、印制，要素上囊括主题、结构、材料、文字、修辞。单项复盘则是针对某个过程或要素复盘，同前者相比，单项复盘的范围窄一些。比方说，针对文稿里的"数据"而展开的复盘，就是单项复盘，通常也只反思与数据有关的调研是否到位，来源是否可靠，计算是否科学完整等。

（2）主动复盘与被动复盘

复盘有不同动因，有写作者主动发起的，也有被动进行的。假如自己发现思路"卡壳"了，回头审视构思的合理性，就是主动复盘；假如报审后被领导批评后而产生反思，则是被动复盘。实践中，两种复盘通常交替进行，相比而言，建议尽量多做主动复盘，正所谓"吃药不如防病"。

（3）最终复盘与阶段复盘

复盘是贯穿于写作全过程的一个思考活动，等到文稿全面"完工""交付使用"后的复盘，就是最终复盘或终极复盘。如果在写作过程中复盘，则是阶段复盘。前者是"最终版"的，后者是边写边盘，"一步一回头"的。早些年，我为了训练在正式场合讲话的能力，每次发言时都用手机录音，回头听自己说，从观点、逻辑、发音、语调、语气各个维度来复盘，看哪里讲得好，哪里不好，问题在哪里，这是最终复盘。反复几次后，进步很大，克服了不少说话的毛病。需要说明的是，不管哪一种，都可以是主动的，也可以是被动的，可以是全面的，也可以单项的。

（4）复盘自己与复盘他人

这很好理解，复盘自己就是对自己做的事情、自己写的文章进行复盘，复盘他人则是从旁观者的角度，对别人的文章进行多维度剖析评判。这两种方式都是镜鉴的方法，后者是他山之石，前者是"我山"之石，一个针对自己，一个针对别人，虽然对象不同，但是不管何山的石，只要复盘得好，都可以攻玉。

（5）自己复盘与请人复盘

所谓自己复盘就是自我解剖、自我反省、自我评价。他人复盘则是请第三方当"操盘手"，第三方可以是上级领导，也可以是同事或其他人。两者一个是自评，一个是"他评"，操作者不一样，最好是把两种方式结合起来，因为仅靠自评并不稳妥，"当局者迷，旁观者清"嘛！

（6）独自复盘与团队复盘

独自复盘即一个人反思总结，团队复盘即集体反思总结。前者是"独角戏"，后者是"团体操"，参与人数规模不一样。集体作业的大稿子宜团队复盘，独自创作的稿子可以个人复盘，也可请"外援"参加，有道是"外来和尚更会念经"。

3. 复盘的 6 个对象

棋手复盘时，主要看哪些是疑问手，哪些是胜负手，哪步下得好，哪步下得不好。对于疑问手，有哪些应对法、怎么下才是最好的下法，若对手下法变了，又如何应对，不同手之间的顺序该不该调整，等等。说白了，复盘就是用情景重现法重新审视博弈过程，以发现问题，找到原因，总结规律，积累教训。

公文写作中怎么复盘呢？我的体会是六点。

（1）盘目标

即分析写作的效果。从总体上对写作效果进行评价。

具体可从四个维度来盘：一看稿子最初的"蓝图"与最后的作品差别在哪里，当初是怎么想的，哪些地方变成了现实，哪些地方在过程中被否定了。二看写作过程中哪些"边界条件"发生了变化，是否影响了写作进程及目标的实现。

三看文本形式是否符合公文基本范式，是否契合领导风格（尤其对讲话稿而言）。四看文本内容是否写到了点子上，是否体现了写作意图，大家反映怎么样。

（2）盘优点

即分析什么地方写得好。任何一次写作都有成功的地方，复盘就是要把成功的地方"标识"出来，便于以后发扬光大。

总结的维度是发散的，可以是一个另辟蹊径的构思、不落俗套的结构，可以是一个传神的标题、独到的见解、生动的比喻，甚至是一个权威的数据、熠熠生辉的金句或引经据典、鞭辟入里的论述方式。

（3）盘缺点

即分析什么地方写得不好。找到问题所在，往往是复盘成功与否的关键。

找问题也是不拘一格的，可以找写作视野是否狭隘、思维是否局限、格局是否宏大等思维问题，也可找调研的充分性、写作的严谨性、任务分配的合理性等方法问题，还可找提纲的科学性、结构的完整性、逻辑的严密性、语言的规范性、数据的准确性等技术问题。

（4）盘原因

通过多向度复盘找到了问题所在，接着就要顺藤摸瓜、刨根问底，进而找到改进的方法。比如，发现"文章没写实"这个问题，先要看到底是工作本身就没东西可写，还是调研功夫不到家，或是写作方法不掌握。

如果是后者，还得分清是缺乏数据，还是缺少事例，不管是数据还是事例，最终都要落脚到写作者的能力或态度上，这个过程就像剥洋葱一样，一层一层揭开，最后直抵问题的核心。

（5）盘思路

即分析更好的写作方法。前面说了，复盘有他人复盘、复盘他人、团队复盘等范式，这几种复盘会出现一种情况：发现的问题本身并不是"问题"，而是"差距"，主笔的人认为好的，换个人不一定觉得好，这叫"文无第一，武无第二"，文章不厌改嘛。

遇到这种情况怎么办？我觉得关键就是要提出更好的写法来，就像棋手复盘时要清楚一步棋子会有多少种可能走法，综合考量后，最终找到最好的走法。

（6）盘方案

思考下一步的解决办法。任何一次复盘的目的都是避免"在同一个地方跌倒"，为了未来干得更好。因此，复盘以后最好形成解决问题的方案，以便于指导实践。

　　管理学上有个质量管理工具叫戴明环（PDCA 循环），即 Plan（计划）、Do（执行）、Check（检查）和 Action（处理），复盘就相当于"C"，制订方案相当于"A"，只要在每次写作时坚持复盘并完善方案，时间长了就会形成一套方法论，每复盘一次，方法就会迭代一次，最后臻于完善。

4. 复盘的 5 种方法

　　复盘方法有多，对公文写作而言，大致有以下几种。

　　（1）对修改稿

　　文字工作者都知道，写一篇稿子，很难做到"文不加点"、一气呵成，通常是长时间反复修改才能"出炉"。

　　曹雪芹写《红楼梦》"披阅十载，增删五次"，依我看，五次并不算多，在实际工作中，一些重要报告修改数十次的都有。每改一次，就会形成一个修改稿，有经验的人通常会把修改稿存起来，以备检阅，这也正好为复盘留下了一个个对比的样本。若把从初稿到定稿的版本一一对比一遍，很容易发现问题和不足，这对提升写作水平有很高的实用价值。

　　（2）看"花脸稿"

　　机关公文正式"面世"前，通常会报经综合文稿部门及上级领导审改，有的还会私下请"高人"润色。一旦有人修改，免不了要在稿子上留下修改痕迹，对于这种有修改痕迹的稿子，我们形象地称之为"花脸稿"。

　　有些人可能没发现研究"花脸稿"的好处，这些年我尝到了许多"甜头"，感觉看"花脸稿"是一种高效的复盘方式，不要小瞧一个个小小的痕迹，实际上，每一处改动都是两种思维方式的碰撞，字里行间隐藏着高人的思路和理念。看看你是怎么写的，再看看人家是怎么改的，相形之下，你就得到了高人的"真传"。

　　这就像武侠小说里，通常高人打算传授一个人功夫时，会假意"教训"对方一番，实际上，在双方过招过程中，聪明的人就学到了功夫。

　　（3）脑中"放电影"

　　也就是自己从头到尾想一想，扪心自问一番。

　　唐浩明在《曾国藩》一书中提到，在有重大事情来临的时候，曾国藩都会离开其他人，上到阁楼里，点上一炷香，然后一个人安静地思索，在头脑中思考事情各种可能的情况，厘清各种情况可能的发展路径，并作出比较和甄别，探寻出事情背后的逻辑和原因，最终确定自己的应对之策。正是通过这种方法，曾国藩多次成功地化险为夷。

其实，写作者也可以借鉴这种方法。这种方法如果在前期，就叫"打腹稿"，腹稿打成了，就叫"胸有成竹"，倘若在后期进行，就叫反思或回顾。

（4）开总结会

对于一些分量极重的大稿子，完事之后很有必要开一次总结会，把团队成员乃至相关的专家组织起来集体研讨，从多个维度对写作进行盘点。

总结研讨会是团队复盘的典型形式，让大家畅所欲言，从各自的角度分享自己的看法。正所谓"三个臭皮匠赛过诸葛亮"，通过团队复盘，可以形成系统的方法论，也有利于团队文化和写作力的提升，是一种值得提倡的好方法。

（5）写成文章

不管独自复盘还是团队复盘，最好能够形成复盘成果，把经验、感受、得失写出来。什么才叫成果呢？以心得体会、理论文章、总结报告这种实物形式出现的就是最好成果。

不知大家注意到了没有，党的十八大、十九大结束后，新华社发布过《夺取中国特色社会主义新胜利的政治宣言和行动纲领——党的十八大报告诞生记》《面向新时代的政治宣言和行动纲领——党的十九大报告诞生记》两篇纪实性报告，毫无疑问，这就是两次文稿起草的全面复盘报告，讲述了报告起草的曲折过程，读完之后，我很受启发，建议大家也读一读、试一试。

5. 如何养成复盘思维？

古希腊哲学家苏格拉底说："未经反省的人生是不值得过的。"所谓反省，就是特定场景下的复盘。如何养成复盘思维？我有四点建议。

（1）思维的养成需要有复盘价值的觉悟做催化剂

任何思维方式都需要觉悟，需要人们把"潜意识"变成"意识"，而这个转变需要"价值觉悟"来做催化剂。

所谓价值觉悟，就是要洞见复盘的作用、意义。复盘的价值，小了说可以诚意、正心、修身，大了说可以齐家、治国、平天下。历史上，曾子每日三省，曾国藩每日静坐、写日记是为了诚意、正心、修身，而邹忌讽齐王纳谏、诸葛亮北伐中原前上《出师表》是为了齐家、治国、平天下。遗憾的是，很多人还没有认识到这一点，这是问题的根源所在。

有道是"知为行之始"，认知是行动起航的地方，如果一个舵手压根儿没有看到远航的意义，一定没有扬帆的动力。

（2）思维的养成需要习惯的不断刺激，形成条件反射

思维反映到人的行为中就是一种意识，意识会给大脑"第一反应"，告诉大脑应该干什么，不应该干什么。当大脑第一反应觉得应该干什么时，我们通常就认为人有了"自觉"。俄国科学家巴普洛夫的科学实验表明：人意识上的自觉源于外部条件的反复刺激，外界刺激与有机体反应之间会建立起神经联系，也称为条件反射。

复盘思维的养成，需要人的日常习惯来反复刺激，才会形成稳固的神经联系。正是如此，曾子所谓"吾日三省吾身：为人谋而不忠乎？与朋友交而不信乎？传不习乎？"里的"每日反省"就是习惯。我们要有随时随地复盘的意识，写作中随时随地"回头"看看，习惯成自然后，就会对大脑形成持续而稳固的刺激，慢慢地，复盘思维也就养成了。

（3）思维的养成要遵循基本的思考和写作规律

思维一词，拆解开来，似可解释为思考的维度，而维度则是有讲究、有规则的。所以，我们涵养复盘思维，绝不是放任思想的野马狂奔，胡思乱想。因为想什么，怎么想，都是按一定规律展开的。

比方说，二战时期美国陆军发明的 5W2H 分析法就是一种复盘的基本规律，分别从 What（是什么）、Why（为什么）、When（什么时间）、Where（什么地点）、Who（谁做）、How（如何做）、How much（做得怎么样）七个维度展开，故而又叫七问分析法。这种方法是思考问题的基本维度，我们在复盘时应该遵循写作的基本规律，不管是涉及调研、构思、写作、修改和校对方面的，还是涉及主题、结构、材料、语言、表述方面，都得循序而为，这样才会让思维科学化、条理化和系统化。

习近平总书记在党史学习教育动员大会上之所以要求党员干部"树立大历史观，从历史长河、时代大潮、全球风云中分析演变机理、探究历史规律，提出因应的战略策略，增强工作的系统性、预见性、创造性"，就是这个道理。

（4）思维的养成要回归写作的本源，找准出发点、落脚点，并形成闭环

不管是写作也好，做其他事情也罢，复盘的本源就是反思，出发点是正确认识问题，落脚点是解决问题。对写作而言，就是反思写作的过程，正确评判自己写得怎么样，最终让自己变成"高手"。

理解了这一点，我们才会自觉地开展复盘，实事求是地分析问题，然后真心实意地改正它，最重要的一点是，把复盘结果运用到下次写作中，作为下一次写作的起点，让复盘形成一个完美的闭环。

念念不忘，必有回响
——一篇文章构思过程的复盘

有些夜晚，文字在我脑海里像罗马皇帝的辇车一样滚过去，我就被它们的振动和轰鸣的声音所惊醒。即使在游泳的时候，我也不由自主地斟酌着字句。

——福楼拜

 本课导读

2019 年，我在《应用写作》上连载了 6 篇文章，其中有 3 篇谈到文稿"瘦身"问题。写作历时数月，整个过程一波三折，仿佛在茫茫沙漠中艰难跋涉，如同在绵绵群山中攀登，心情在"希望"和"失望"中交替。现在想起来，实在太不容易。也正因为不容易，让我感触良多。所以文章发表后，我感到很有必要"复盘"一下构思过程，于是选了其中一篇，像放电影一样在脑海中完整回放，以时间为线索展示出来。之所以写这篇文章：一来纪念这篇"得来很费功夫"的文章，向构思致敬。二来让大家从我的故事中看到构思的难处，洞见构思的价值，最重要的是，发现激发灵感的方法。需要说明的是，这几篇文章始终用跨界思维从不同学科、事物里去寻找灵感，并辅之以逻辑思维、系统思维，以免在"放飞思想"中"离经叛道"。

本课核心观点

- 初次归纳了 10 条方法
- 从人减肥想到文稿"瘦身"
- 偶然获得"修剪"灵感
- 从管理学中另辟蹊径
- 从五个维度表达"瘦"的意象
- 一段时间后又有新想法

写出一篇不落俗套的文章，完全看构思的创新程度，而创新往往来自突发的奇想，即灵感乍现。

写作灵感是很奇妙的心理体验。诗人艾青说："所谓灵感，无非是诗人对事物发生新的激动，突然感到的兴奋，转瞬即逝的心灵的闪耀。所谓灵感，是诗人的主观世界与客观世界最愉快的邂逅。灵感应该是诗人的朋友，为什么要把它放逐到唯心主义的沙漠里去呢？"（《诗论》）

然而，灵感是个不太听话的家伙，它来无影去无踪，喜欢给人惊喜，在人不经意间降临，又倏然而去。与这样的家伙约会，是件可遇不可求的事，难怪艾青用了"邂逅"一词来表达，形象！

正因如此，人们至今尚未找到控制灵感的办法，有心栽花花不开，无意插柳柳成荫，这是灵感的真实写照。法国作家巴尔扎克这样写道："灵感，是天才的女神。她并不是步履蹒跚地走过，而是在空中像乌鸦那样警觉地飞过。她没有什么飘带给诗人抓握，她的头是一团烈火，她溜得快，像那些白里带红的鹤，教猎人见了无可奈何。"

写作中，我们不得不经受这种"无可奈何"的煎熬。前几年，我在《应用写作》上连载了 6 篇文章，有 3 篇谈精简文稿。如今回想起来，创作过程真不容易，构思仿佛在蜿蜒曲折的山中行走，山重水复、百转千回，煞费苦心。下面，我以其中一篇为例，复盘我是如何有预谋地创造"主观世界与客观世界最愉快的邂逅"机会的。

构思缘于一个老生常谈的问题——如何写得短些，再短些。

如何写出短小精悍的文章？这是个老生常谈的问题。

清代刘大櫆在《论文偶记》里写道："凡文，笔老则简，意真则简，辞切则简，理当则简，神远而含藏不尽则简，故简为文章尽境。"毛主席反对长篇大论的空泛文章，说它是"懒婆娘的裹脚布"，胡乔木说："短些，再短些！"

道理大家都懂，问题是，怎样才能短些，再短些？

这几年，我读了一些公文写作的书籍，作者们从不同角度谈了一些方法。比如，鲁迅先生在《答北斗杂志社问》一文中有条方法："写完后至少看两遍，竭力将可有可无的字、句、段删去，毫不可惜。宁可将可作小说的材料缩成 Sketch（简述，概述），决不将 Sketch 材料拉成小说。"另外，还有很多作者从使用缩略语、精练素材、选用句式等方面提出了不少有效的方法。

然而，这些方法大多只从某个要素入手，谈语言、素材的精练，鲜有从主题、结构、脉络入手的，即便如此，也只是立足于将生米煮成熟饭后再来删减，鲜有防患于未然，从构思阶段就预防，并把精简意识贯穿于写作全过程的。

所以，看完之后总觉观点不少，但都不系统，讲得不够彻底，不过瘾、不解渴，意犹未尽。

于是，我就想写篇文章。

1. 初次归纳了 10 条方法

带着这个初心，思考就出发了。

按最直接的思维，我脑海中已经出现了一个题目范式：求短的 N 种方法，接着，思考具体的方法。经反复推演，拉出了十点。

于是《文稿写作求短十法》的构思就产生了，提纲如下：

1. 题目开口小一点
2. 结构越简单越好
3. 删掉空话、套话和废话
4. 多用动词、名词，少用修饰词
5. 句式要简短明快
6. 适当使用缩略语
7. 有所写，有所不写
8. 不要堆砌数据和事例
9. 切忌穿长靴、戴高帽
10. 慎用排比

这个构思，采用概括式标题，总分结构，从 10 个方面以并列结构平行展开。

这是写公文常用的套路，把散的东西用 "套子" 装起来。优点是：有多少写多少，不受任何限制，可以是 "求短十法"，也可以是 "求短八法"，如果方法多，写 "求短二十法" 也可以。比如，毛泽东 1958 年 1 月的《工作方法六十条》就是采用这种结构，把所有方法用序号形式列出来，全是干货，结构非常灵活，构思也很简单实用。

然而，我在想，我写的是理论文章，这样写缺乏深度，尽管我写了十条方法，也只是在量上的突破，属于"五十步笑百步"，并没有把问题说通说透。想到这里，我立刻停笔，让子弹飞一会儿。

首次思维的航行，搁浅了。

2. 从人减肥想到文稿"瘦身"

接下来，我回到原点整理思路，打算用跨界思维来获取灵感。

有段时间，我仿佛害了相思病，念兹在兹，辗转反侧。正所谓"念念不忘，必有回响"，有一天我猛然觉醒，不是有人把文章主题比作灵魂，把结构比作骨骼，把材料比作血肉，把语言比作细胞，把表述比作着装吗？

多么好的一个修辞文本啊！我为什么不尝试用这个逻辑来思考呢？这个不大不小的脑洞，就如同在人体与文章间掘出了一条虚拟隧道，有豁然贯通之感。

既然能把文章比作人体，何不把精简比作"瘦身"呢？思及于此，我暗自叫好，当即把题目改为《文稿写作"瘦身十法"》。

随后几天，我开始搜集素材、解构提纲、提炼观点。大约一周后，文章写了一大半，按说应该高兴了，可我怎么也高兴不起来。为什么？因为有个问题始终在我脑中盘旋。什么问题？文章的结构、逻辑。

我们知道，一篇文章的成败，很大程度取决于文章的谋篇布局。同样的素材，不同的结构，写出来的东西判若云泥，卯窍就在结构上，而结构的核心又在于逻辑。

从现在这个题目看，"瘦身"虽取喻生动，结构却不够严密。为什么这么说？因为精简文章的方法是个开放性问题，从不同角度思考，有不同解决方法，很难有个定数，所谓"十法"，从完整性上讲是不够的。

就这样，我陷入了"山重水复疑无路"的困境，很长一段时间都裹足不前，没办法，只能把这事晾起来。

3. 偶然获得"修剪"灵感

话虽如此，哪能忘得掉呀！那段时间，我心里如猫抓一样痒痒的，想写出新意，思维却打不开，心里充满焦虑。

就这样，大概过了两个星期。有一个周末，我搭乘公交车回家，正好坐在靠窗的位置，把自己放空，看见一棵棵梧桐树从眼前飘过，有些园林工人正在给树木修枝，突然间，树的概念在脑中闪过。

　　既而，我联想到了郑板桥"删繁就简三秋树，领异标新二月花"的句子。第一句是说，用最简练的笔墨表现最丰富的内容，删繁就简，就像深秋里树叶掉光的树一样（只留主要的枝干），瘦劲秀挺；第二句是说要像二月的花，一花引来百花开，创造与众不同的新格调。同时，我还想到了他的竹石图题跋：四十年来画竹枝，日间挥写夜间思。冗繁削尽留清瘦，画到生时是熟时。

　　这时，我脑海中已清晰浮现出树的意象，文章不就是一棵树吗？为何不把文章当树来看呢？思及于此，我会心地点了点头。精简文稿与园丁修剪树木何其相似，怎么就不把精简与"修剪"联系起来呢？

　　于是，诞生了第三个标题：《削减文章的"五把剪刀"》。

　　这五把"剪刀"，不是随意拼凑的，而是建构在文章的主题、结构、材料、语言和表述五大要素上，"主题之剪""结构之剪""材料之剪""语言之剪""表述之剪"与五大要素对应，既封住了口子，也形成了体系。

　　于是就开始了二次创作。但好景不长，落笔不久，我发现问题又来了。这五把"剪刀"，在概念上切割得不够清楚，有相互交叉的情况。比如，谈材料的精简，必然绕不过语言和表述方式，谈语言的精简，同样有表述方式问题。

　　所以，我又不得不驻笔，第三次构思再次折戟沉沙。这时的我，主观上特想把文章完成，但又无好的思路，心情格外焦虑。

4. 从管理学中另辟蹊径

　　时间到了 5 月下旬，有幸到南开大学学习，我把这次学习当成了打开脑洞的好机会。果然，有一天，有位老师讲到管理学中的"精益管理"理论，讲企业如何全过程、全要素地管理，给了我很大启发。

　　当时我在想，以前很多人在谈到精简文稿时，大多都是在"文字"上下功夫，比如如何精练文字、选用句型，如何删除冗词赘句，并且都是在文稿写成后的功夫，很少有提前预防文稿"发福"的对策。

　　你想，一个人减肥，等长胖了后再来减，那是很麻烦的，还不一定减下去。民间有句俗话说"吃药不如防病"，精简文稿也是一个道理，高手往往是避免发福。写作是个环环相扣的过程，除了动笔写，前面有立意、构思、选用材料多个环节，"发福"的风险点很多，像管理学上讲的那样，全过程管控才是最有效的办法。

想到这里，我隐约觉得，我把问题想通了，有了理论的底座，就有了写作的底气。于是取了第四个题目：《文稿"瘦身"的全过程管理》，并列出了八个一级标题：

一、确立主题，开口要小

二、选用素材，标准要严

三、谋篇布局，结构要简

四、对策措施，细节要略

五、叙事说理，脉络要清

六、行文走笔，笔法要直

七、遣词造句，用语要省

八、修改校对，锤炼要精

正所谓"思路决定出路"，找准了树木的纹路，劈柴就如同破竹，接下来的写作顺畅了很多，文章很快就有了雏形。

关于主标题，一开始，我准备在"全过程"三个字上做文章，后来觉得不行，因为按系统的观念，不仅全过程管控，还要全要素着手，主题、结构、材料、语言、表述各方面都要考虑。

于是，脑海中浮现出西方管理学上的"全面质量管理"理论，核心观点是"全员、全过程、全领域管理"，正好是我想要的。于是，第五个题目——《文稿身材需要推行全面质量管理》就诞生了。

正为自己跨界的创意而高兴，一位朋友说：虽然用了"全面质量管理"这个理论，让文章更有理论的深度，但这个概念太学术化了，不太好懂，建议直白一点，让人一看就懂的那种。

5. 从五个维度表达"瘦"的意象

怎么改呢？

我曾想过《文稿的"减肥"呼唤整体解决方案》，但说"整体解决方案"

似乎把话说得太满，态度不够谦虚，没有余地。

想来想去，用疑问句，取名为《如何让文稿"瘦"下来？》，仍然回到"瘦"这个概念上来，将八条提纲归并为五个方面：

一、立意构思，主题要纯

1. 主旨要专

2. 旗帜要明

3. 切口要小

二、谋篇布局，结构要简

1. 走出"面面俱到"误区

2. 走出"多多益善"误区

3. 走出"层层嵌套"误区

三、选材用材，标准要严

1. 精挑细选

2. 精雕细刻

3. 精打细算

四、叙事说理，笔法要直

1. 开门见山，不绕弯子

2. 主线贯底，不分岔子

3. 意尽则止，不留辫子

五、遣词造句，提炼要精

1. 削尽冗繁

2. 语言明快

3. 修辞得体

4. 表述凝练

三番五次地调整，架子总算搭好了，从主题、结构、材料、语言、表述五个维度进行综合思考，体现了写作的全过程、全要素控制思想。文章最后在《应用写作》2019 年第 10 期刊载。

6. 一段时间后又有新想法

所谓"文章不厌百回改"，这话再说也不假。

文章发表一段时间后，我回过头来读这篇文章，又觉得不满意。一个重要原因就是，标题太过对仗工整，八股气息太浓了。索性又作了一次改造，没有动结构，而是换一种表述方法，还用了比喻，这样一来，感觉更通俗易懂、深入浅出了。

一、立意构思阶段，主旨最好像小孩一样单纯

1. 一篇文章一个中心

2. 鲜明地提出自己的观点

3. 尝试以小切口作大文章

二、谋篇布局阶段，结构最好像板凳一样简洁

1. 忌面面俱到，生怕漏了什么

2. 忌多多益善，认为多写是水平

3. 忌层层嵌套，认为那样才系统

三、选材用材阶段，标准最好像挑刺一样严苛

1. 像税吏一样精挑细选百般挑剔

2. 像裁缝一样对布料精心裁剪

3. 像月老一样在配对上精打细算

四、叙事说理阶段，笔法最好像打针一样直白

1. 开门见山，不绕弯子

2. 主线贯穿，不分叉子

3. 意尽则止，不留辫子

五、遣词造句阶段，语言最好像钢铁一样精练

1. 尽量删除可有可无的词句

2. 让语言简洁明快起来

3. 保持语言修辞的克制

4. 学习数学式的表述方法

　　现在回想这篇文章的构思过程，感触颇多，整个过程可以说经过了九曲十八弯，经常陷入"黔驴技穷"的绝望中。那段时间的我，就像一名铁匠，把铁反复高温加热、冷水淬火、锤打整形，循环往复才锻造出一个可用的器物来。

　　这也让我想起王羲之在《题卫夫人〈笔阵图〉后》中写的："夫欲书者，先干研墨，凝神静思，预想字形大小，偃仰平直振动，令筋脉相连，意在笔前，然后作字。"

　　写文章也是同样的道理：意在笔前，然后作文。写作源自构思，构思成就灵感，也成就于灵感，在主观世界与客观世界这次最愉快的邂逅中，你要做的，就是尽一切可能为邂逅创造机会！

第32课　工作报告年年写，怎样出新意？

——从实战中复盘的 3 点经验

　　我自十余岁起，就开始读书，读到现在，将满六十年了，中间除大病或其他特别原因外，几乎没有一日不读点书的，然而我也没有什么成就，这是读书不得法的缘故。我把不得法的概略写出来，可以为前车之鉴。我的不得法第一是不能专心。……我的不得法，第二是不能动笔。我的读书的短处，我已经经验了许多的不方便，特地写出来，望读者鉴于我的短处，第一能专心，第二能动笔，这一定有许多成效。

——蔡元培

📑 本课导读

　　英国哲学家弗朗西斯·培根曾经说："经验是最好的论证方法。"一个人走过的路，在某种程度上是经过实践检验的，具有一定的指导性。理论上，经验固然是主观的、不具有普适性，然而却是生动的，尤其对公文写作这种实践性极强的活动来说，具有相当的说服力。所以本课立足于先后两年对一个稿子的起草，以讲故事的方法告诉大家，我们是怎么定调子、搭架子、做套子，创新写作方法的。本课有两个初衷：一是通过讲故事让大家鲜活地了解我的思路历程，感受到创意的难处。同时也希望通过自己的探索，为大家找出一条激发创意的路径。需要说明的是，我现在工作的单位是省级单位的综合文稿处室，已连续十年参与或主笔省领导在全省工业和信息化工作会上的讲话起草，每一次都有新感受、新收获，特别是在文稿构思上。

本课核心观点

- 定准"调子"方能弹准"曲子"
- 搭稳"架子"方能装实"里子"

■擦亮"套子"方能美化"面子"

人的正确思想是从哪里来的？是从天上掉下来的吗？不是。是自己头脑里固有的吗？不是。人的正确思想，只能从社会实践中来，只能从社会的生产斗争、阶级斗争和科学实验这三项实践中来。

这是毛泽东《人的正确思想是从哪里来的？》一文的开头。

那么，我也想问：写作思路是从哪里来的？是从天上掉下来的吗？不是。是自己头脑里固有的吗？不是。好的创意，只能从写作实践中来。

本课以我在2017、2018年带领处室同志们起草的两篇领导讲话稿为例，给大家复盘构思的整个过程。

写作之前，我们做了许多功课，不仅调查研究收集素材，还反复分析前几年的稿子，旨在打一场有把握的仗。这些功夫做足以后，就从定"调子"开始，接着搭建"四梁八柱"，最后进行概念包装。

1. 定准"调子"方能弹准"曲子"

有经验的写作者都知道，一篇文章的发端是从定"调子"开始的，要把文章写好，首先得把"调子"定准了，否则差之毫厘谬以千里。

所谓定"调子"，就是确立文章主题、主旨，点出全篇"文眼"。这很重要，也是必需，因为调子定不好，文章就会跑偏。古人说"意犹帅也"，调子是文章的"统帅"和"主心骨"，所以写作一定要"意在笔先"，先把调子定下，然后才落笔向下写。

2017年的那个稿子，我们自然也是先从主标题入手，解决调子的问题。在一篇文章里，标题是文章的眼睛，具有定调的作用。

怎么定"调子"呢？

说来也巧，就在开工前一个月，省领导到单位开过一次会，提出"打工业经济攻坚战"的要求。我们敏锐地捕捉到这个概念，果断地把主题定为《突出重点　攻克难点　干出亮点　坚决打赢全省工业经济攻坚战》。之所以在主题前加上"重点""难点""亮点"这样的词语，我们的考虑是，既然是"攻坚战"，自然不是轻轻松松、敲锣打鼓就能完成的，一定伴随艰苦卓绝的"斗争"，于是战争场景浮现在大家眼前，"突出重点"意味着找准主攻"山头"，"攻克难点"隐喻集中优势兵力消灭最顽强的"敌人"，"干出亮点"则是一种愿景。

初稿报上去后，办公厅的同志做了一些微调，但总体上认可了我们所定的调子。

在攻坚中，时间总是过得很快，转眼就到 2018 年。写作前，同样发愁调子怎么定，这可没上年幸运，因为今年省领导没有明确说法，大家犯难了。

怎么定才合适？

团队开了几次讨论会，大家都觉得，2017 年底刚开完党的十九大，2018 年必然得把会议精神贯彻好啊！既然如此，十九大精神必然就是核心了。我们要做的就是如何结合实际贯彻十九大精神，而十九大报告明确提出构建"现代化经济体系"，这是经济主管部门义不容辞的责任啊。于是大家感觉，应该以"构建现代化经济体系"为主调，与上年的攻坚战结合起来定调。最后，主题定为《全面贯彻党的十九大精神　持续打好工业经济攻坚战努力构建现代化工业经济新体系》，这个调子同样得到了领导认可。

2. 搭稳"架子"方能装实"里子"

调子定好，接着就要谋篇布局，搭"架子"了。

搭"架子"确定文章组织结构，说白了是写提纲、画出"四梁八柱"。搭架子是文章写作成败的关键，如同建造房屋前需要结构工程师设计结构一样。

2017 年，围绕"工业经济攻坚战"这个主题，我们像剥洋葱一样，层层剥开，一一敲定一级标题、二级标题及逻辑关系。总体上，按三段式结构来摆布，全文分三个部分：

一、2016 年全省工业和信息化在严峻考验中砥砺前行，企稳回升，成效显著

二、2017 年工业和信息化发展机遇良好，任务艰巨，责任重大

三、打赢工业经济攻坚战，必须明确目标，突出重点，攻克难点

以时间为序，先总结上年工作，接着分析当前形势，再安排今后工作。这个结构在正式印发时，改为：

一、砥砺前行，全省工业和信息化工作成效明显

二、认清形势，全省工业和信息化发展任重道远

　　三、稳中求进，全力以赴打好工业经济攻坚战

　　总体结构没变，只是语言更为凝练。说实话，三段式结构是总结类文稿的一种普遍范式，是比较符合思考规律的，所以这些年基本都是按这个逻辑来组织内容。2018 年，我们同样采用这个大逻辑，虽然文字上有所变化，但"干了什么、成绩在哪里—面临何种形势—下步如何干好"这个底层逻辑是没有变的。

　　这种结构非常普遍，也很简单，容易把握，最烧大脑的是如何进一步细化，以什么样的"套子"来包装的问题。

3. 擦亮"套子"方能美化"面子"

　　"调子"定了，文章"四梁八柱"也搭起来了，最后还得有一些奇思妙想，给文章做一件"外套"，让文章看起好看一些。

　　我把这个过程称为"做套子"，即构建一些富有特色的表述体系，让稿子结构严密、逻辑严谨。个人感觉，上面的"架子"好搭，"套子"难弄，因为"做套子"考验知识整合能力和思维创新能力。

　　我们是如何"做套子"的呢？

　　（1）总结成绩部分

　　把成绩写"亮"是一个创新思维的过程，也是寻找思维"引信"的过程。如何在更高层面总结成绩？用什么"套子"来装？这是首先要解决的问题。常规写法是，按工作分类一一评价，比如某某工作上了新台阶、取得明显进展、有了重大突破等，结构是"工作＋成效"或"措施＋成效"。但不能总这么写，想写出特色，常规方法肯定不行，必须另辟蹊径，甚至要跨界思考。

　　深度思考是件痛苦的事，伤精费神，然而人的创造力又恰恰来源于思考。人的思维极像一个没有引信的炸药桶，产生思想火花的关键在于找到引爆它的引信。一开始，我们都很迷茫，找不到合适的角度和切入点，反复拟定的几个提纲都不满意，备受煎熬。直到有一天，我在翻阅传阅文件时，读到了省领导对全省工业经济的一个判断，终于被我抓到了思维的"引信"，找到了"引爆点"。在文件里，省领导把工业经济比作经济的"顶梁柱"，这是一个形象的比喻，很有画面感。于是，我顺着"顶梁柱"这个概念往下"解剖"，一番琢磨之后，"助推器""动力源""变速箱"这几个词组在脑海中浮现出来，"套子"便做成了。

1. 非烟工业发挥了"顶梁柱"作用

2. 供给侧结构性改革发挥了"动力源"作用

3. 产业转型升级发挥了"变速箱"作用

4. 重大项目发挥了"支撑性"作用

5. 信息化建设起到了"助推器"作用

这五点跳出以具体工作为纲的总结方式，运用比拟的手法，让人感到很形象，并且抓住重点，不及其余，没有面面俱到。

正所谓"经一事长一智"，第二年，我们汲取了上年经验，知道思维的引信是不容易找到的。我一开始就给团队的同志"打预防针"，让他们先不要纠结于提纲具体标题的表述，可以边写边构思，让"子弹"飞着。其实写初稿很像建筑领域的土建施工，谋篇布局、拟制提纲只是开工前撒下的石灰线，作用是标出四至范围、定准平面位置、画出总体轮廓、确保逻辑关系合理，细节装修则是后续工作。

反复实践，还是没有漂亮的"套子"，大家心里着急，我让大家放松。暗地里，我在寻找着灵感。有一天，我看简报，突然注意到"趋势"这个词，刻意停了下来，心里想："趋势是一个过程，要么向好，要么恶化。以前写成绩都是在写结果，还从来没有写过趋势，从上年全省工业经济发展现状来看，各项指标都很好，稳中向好，越来越好，能否用'越来越'这个模式来总结呢？"想到这里，突然有种豁然感，便趁热打铁与大家讨论，大家感觉贴切、生动、易记，于是"六个越来越"的"套子"便做好了：

1. 工业在全省经济中的顶梁柱作用越来越突出

2. 工业发展的新旧动能接续越来越顺畅

3. 一大批工业项目支撑力越来越有力

4. 工业化与信息化"两化"融合越来越深入

5. 实体经济迸发的活力越来越强劲

6. 大抓工业大兴实体氛围越来越浓厚

这六句话句式简单、通俗易懂，语言相对准确，让人听得懂、记得住。后来，在省"两会"新闻发布会上，这六个特点被正式向媒体发布。

（2）分析形势部分

从省级层面来讲，领导在分析形势时，很多都会高屋建瓴，从国际讲到国内，最后回到省情上，用空间位移的分析逻辑。然而，2017 年的写作，我们没有使用这种"老套"的写法，而是把思维切换到另一个频道上，采用总分的"套子"，先总括"机遇良好，任务艰巨，责任重大"，然后用三个"之所以强调"来阐释三个标题：

第一，之所以要强调"机遇良好"，是希望大家从中央对形势的判断中把握机遇，增强信心

第二，之所以要强调"任务艰巨"，是希望大家在工业和信息化发展现状中发现问题，找到差距

第三，之所以要强调"责任重大"，是希望大家在工业经济攻坚战中勇于担当，攻坚克难

总体上说，这三个标题跳出固有套路，构建了一个新的分析模式。

2018 年的形势又是怎么分析的呢？

那时候，党的十九大刚开完，省委也召开了相关会议，对形势作了深刻分析。我们果断认为应该把分析重点落在十九大上，体现政治性。于是这部分的一级标题是："全面贯彻党的十九大精神，准确把握未来发展的形势"，下设三个二级标题，分别阐述三个问题：

一要准确把握习近平新时代中国特色社会主义思想的深刻内涵

二要准确把握新时代抓好我省工业和信息化发展的历史新方位

三要准确把握新时期持续打好工业经济攻坚战的新要求

这次是把形势、趋势和要求结合起来，形成新的表现手法。

（3）安排工作部分

毫无疑问，开会是为了解决问题，所以文稿的核心是要告诉大家干什么、怎么干，问题是，每年可写的东西就那么多，年年写，还要写出新意，谈何容易！

不能"外甥打灯笼"一切照旧吧？

2017 年，我们在这个问题上思索很久，终于找到了一个办法：围绕"工业经济攻坚战"的"战"字来展开思考扇面，进而形成了一个完整的工作体系。我们把问题分为三个层次：

第一，紧盯攻坚战总体目标，筑牢"稳"的基础

第二，聚焦攻坚战五个关键，实现"点"的突破

第三，实施攻坚战六大措施，下足"进"的功夫

第一是贯彻省领导强调的稳增长、稳烟草、稳电力、稳传统产业的要求。第二是安排产业转型、民营经济、工业园区、项目建设和信息化五项关键工作，五大攻坚"山头"。第三是从改革、创新、投资、招商、安全、落实六方面提出要求。

需要说明的是，"稳"和"进"是中央经济工作会"稳中求进"的总基调，我们把它嵌入二级标题。这个设计得到了领导认可，后来办公厅适当作了修改便定稿了。最成功的一点是，提出了"夯实一个基础，聚焦四个重点，推进五项保障措施"攻坚战总框架，后来写入了省委、省政府工业经济攻坚战总体方案，成为全省工业攻坚的总方略，我们感到很欣慰。

前面说过，2018 年的主题是《全面贯彻党的十九大精神　持续打好工业经济攻坚战努力构建现代化工业经济新体系》，核心是"现代化经济体系"。所以，这部分我们重点从"体系"的概念演绎开来，最终提出了"三大体系"的构思，即构建"指标体系""产业体系"和"工作体系"，指标体系从省委"两型三化"要求展开，刚好契合五大发展理念。产业体系根据当年省政府工作报告的精神，提出"传统产业＋支柱产业＋新兴产业"的体系，还考虑了共享经济、数字经济等新业态。工作体系基于 2017 年六大措施，增加了工业园区、民营经济和信息化内容，合并为十条。

以上构思过程带有偶然性，有些是难以复制的，虽然我们的创意也不见得有多高明，但思考的过程及方法是最宝贵的。大家不妨想想，如果换做你来写，你会怎么构思？会不会有专属于你的灵感蹦出来呢？

我想，一定是有的。并且还会比我的构思更巧妙。

第33课　写公文也需灵感加持
——如何在写作中激发灵感

如果你写作受阻，那就离开你的桌子。去散个步，洗个澡，睡一觉，做个派，听听音乐，冥想，做运动；无论你做什么，别死盯着问题。但不要打电话或者去聚会；如果这样的话，别人说的话或多或少会影响你，自己要有所取舍，为自己创造些空间。耐心些。

——希拉里·曼特尔

 本课导读

总体上，公文写作是"格式化"写作，有规范的形制和严格的要求，是戴着镣铐跳舞，似乎不像文学作品一样需要灵感的加持。事实上，公文写作也需要灵感，很多好的构思，往往是灵感的火花点燃的大火。如何激发灵感，也是公文写作者需要考虑的问题。本课正是基于这个考虑，总结了四种激发灵感的方法：开放式学习、"莫须有"联系、纠缠式思考、放松式引导。当然，这只是一己之见，毕竟灵感的激发因人而异，只要能够激发灵感，都是好方法。

本课核心观点

- 什么是灵感？有啥用？
- 激发灵感的 4 种方法
- 激发灵感的 4 种策略

公文写作虽然不同于文学创作，不能天马行空地想象，但在一定程度上也有创造的"戏份"。既然是创造，就离不开灵感的加持。

本课重点讲对灵感的认识，以及激发灵感的方法和策略问题。

1. 什么是灵感？有啥用？

灵感，是人们在艺术构思探索过程中，由于某种机缘的启发而突然出现的、豁然开朗的一种心理现象。就写作而言，灵感就是创作中瞬间产生的创造性思维状态，它是写作者知识、经验积累的喷发，是作者在殚精竭虑后的思维顿悟，是心理积淀受外物触动碰撞出的智慧火花。

对写作来说，灵感是很重要的，因为写作本身就是一种创造性思维活动，创造离不开灵感的加持。事实上，灵感是创意的触发器，写作中的奇思妙想大多来自大脑突发的灵感。

《时间简史》的作者斯蒂芬·霍金说："推动科学前进的是个人的灵感。"爱因斯坦也认为："想象力比知识更重要，因为知识是有限的，而想象概括着世界上的一切，推动着进步，并且是知识进化的源泉。严格地说，想象力是科学研究中的实在因素。"想象力正是激发灵感的方式。

2. 激发灵感的 4 种方法

灵感常常扮演"不速之客"的角色，来无影去无踪，如不及时抓住，再也无缘相见。所以，写作当中能不能激发灵感，就成了一个关键问题，如何在写作中争取更多与灵感"邂逅"的机会？这里有四点经验供参考。

（1）开放式学习，像游牧民族一样在知识的草原上逐水草而居

信息这个东西很奇怪，平时看似无用，关键时刻却会与其他信息发酵，酿造出灵感来。所以，激发灵感最保险的方法就是开放式学习，普遍撒网。

所谓开放式学习，就是不设围墙的学习，不管是经济还是法律，是技术还是哲学，不做范围上的限定，像游牧民族一样，哪里水草肥美就去哪里。

据说奥地利音乐家舒伯特某次走进一家小酒店，随手拿起桌上的莎士比亚诗集就读，忽然，他拍桌自语："啊，有了，有旋律了！"原来是读诗启迪了他的音乐创作灵感。

我国著名作家茅盾一天在报纸上读到一条消息说"浙东今年春蚕丰收，蚕农相继破产"，因此诱发了创造灵感，写出了《春蚕》这篇著名小说。

美国密西根和匹兹堡大学的科学家曾表示，他们开发出的"仿生粒子"——一种无机半导体和有机蛋白质的混合体，很大程度上是受到《魔鬼终结者》电

影中半机器人的启发。

中国学者周海中受"费马数"启发，为梅森素数分布难题找到了突破口，提出了梅森素数分布猜测，并给出了精确表达式，被称为"周氏猜测"。

以上事例有一个毋庸置疑的共同点：他们平时的学习是开放的，或者说随性的，正因为无意间的积累，才奠定了一刹那灵感的诞生，这叫"灵感青睐有准备的头脑"。

（2）"莫须有"联想，解开束缚思想野马的缰绳

灵感和创意往往是没有逻辑的，"无厘头"的，来无影去无踪，不容易捕获。怎么办呢？

方法是，放飞想象，以各种"莫须有"的理由去联想。我们知道，岳飞是被秦桧以"莫须有"罪名害死的，在社会实践中，我们反对捕风捉影式的做事方法，因为这不符合科学精神和客观态度，但在思维世界里，尤其在创造性思考时，"莫须有"却很有价值。

所谓"莫须有"联想，即只要感觉有点关系，就往深处想，"宁可错杀三千，也不放过一个"，不放过任何一点线索或可能性。

俄国文学家列夫·托尔斯泰在给友人的信中谈到创作《安娜·卡列尼娜》时的情景："我感到悲哀，什么也没有写，痛苦地工作着。您简直想象不到。我在这不得不播种的田野上进行深耕的准备工作，这对于我是多么困难。考虑，反复地考虑我目前这部篇幅巨大的作品的未来人物可能遭遇到的一切。为了选择其中的百分之一，要考虑几百万个可能的际遇，真是极端困难。我现在做的正是这个……"。考虑"几百万个可能的际遇"，如果过于谨小慎微、束手束脚，是万万想不到的，如果没有"莫须有"联想的过程，托尔斯泰恐怕很难构思出精彩的情节。

法国著名哲学家、数学家笛卡尔有一句名言："大胆假设，小心求证。"在我看来，所谓"大胆假设"，就是说思考阶段要大胆，不能太拘束，凡是大概有的都可以考虑，这也印证了"莫须有"联想的观点。在公文写作中，如果过于循规蹈矩，就跳不出既有禁锢，遑论有灵感的迸发了。

建议大家构思时让思想的野马自由驰骋，但凡有点联系的事物，都大胆假设，寻找共同点，引用到写作之中。

（3）纠缠式思考，像蚂蟥一样盯住一个问题不放

灵感是构思开出来的花朵，这朵鲜艳的花不是凭空出来的，而是思考持续"喂

养"出来的。没有"十月怀胎"，哪有"一朝分娩"？

文学上有很多这样的故事，李有源获得《东方红》的创作灵感是一个红日初升的冬晨，作者说："编它，不是一天两天，也不是一年两年，而是整整用了四十年功夫。"可见，这个过程有多长。李准在《大河奔流创作札记》里讲："我在黄泛区的华西县住了三年半，收集家史不下 200 家，可仍是'理丝无绪'。后来到了扶沟县海岗大队（黄泛区腹心地带，现对国家贡献很大），激动得几晚上没有睡着觉，觉得'豁然开朗'了。这些年所积累的素材，找到了一条线，找到了一个'灵魂'，所有的素材都如长了腿似地活了起来。而且它们自己跑着去站好它们的队。我在海岗大队只住了三天，但是打开生活仓库的金钥匙，是在海岗大队找到的。"

这种长期积累，偶然得之的现象正如契诃夫描绘的："平时注意观察人，观察生活，……后来在什么地方散步，例如在雅尔达的岸边，脑子里的发条就忽然的一响，一篇小说就此准备好了。"

爱因斯坦在回忆他 1905 年 6 月写作狭义相对论论文的情景时对他的好友说，在这之前，他已经进行了好几年的思考和研究，然而那个决定一切的观念却是突然在脑子里闪现的。一天晚上，他躺在床上，对于那个折磨着他的谜，心里充满了毫无解答希望的感觉。他的眼前，似乎没有一线光明。但是，突然黑暗里透出了光亮，答案出现了，他马上起来执笔工作。五个星期后，论文写成了。他说："这几个星期里，我在自己身上观察到各种精神失常现象。我好像处在狂态里一样。"（贝里沃夫《爱因斯坦传》）

所以，文字工作者想获得灵感，就要像蚂蟥一样，盯住一个问题不放，苦思冥想才有获得灵感的可能。

（4）放松式引导，某些情况下，尝试"忘记"自己所思所想

从人类创新的故事中我们发现，伟大的灵感往往来源于不经意间，比如牛顿被苹果砸头而激发了万有引力的创意，鲁班的手被茅草划破而产生了锯子的创意。

据科学研究表明，人在放松状态下更容易获得灵感。这些放松的方式也许就是创意的触发点，也许恰恰就只差那么一个小火花而已，你的放松正好点燃了它。

就拿与人聊天来说吧，我国有"听君一席话，胜读十年书"的说法，苏联教育家马卡连柯花了十三年收集创作素材，却找不到称心的主题，没想到高尔基的一席话让他豁然，获得了《教育诗》的创作灵感。有个故事说，一位研究灵感的作者就"梦中解题"现象写了一篇文章，投稿后数次被编辑退回，这位作者苦苦思索了一年，正当他感到"山重水复疑无路"之时，一位同事不经意的闲谈激发了他的灵感，同事说："在创作中，灵感真像挟着作者飞跃的翅膀啊！"这位作者一听，眼前一亮，思路顿时活了，获得新的立意。

屠格涅夫写《父与子》前，在旅行的客车上偶遇一位医生，在交谈中获得了灵感，从而形成了"虚无主义"思想。

这些都说明，一些看似漫不经心的交谈，实际上在让人放松的同时给人以启示，有助于灵感的激发。

放松的方式，还包括走出去接触生机勃勃的世界，感受五彩缤纷的生活。在这种自然的生活中，也许一个偶然的外物触动就诱发了灵感。

比如俄国作曲家格林卡在著名歌剧《伊凡·苏萨宁》创作中断时，突然受到一幅绘有家乡房舍版画的启示，大脑中立刻浮现出壮丽的俄国冬景图，于是产生了动人的主旋律。

英国诗人雪莱在谈到诗剧《解放了的普罗米修斯》的创作时说："我的这首诗大部分是在万山丛中卡拉卡古浴场残留的遗址上写作的。广大的平台，高巍的穹门，迷魂阵一般的曲径小道，到处是鲜艳的花草和馥郁的树木。罗马城明朗的晴天，温和的气候，满空中活跃的春意，还有那种令人神醉的新生命的力量……这些都是鼓励我撰著这部诗剧的灵感。"巴尔扎克在《论艺术家》中也写道："某一天晚上，走在街心，或当清晨起身，或在狂欢作乐之际，巧遇一团热火触及这个脑门、这双手、这条舌头。顿时，一字唤起了一整套意念；从这些意念的滋长、发育和酝酿中，诞生了暴露匕首的悲剧、富于色彩的画幅、线条分明的塑像、风趣横溢的喜剧……"。

所以，我建议大家在没有创意的时候，不妨把事情放一放，做点令人轻松的事情，比如上面提到的散步、旅行、与朋友聊天，甚至是洗个澡、看看电视剧、听首轻松的乐曲、看本闲书什么的，只要能让自己放松，能把东西"倒空"，都可以尝试。

3. 激发灵感的 4 种策略

"诗情不似潮有信，夜半灯花几度红"（臧克家：《忆向阳》序），获得主题的灵感"是不为意志所左右的，是不由钟点来调节的，是不会依照预定的日子和钟头迸发出来的。"（《费尔巴哈哲学著作选集》下卷），在激发灵感过程中，还有几点建议。

（1）持之以恒，不要轻易中断思考

日思夜想是激发和捕捉灵感的基本条件。正所谓"得之于顷刻，积之于平日"，灵感是在长期艰苦劳动后出现的。俄国画家列宾说："灵感是对艰苦劳动的奖赏。"灵感并不是心血来潮、灵机一动的产物，"灵感是一位客人，他不爱拜访懒惰者"（柴可夫斯基），只有当自己完全被沉思占有时，才可能有灵感。

（2）劳逸结合，注意适当放松

在长时间的紧张思考之后，丢开一切情绪，漫步于林荫道上，或登高远望，或荷锄于小园香径，或卧床休息，都有助于产生灵感。阿基米德是在洗澡时发现浮力定律的，爱因斯坦是在病床上想到相对论的，华莱士是在疟疾发作时想出进化论中自然选择观点的，凯库勒是在半眠半梦状态中想出苯环结构的……

（3）打开心扉，经常和人交流思想

善于调节自己的活动，把自己从思维的死胡同中解放出来，有助于激发和捕捉灵感。法国数学家拉普拉斯常把某个复杂的问题搁置几天而不去理它，当他捡起重新考虑时，往往发现它变得极为容易。此外，当你的思维遇到障碍时，如果能邀请不同专业的人一起叙谈，从不同角度探讨问题，往往能使自己摆脱习惯性思维程序的束缚，打开脑洞，捕捉到灵感。

（4）想到做到，灵感不喜欢懒惰者

灵感往往"采不可遏，去不可止"，如不及时捕捉，就会跑得无影无踪。因此，必须随身携带纸笔，一有灵感随时记录。英国著名女作家艾丽·勃朗特年轻时，除了写作，还要承担繁重的家务劳动。她在厨房煮饭时，总是带着笔和纸，一有空隙，就立刻把脑子里涌现出的思想写下来。大发明家爱迪生、大画家达·芬奇等也都是这样，他们经常随手记下自己在睡前、梦中、散步休息时闪过头脑的每个细微意念。

第34课 应景讲话的写作技巧

——5个特点 +6个诀窍

凡操千曲而后晓声，观千剑而后识器。故圆照之象，务先博观。阅乔岳以形培塿，酌沧波以喻畎浍。无私于轻重，不偏于憎爱，然后能平理若衡，照辞如镜矣。是以将阅文情，先标六观：一观位体，二观置辞，三观通变，四观奇正，五观事义，六观宫商。斯术既行，则优劣见矣。

——刘勰

📋 本课导读

年末岁尾，笔杆子进入写作的"旺季"，各类稿子像冬天的雪花一般漫天飞来，让人应接不暇。普遍的做法是，单位要开一系列会议，办一系列活动，对一年工作进行总结。不管是会议，还是活动，都离不开领导出席讲话，代表单位表示欢迎、慰问、感谢，或加油鼓劲、展望未来、联络情感。活动很密集，有的领导上午总结会、慰问会，下午汇报会、茶话会，晚上还有团拜会，一天七八场，忙得不可开交。说实话，领导忙，笔杆子也不轻松啊！因为如此高频率的活动安排，领导自然没时间亲自写，只得靠笔杆子代为起草。于是，冬季就成了笔杆子最忙的季节。怎么写好这种致辞？我专门就这个问题作一些思考，并将我写的一篇发言分享出来，大家可以结合起来体会。

📖 本课核心观点

- 应景讲话的 5 个特点
- 应景讲话的 6 个诀窍

年底，往往是笔杆子大显身手的时候。

然而，在笔杆子大显身手的"光鲜"背后，却是挥之不去的压力和"暗无天日"

的伏案疾书。加班加点不说，就怕写不完，写不好，届时领导不满意，听众也吐槽，那就麻烦了。所以，这段时间，很多朋友在高强度压力面前，常常陷入焦虑、迷茫，乃至绝望之中。

英国作家查尔斯·狄更斯的《双城记》开头有两句："这是光明的季节，这是黑暗的季节；这是希望之春，这是绝望之冬。"个人感觉引到这里特别能表达大家的矛盾心情。可以说，这个季节，既是笔杆子的"高光时刻"，也是"至暗时刻"。

挺住，或认怂，这是个问题。

我是"过来人"，非常理解这种"窘境"，于是就特别希望做点什么，以便帮大家减轻一点（哪怕就一点点）焦虑，把"黑暗的季节"变成"光明的季节"，把"绝望之冬"变成"希望之春"。经反复思考，总结一些经验供大家参考。

本课讲两个问题，并以我的一篇总结发言为例。

1. 应景讲话的 5 个特点

前不久，我读毛主席的文章时，再次感到分析问题的重要性。1941 年，他在西北局干部大会上讲："我们革命的目的，是要打倒我们的敌人，打倒日本帝国主义。但敌人到底是什么样子，恐怕还不知道，不知道敌人是什么样子，敌人就打不倒。……对一切都要加以分析，这是一切工作的出发点。"

这告诉我们，解决问题，先得认识问题，搞清"敌人到底是什么样子"——对问题作出清晰界定，分而析之，才能找到破解的办法。写文章也是一样的道理。想写好文稿，首先要把这个"敌人"搞清楚，然后对症下药。

在公文家族里，致辞又叫致词，指用文字或语言向人表达思想感情，现一般指在举行会议或某种仪式时请具有一定身份的人讲话。

致辞是一种应景性讲话，这类稿子有很多值得关切的特点，归结起来，有五方面。

（1）篇幅相对较短

这类稿子，短的一两页，比如茶话会致辞，大多表达感谢、祝福等意思，几分钟就讲完了。长的也就三四页，如果遇到专项活动，如培训班、外出考察学习，可能长一点，需要把活动过程回顾一下，把成果总结总结，甚至连今后的打算、目标都附带讲一讲。不管如何，相对而言，篇幅"短"的特点是很鲜明的。

（2）便于口头表达

这种场合的致辞就是即兴演讲，本质上就是对着一群人讲话。正因为这种"讲话的本质"，那些口才好、情况熟悉的领导，有时干脆不要讲稿，直接登台。既然要写了，就不得不考虑这个问题，让人舒服的稿子一定是口语化、通俗化的，让读的人"口感"好，让听的人"耳感"好。

（3）有特定应用情境

这类稿子往往有特定的应用场景，一般是某种活动，有特定的背景、对象和主题，还有比较具体的环境，比如项目签约、开工、开业的现场，一支队伍要出征、凯旋，一次晚会、比赛开幕……现场有特别的气氛，或喜庆，或激动，不像日常工作会议那样严肃。这种情况下，讲话者需要寓情于景，与现场互动、共情、共鸣，这就需要融入一些情感因素，可以不那么"公文"。

（4）容易写出文采

在所有公文中，这类文稿最能写出文采和个性。这就是我们经常在网上看到一些地方领导的招商引资推介词写得文采飞扬，像散文的根本原因。因为，文采所起的作用就是渲染氛围，就是通过排比、比喻、拟人等修辞格刺激情绪，激动人心，这正是语言表达的初心和本源。

（5）写法相对灵活

语言本来是没有规则的，语言的目的就在于让人明白自己的意思，理解自己的情感。所以，自古以来，语言就是很灵活的，每个民族都有自己的语言及表达习惯，只要大家都能懂，那就是好的表达。应景讲话不像法定公文那样有明显的结构体例，它非常灵活，没有太多条条框框，在所有公文中，恐怕是最"文无定法"的一种了。

2. 应景讲话的 6 个诀窍

一篇娓娓道来、津津有味，让人念念不忘的讲话，诀窍有六点。

（1）结构尽量简单

越简单就越好记，因为这样有利于降低听的难度。

什么结构最简单易懂？

实践证明，并列结构最简单易懂。这种结构不分先后，一个观点讲完后，听众已然获取到了你的表达逻辑，几乎能预测你下句会怎么讲，当你抛出第二个、第三个时，读者会感到熟悉，因为他们适应了你的范式。

所以，写作时要有用户思维，设身处地为听众着想，尽量降低他们的理解难度，越是简单，听众越喜欢。

正如我在浙大学习期间的总结发言，全文讲了七句话，并列铺排出来，标题结构为："浙"七天，××的××很×。句式对仗，好记，各条没有顺序，谁先谁后都无所谓。

（2）对嵌套说"不"

老实说，这点是上条的延伸，本质上也是结构问题，只是侧重点不同，它强调的是提纲层次的复杂程度。

不要嵌套，像开"中药铺"似的，因为那样会让人头晕眼花。

一般来说，正常人的讲话往往简单，能把一个问题分解为几点表达出来，就已经很厉害了，很少有人像写论文一样，一层包含着一层，写得很复杂。

写应景讲话稿，很忌讳像写论文一样叠床架屋、层层嵌套，具体说来，我觉得一个层次就行了。千万不要在"一"下面还来个 "（一）""（二）"，更不能搞到"1""2"这个层次。如果写成这样，光凭耳朵听是很难理解的，如此复杂的致辞，谁受得了呢？

人毕竟不是电脑，不喜欢复杂。你看，现实中一些领导的即兴讲话，结构都很简单。比如，今天，我就讲三句话（三个字），一是什么，二是什么，三是什么，讲完就完了。

这种讲法，非常人性化，让人听得懂、记得住、忘不掉、不吃力。

（3）有观点，有味道

听人讲话和阅读文章是一样的体验，都希望有见地、有味道。

这是人类演化几十万年所形成的记忆，不管是吃东西还是读文章，概莫能外。想想，让你喝一千杯白开水，体会是怎样的呢？恐怕是索然无味，无所怀念。但如果给你喝上一杯香味四溢的茉莉花茶，恐怕你会记忆尤深，回味无穷了。

所以，写文章还得有生活的基本体验，否则写出来的东西是不人性，乃至反人性的。一篇应景讲稿，必须有观点、有味道，只有讲出点"道道"来，才能吸引受众。

问题是，怎么提味？

一个立竿见影的方法是，在标题上做文章。因为在一篇文章里，标题是最高光的部位，最吸引眼球的地方。有种说法 "读报先读题，看书先看皮"，底层逻辑就在这里。

晋代文学家陆机在《文赋》有个观点"立片言以居要，乃一篇之警策"，意思就是写文章要在最关键、最紧要的地方安排最精辟的话，成为文章的警句，以传达作者表达的内容主旨。显然，标题就是一篇文章"最关键、最紧要的地方"，最好的方法就是把观点和味道体现在文章的标题上。你要做的，就是从众多信息中把精华"萃取"出来，开门见山抛观点。

就比如，我在浙大培训的总结发言，将"治理的力量来自学习，学习的灵魂在于思考"作为全文的"芯和魂"，并用七句话来概论观点，一级标题还用了谐音手法，将"这一周"写成"浙一周"，就是想让观点更耐人寻味一些。

（4）"口感"要好

前面说了，应景讲稿的本质就是即兴讲话，属于口头表达，所以还得讲究"口感"，读起来"爽口"。

什么是稿子的"口感"？

一言以蔽之，文章的"口感"就是读起来舒服，往细了说，就是讲的朗朗上口，听的娓娓动听、津津有味、念念不忘。

怎么达到这样的效果？

方法就是讲"人话"，通俗易懂、深入浅出地表达，要从公文语言的窠臼里跳出来，多讲接地气的大白话，必要时还可以适当引用一些接地气的网络热词、俗语、谚语，甚至"生造"一些词汇，千万别用专业术语和生僻词。在句法上，多用短句，少用长句，语法要简单明了。

（5）打感情牌

西方有位哲人说过：发自内心，方能打动人心。我国古人认为，感人心者，莫先乎情。这是很有道理的。

既然有道理，那就得讲理啊。

前面也分析过，讲话稿的本质就是讲话，而讲话，就得有情感有感染力。谁也不喜欢听言不由衷的话。

高明的演讲者最善于煽情，打感情牌，他们先发现听众情感的"痒处"，既而以文字为抓手，为读者"挠痒痒"，反复地挠。

哪些属于听众的"痒处"？发现了又该怎么挠？

要我说，大家共同关心的、经历的、认同的就是"痒处"，你去回顾它、讲述它、渲染它，就相当于触碰了它。当你带着自己的观点、洞察和感受复盘的时候，客观上就等于给受众"挠痒痒"了。

正如我在总结发言里回顾了学习中的几个小插曲，目的就是用故事来复盘情感，从而拨动情感的那根弦，自然而然地抓住受众的心，让他们舒舒服服地进入语言的彀中。

（6）应景

说一千道一万，应景讲话就要应景，如果不应景，就失去了自身特色。这就像我们经常说，学生没有学生的模样。没有该有的样子是不行的，因为即兴讲话的灵魂就在"应景"二字。

为何要应景？

很简单，因为只有应景才能让人觉得真实可感，产生代入感。一篇文章倘若没有代入感，就难以引起受众的共鸣、共情，进而产生不了吸引力、感染力。所以，写好这类稿子，就应回到工作的"场景"去思考，有时为了写得细腻，可以用对话、描写等手法，把细节描摹出来。

如何应景呢？

要做到应景，首先得心中有景。这就靠写作者的观察能力了，只有在前期观察、记录，准确"存储"了真实的景，讲话时才有"应"的可能。比如，我在那篇总结发言中，引用老师的观点，回顾学习中的"故事"，点点滴滴，靠的就是细致的观察和记录，若做不到这一点，是很难"再现"那些情景的。

都说"马靠四条腿，人靠一张嘴"，什么是高明的讲话？那种娓娓道来、津津有味，让人念念不忘的讲话，就是高明的讲话。

以上是我对应景性文稿写作的一些体会，供大家参考。当然，具体写作中，需要大家解开思想缰绳，让思维的野马自由驰骋起来。只要是普受欢迎的，让人感到舒服的，就是好的，都可以总结，形成自己的经验！

3. 写作实例：在培训班总结会上的发言

2021 年 5 月底，我参加了省委组织部在浙江大学举办的"省级机关处级领导干部提升治理能力培训示范班"并担任班长，我的一个任务是代表全班在结业式上作总结。结业式上，原本 10 分钟的发言，"一不留神"讲了 20 多分钟，好在大家都很投入，没嫌我啰唆。会后有同学鼓励我说"班长今天发言太精彩了，点点滴滴的细节都被你看在眼里，记在心里，真用心，真有心！"并强烈建议把稿子分享给大家。发言稿共 3400 字，并列结构，属于即兴写作，写作时间短，从 5 月 29 日晚 10 点多开始动笔，30 日凌晨 1 点完稿，前后也就 2 个多小时。总结还不够深入、全面、具体，很多想讲的话都没讲，还有很大的改进空间。建议大家与上一章结合起来看。

治理的力量来自学习
学习的灵魂在于思考
（2021 年 5 月 30 日）

各位老师、同学们：

美好的时光总是过得很快，七天转瞬就过了。尽管大家学味正浓、意犹未尽，却不得不画上一个依依不舍的句号。作为班长，我代表大家做个总结性发言，与大家共勉。

我发言的题目是：

治理的力量来自学习，学习的灵魂在于思考。

在浙大学习七天，我就用七句话来总结吧！

一、"浙"七天，思想的"味道"很浓

有一种美食叫"思想"，有一种味道叫"真理的甜"。百年以前，陈望道先生在翻译《共产党宣言》时品尝出了真理的"甜味"。"浙"七天，我们不仅品尝到了真理的"甜味"，还尝到了新技术、新业态的"鲜味"，闻到了领导艺术、治理能力的"香味"，还在学浙江、找差距中尝到了"辣味"。"浙"七天，学校端上来的"菜"很有味道，9 次理论课程、4 次现场教学、1 次分组讨论，外加今天的结业交流，多学科、多领域、多菜系、多口味，内外兼修、动静结合。有静静地听、有细细地看，有课间随心的交谈、有系统的小组讨论，有深邃的理论分析、有形象的案例介绍。面对这些"美食"，我们大快朵颐，尽情享受这场味道多元、营养丰富的思想盛宴。因此有同学说：七天来，身体长胖了不少。其实，大家不仅身体长胖了，思想也长胖了，长得更丰满、立体了。

二、"浙"七天，理论的"浓度"很高

马克思在《〈格尔法哲学批判〉导言》中写道："理论在一个国家的实现

程度，决定于理论满足这个国家的需要的程度。"我们这个班50多个同学，清一色来自省级机关，全是处级干部，尽管大家岗位不同、职责分工上有差异，不见得是搞理论研究，但不可否认的是，或多或少都要参与政策制定、文稿起草，再退一步讲，也要贯彻执行上级政策、科学指导下级开展工作，理论的重要性、必要性不言而喻。如果没有深厚的理论素养，一定是干不好工作的。很幸运，很多讲课老师都是理论上的"大咖"，不管是卢教授、夏教授、宫教授、郑教授、张教授，还是张书记、厉厅长、华博士，他们都能深入到理论本源，钩沉发微、问本思源、深入浅出，把理论的本质讲通、讲透，讲得有声有色。前天，我在日记里感慨："夏教授的讲课就是一场单口相声，讲得娓娓动听，听得津津有味。"他们的讲课，涉及宏观经济学、法理学、社会学、政治学、管理学、心理学理论，"浓度"高、"后劲"大，耐嚼、耐品。

三、"浙"七天，学习的"劲头"很足

开学那天，省委组织部保巡视员在开班动员会上要求大家转变角色、珍惜机会、严守纪律。"浙"七天，大家做到了，放下身段，老老实实当学生，认认真真记笔记。大家受张书记的鞭策，展现了良好的学风，课堂纪律非常好，没有一个同学请假，没有一个同学旷课。大家就像郑教授期待的那样，以"空杯"心态，用眼神与老师交流，用微笑与老师互动，如饥似渴地听讲。不仅如此，很多同学都克制住了出去欣赏杭州美景的冲动，"躲进小楼成一统"，"宅"在宿舍里读书、学习、思考。感受最深的是，分组讨论那天，杨处长还担心大家走过场、不认真，殊不知每个同学发言都很认真、有感而发、深刻且系统，从一点多钟交流到三点多钟还觉得不"尽兴"，学习劲头不可谓不足。

四、"浙"七天，打开的"脑洞"很大

开学那天，宣传部的梅处长调侃自己名字为"没学会"，担心学不会。然而从小组讨论和今天结业分享情况看来，大家显然都学会了，并且学得很好，学有所得、学有所悟，打开了很大的"脑洞"。就拿我来说，这几日一直在思考：什么是治理？科学的治理该从哪里着手？遵循什么规律？通过学习，我有几点感悟，用六个字来概括：理想、理论、理解。具体已在分组讨论会上讲过了，这里不展开讲。值得探讨的是，治理的"理"字，在《说文解字》中从"玉"从"里"，本意是把石头剖开并雕刻好。可见，治理是由内而外进行的，欲治人者，必先治己。因此，我愈发觉得宫教授那句话说得太好了——"治理的力量来自学

习"，我加了一句"学习的灵魂在于思考"，把学习和思考结合起来。大家可能都有一个印象：江浙一带的干部都很能讲，侃侃而谈，说话像百货大楼卖衣服——一套一套的。这次上课的张书记、宫教授、厉厅长就是代表，是江浙干部的缩影。仔细分析，他们有个共同点：善于学习，坐下来能写，站起来能说，走出去能干。用张书记的话说，就是有"两本"：本分、本事。然而本事是天生的吗？肯定不是。是通过后天刻意学习得来的。有道是"非学无以增智，非学无以长才"，这是至理名言啊！

五、"浙"七天，拓展的"眼界"很宽

前天，郑教授说过一句话，我觉得很好，就是"干部教育不是解决怎么干的问题，而是解决怎么看的问题"。作为处级干部，经验、方法固然重要，但看待问题的角度、思维、格局更加宝贵。"浙"七天的学习，我们开阔了眼界，学会了"怎么看"，仿佛我们的眼睛上多了一面多棱镜，可以从不同的维度思考问题，从而看到不同的"图景"。找到了观察"十四五"宏观经济形势的视角，学会了如何看事物的本质、如何看待正义、如何看待权力、如何看待领导能力、如何看待风险。"浙"七天的实践教学，让我们"开了眼"。安吉余村，告诉我们如何将"绿水青山"一步步变为"金山银山"，如何从"理论"到"实践"，再到"理论"形成闭环。枫桥近60年的实践，告诉我们如何总结经验、迭代经验，如何以人为本推进基层治理创新。云栖小镇和城市大脑，给我们展示了一个运用新技术推动治理能力和治理体系现代化的应用场景。

六、"浙"七天，能力的"提升"很快

开学那天，我讲过一个观点：本次培训班本身就是一次治理能力和治理体系现代化的实践。今天，我依然这么认为。郑教授讲，领导干部的治理能力和素质包括知识、方法、习惯、胸怀四个层面。张书记建议我们遇到问题要冷静、保持定力，善于用"大概率思维"应对"小概率事件"。事实上，这次培训班已经考验了大家的思维、习惯、心态、方法。一个典型的例子：出发前一天晚上，我们突然接到飞杭州的航班临时取消的消息，那时候已近12点，大家很担心票务公司下班，来不及改签。第二天就要出发，怎么办？这个时候，省委组织部的杨处长、浙江大学的老师们沉着应对、果断处置，调整航班，杭州飞不了，就改飞义乌。各位同学也不慌不乱，有序办理了机票改签手续，虽然有的同学"折腾"到凌晨两三点钟，总算平稳应对了一次"出行危机"。正所谓：窥一斑而

知全豹，观一叶而知秋。从这件"小事"的处置上，能够看出大家"猝然临之而不惊"的能力和素质，这就是治理能力的体现。这七天里，班里为了做好管理、服务，分别组建了班委、明确了职责，利用信息手段，拉起了班级群、班委群、小组群，通过微信提升管理效率，效果很不错。微信的运用，无疑就是推动治理能力和治理体系现代化的一种方式。

七、"浙"七天，收获的"情谊"很真

这七天，同学们一举一动都很有"温度"，大家相互关心、相互帮助，哪怕只是在课间顺手倒上一杯水，哪怕是相互递上一支香烟，都传递了满满的同学情谊。记得在嘉兴南湖学习那天，有位女同学不小心摔倒了，马上就有同学冲上去搀扶。在安吉余村那天，有位同学上车撞了头，大家送去了温馨的问候……可以说，"浙"七天，我们 50 多个人组成了一个"学习共同体"，这段学习的"人生代码"，已写入了每个人的记忆"内核"，不管今后大家走到哪里，谁也不可否认我们曾经是同学。我也坚信大家会把这份同学情永远珍藏在心。马克思说过：人是一切社会关系的总和。参加培训的同学，来自 50 多个厅局，50 多个社会关系加起来，必然为治理能力赋能。

令人感动的是，这七天里，浙大继续教育学院为我们作了完美的课程设计，提供了便利的学习、生活条件，斯老师、蔡老师为培训操了很多心，省委组织部领导自始至终陪着我们，给了我们学习强大的组织保障。我提议，大家用热烈的掌声来表达对他们的衷心感谢！

治理的力量来自学习，学习的灵魂在于思考。浙江大学校长竺可桢跟学生讲过："诸位在校，有两个问题应该自己问问：第一，到浙大来做什么？第二，将来毕业后要做什么样的人？"这是两个永远都值得思考的问题。我想，我们来这里培训，不在于得到眼前的"面包"，而在于让所得到的面包更有味道。这种味道，应该是真理的味道，获得方法是：学会学习、学会思考、学会品味。

希望大家回到工作岗位后，把学习的精神带回去，把思考的习惯带回去，从"治理"的本质开始、从"治理"的初心出发，由内而外破译"治理能力"的密码。

在此，祝大家工作顺利、身体健康，永远记住这份同学情谊，聚为一团火，散为满天星！

谢谢大家！

第35课　脑中有窗口，文里有亮光

——发现工作亮点的"4只眼睛"

一、留心各样的事情，多看看，不看到一点就写。二、写不出的时候不硬写。三、模特儿不用一个一定的人，看得多了，凑合起来的。四、写完后至少看两遍，竭力将可有可无的字、句、段删去，毫不可惜。宁可将可作小说的材料缩成 Sketch，决不将 Sketch 材料拉成小说。五、看外国的短篇小说，几乎全是东欧及北欧作品，也看日本作品。六、不生造除自己之外，谁也不懂的形容词之类。七、不相信"小说作法"之类的话。八、不相信中国的所谓"批评家"之类的话，而看看可靠的外国批评家的评论。

——鲁迅

本课导读

在机关里有句话：干得好还要说得好，写得好。意思就是说，不仅要会干工作，还要会亮成绩。亮好成绩是写材料者的一项重要任务。不管是写工作报告、信息简报，还是写汇报材料、工作总结，都有一大块内容是要写成绩的。成绩写好了，稿子成了一大半；写不好，就过不了关。所以，能够写出亮点是评判材料好坏的一个重要标准。问题是，写出亮点不是一件容易的事。这些年，一到写总结的时候，就有朋友来问我："怎样才能找到工作亮点？"我对这个问题进行了研究，从"有与无""多与少""快与慢""优与劣"四个维度进行了总结。需要说明的是，这只是四个基本的思考维度，针对具体问题，还要大家去实践。

本课核心观点

- ■ "有无"之眼
- ■ "多少"之眼

- ■ "快慢"之眼
- ■ "优劣"之眼

一到年底，上级就催材料，今天报这个总结，明天报那个报告，后天还有汇报稿，忙得不可开交。

一说总结，大家都会条件反射，希图在有限文面里，把自家最亮眼的成绩列出来，把最精彩的工作点出来，把精气神提起来。

这个逻辑就像搞晚会，平时干活好比台下幕后，总结则是台上表演。如何将"拿手好戏"精彩演绎出来，呈现给"观众"，很重要。写得不好、把得不准，让人索然无味，观众断然不会喝彩，搞不好还要给"差评"，影响年度考核。

可问题是，年年岁岁"花"相似，却要岁岁年年"稿"不同，很难！写好总结这部年终大戏"剧本"，巧妙采编、剪辑、包装，非常考验笔杆子这个编剧＋导演的洞察力、分析力、判断力、思维力和创新力。

找寻亮点的过程，俨然思维拓展训练过程，充满挑战、想象和创新。

十多年前，我还在基层工作时，参加了一次团委组织的拓展培训，有节课是让 200 多号学员从同一道拱门鱼贯而过。

开始，大家以为简单，嘻嘻哈哈不以为意，没觉得有难度，以为不过就是体能训练罢了。可当老师把条件摆出来那一刻，笑不出来了。

什么条件？

就跟写总结一样，每个经过拱门的人姿势不一样，前后不能重复，否则就得重新来过，后面的人等着，直到你过去为止。

一旦谁过不了，整个进程就卡死了，现场一两百双眼睛会齐刷刷地盯着你，有催促，有鼓励，有期待，无形中给人施加了巨大的压力。所以，对每个当事人来说，这种压力，正在激发每个人的想象力和创造力。

最先经过的学员还好，越到后面难度越大，因为可用的姿势越来越少，你能想到的姿势前面的人都用了，又不能重复，只得另辟蹊径。很多人急得抓耳挠腮，憋得脸红脖子粗。

我也很"不幸"，排在后段，走了好几次都没通过，铩羽而归。最后，还是小队队友帮忙，想了一个十分怪异的姿势才算过了那道门。

第一轮勉强算过了。到第二轮，前面的队友也招架不住了，难度越来越大，通过的人越来越少，大家真正尝到这个训练的"厉害"了，脑中打出几个大大的感叹号！

这说明什么？说明用创新的方法做常规的事是很难的。

在这个过程中，很多学员的表现虽然"雷"人，却很开脑洞，得到了老师点赞。那些奇思妙想所折射出来的，是人家思考问题的维度和层次，是创新的思维，观察事物的角度。

说实话，当时的我思考问题过于局限，只会在一个维度里思考，一股脑考虑"形体动作"上的不一样，这是最低阶的思维。而很多同学呢，不局限于形体，而是在多个维度上思考，比如有的唱着歌过，有的换套衣服再过，有的结伴而过，有的找了道具，扛着"枪"冲过，有的装成伤员被人抬过、扶过，千变万化，不一而足。可不管如何变化，都达到了"通过方式不一样"的目的。

这对我触动很大，事后我进行了认真复盘，颇受启发。这些年写材料，但凡遇到总结，脑海中总像放电影一样，把当年过拱门的场景再现一遍，反复提醒自己：一定要打开视野，多维度思考问题。

写作实践中，很多朋友都会焦虑抱怨说，"总结年年写，领导要求年年创新，写出亮点，实在太难为人了，哪有那么多亮点可写啊！"

这个考验跟过拱门训练何其相似啊！它们的底层逻辑都一样，即"标新立异"。

记得法国艺术家罗丹说过："世界上不缺乏美，只缺乏发现美的眼睛。"其实，写作中同样不缺乏亮点，只缺乏发现亮点的眼睛。

面对任何一个事物，只要从不同维度审视，都能获得不同感观。正所谓"横看成岭侧成峰，远近高低各不同"，总结提炼工作亮点也如此。只要善于比较、分析，总有写不完的亮点。因为从科学视角看，所谓亮点，无非就是因为颜色、光线等的对比而产生的视觉差异。说直白一点，有对比就有明暗，就有亮点。

鉴于此，我总结了四只比较的"眼睛"，供大家寻找亮点使用。

1. "有无"之眼

"有无"是看事物"从无到有"的变化，这种变化是"里程碑"式的，属于质变范畴。这种变化最具说服力和视觉冲击力，"亮度"最高。

通常，有无可从两方面理解：

一是有些工作是之前没有人干过的，你干了，那就是突破，就是首创，属于"从无到有"的亮点。二是有的事情一直有人干，但没进展，而你们取得了"零的突破"，那就是亮点，这在科研领域比较普遍。

对比可从纵横两个维度展开：

纵向看以往没有做的事情，现在做到了，就是亮点。横向看别人没有做到的，你做到了，也是亮点。

请看下面的实例：

例1：抓好防控物资补短板，全省医用防护用品生产企业增长到72户，其中一次性医用口罩生产企业达到54户，日产能从5万只增长到1500万只，增长了近300倍，创造了高效组织生产的奇迹，医用防护服、额温枪、核酸检测试剂盒等实现"零突破"，全省防疫物资产业链基本健全、基本具备自给能力，正向满足周边国家需求的目标迈进。

这是某省2020年度工作报告里的一段话。由于疫情防控的需要，2020年，全省医用防护服、额温枪、核酸检测试剂盒等实现了从无到有的突破，所以将之作为一个亮点来呈现。

例2：八大产业"三张牌"取得多点突破。一大批水电硅材、水电铝材重大项目签约落地或投产见效，北汽云南汽车资质整合取得重大进展，江铃汽车、五龙氢燃料客车顺利下线，生物技术药、现代中药和仿制药发展取得重大突破。

项目签约、落地、投产，重要产品下线等都属于"从无到有"的突破，所以也作为亮点写进报告里。

例3：产业规模实现新提升。信息、先进装备制造、消费品3个产业主营业务收入突破千亿元，工业千亿产业达到7个。

产业突破千亿，是一个里程碑式的成绩，也是一个"从无到有"的过程。

2. "多少"之眼

"多少"是从数量维度上审视，关注的是工作成绩在数量上的差异，属于量变范畴。

这个维度很容易理解，因为工作成效大部分是定量的，都能通过数字表现。

拿工业来说，定期都有经济运行指标，如工业增加值完成多少亿，规上企业有多少家、产业产值多少亿等。通过对比，能看体量的大小和排名的位次。

多少维度也是纵横两方面对比，横向看比兄弟省区多还是少，纵向看比去年增加多少。一般来说，高出的量越大，亮点越"亮"。

请看下面的实例：

例 4：加大清理拖欠民营企业中小企业账款工作力度，全年清偿无分歧欠款 163.39 亿元，提前两月完成清欠任务，速度居西部前列，在欠款总额最大的三个省份中排第一，两年来累计清偿 525 亿元。

例 5：民营经济跃上万亿元台阶。全省民营经济增加值完成 10955 亿元、增长 8.7%，拉动全省经济增长 4.1 个百分点，对经济增长的贡献率达 50.6%，占全省经济比重达 47.2%。

例 6：2018 年全省工业经济运行呈现"高开稳走、稳中有进"态势，主要指标好于预期、高于全国，全年规模以上工业增加值增长 11.8%，较去年提高 1.2 个百分点，高于全国 5.6 个百分点，位居全国第 2 位，增速为近 5 年来最高。

3. "快慢"之眼

快慢属于速度的范畴。

有一些事情是难以量化的，对于这样的工作怎么发现亮点？办法是，用"快慢"之眼看速度，比节奏。

比方说，你在干工作时态度比较好，动作比较快，先人一拍、快人一步，完成得比较早，虽然工作没有质和量的差别，可是你效率高、速度快、完成得早啊！值得大书一笔。

这就是我们经常能看到电视上某某工程提前完工了，某某单位提前实现"十三五"目标之类报道的新闻逻辑。

不仅如此，抓工作的频率也可作为亮点。比如，一些抓安全抓环保的单位，别人一月一检查，他却能做到一旬一检查，甚至一日一检查。频次越高，说明工作越努力，态度越好，作风越实，也是亮点嘛！

请看如下实例：

例7：2019年，我市完成剩余的745户1715人的脱贫任务，实现存量贫困人口全部脱贫目标。目前，全市建档立卡贫困人口25947户96549人已全部脱贫退出，我市提前一年完成脱贫攻坚任务。

例8：2020年临沂城区24段黑臭水体全部通过省级"长制久清"评估。启动城市生活垃圾分类，垃圾无害化处理率100%。在全国率先建成城市综合管理服务平台，兰山区入选全国水系连通及农村水系综合整治试点。

例9：率先在全国建立重点保供企业贷款需求名单推送制度，争取115户企业进入全国保供企业名单，累计帮助1.73万户企业获贷款近3800亿元。

4. "优劣"之眼

优劣是对态度、方法及效果的定性评价。

有些同志写材料，不善于总结，得不出自己的判断，很大程度上是缺乏判断力。判断力怎么来？关键就是手中握有基本的标尺。标尺找到了，优劣就出来了，优劣一出来，亮点也就跟着闪现出来了。

于是，问题就归结到，"判断优劣的标尺在哪里"这个问题上。

其实判断工作优劣的标尺很多，比如，表彰奖励情况，上级领导、群众的评价情况，甚至媒体宣传报道情况。

请看如下实例：

例10：2020年临沂脱贫成果得到提升，贫困群众年人均纯收入达到7514元，稳定超过省定脱贫标准，在国家彩票扶贫项目绩效评价中获得全国第1名。

例11：在这场艰苦卓绝的历史大考中，全系统1个集体被评为"全国抗击新冠肺炎疫情先进集体"，4名个人受到工信部表彰，4个集体、3名个人受到省委、省政府表彰。

例12：12月25日，省委书记在调查报告上作出重要批示，充分肯定了我县产业脱贫工作经验，要求进一步深入调研，在全省推广。

以上三例中，"在国家彩票扶贫项目绩效评价中获得全国第 1 名""先进集体""表彰""省委书记肯定"这些都可以作为判断工作优劣的标尺，只要有，都是亮点。

以上"四只眼睛"，其实就是对比分析事物的四个维度，是比较常用的几种，实际写作中还有很多维度可以用。还是那句话：工作不缺亮点，只缺发现亮点的眼睛。

第 36 课　30 分钟即兴写就的感言
——一次课后感言引出的 5 点感受

人的正确思想是从哪里来的？是从天上掉下来的吗？不是。是自己头脑里固有的吗？不是。人的正确思想，只能从社会实践中来，只能从社会的生产斗争、阶级斗争和科学实验这三项实践中来。

——毛泽东

本课导读

在公众号"一纸文章为时著"里，有读者朋友建议我，在分享写作方法和经验的同时，多分享一些我写过的文稿，好让大家直观感受我写的稿子是什么样子，与理论结合起来，更有利于学习提升。问题是，工作中的稿子都是"公"文，不是"私"文，且见人见事、牵扯面广，不便公开分享。正好，2020 年 6 月，我受临沧市政协邀请去讲了一天课，回来后，我写了一篇一千多字的即兴感言，后来发在了市政协的微信公众号上。本课就以此文为例，谈谈即兴感言写作的五点感受。

本课核心观点

- 写作无处不在
- 从不缺写作素材，只缺敏锐的眼睛
- 不拘一格地练习
- 结构不要太复杂
- 有感而发

这篇文章属于我一次讲课后的即兴感言。2020 年 6 月上旬，我应临沧市政协邀请，为市政协机关的同志讲课，上午讲《写作，写的是思维——公文写作的十大思维方式》，下午讲《袖手于前，方能疾书于后——公文构思及提纲拟写方法》。感佩于市政协机关同志学习的精神状态，以及市政协领导对文字工作价值洞察之深，对机关干部能力提升关注之切，乃有感而发，乘兴而作。

讲完课后，我马不停蹄，披着夜色飞回昆明。灯下沉思，讲课情景历历在目，令我感慨不已。兴之所至，即打开手机，写下千余字的感言（每日之《行思录》），发在朋友圈里。市政协的同志注意到后，遂将感言发布于政协官方微信公众号上。感言一千余字，相当于一篇致辞的体量，用时大约半小时，一气呵成。

先上正文，然后复盘经验。

洞见写作价值　方能获得写作红利
（2020年6月9日）

昨天，有幸受临沧市政协的邀请，作了一天的公文写作交流。

这次交流的题目有两个：一个是我入选"云岭大讲堂"的主打课，讲公文写作的"十大思维方式"，另一个是刚在《秘书工作》上推出的提纲拟写技巧，我称为"八段锦"。

旅途劳顿，讲了六个多小时，心里担心不合大家口味，还好大家给了我很高的评价，让我很受鼓励，见到自己的思想观点得到认可，能给别人带来启发，我心足矣。

平心而论，临沧市政协在××主席的带领下，全机关开展"大练兵"活动，营造了浓烈的比学赶超、担当作为的干事氛围。更难能可贵的是，领导对文字工作价值的洞见，对文稿工作的重视，对写作人员的培养，用实实在在的行动，转思想，转方式，转作风，推进机关的"第五项修炼"，令人敬佩！

这次临沧之行，我有四点感受：

第一，一个单位最正的能量，不是喊多高的调子，而是树立一种导向、倡导一种精神。这种导向和精神，体现在对人才，尤其是对笔杆子的尊重、对知识的向往、对创造力的激发，这无疑是高明之举。

第二，一个单位最大的活力，不是具有多少能人、高人，而是具有空杯心态。心态能够决定状态，也能改变状态。在我看来，所谓空杯心态，其实就是"知道自己不知道"，这种心态是苏格拉底式的智慧，它能使人虚怀若谷，谦虚而低调。

这一点，从临沧市政协的秘书长、办公室主任、机关党委副书记和几位副秘书长一天之中真诚的聆听就可见一斑，我确认过眼神。

第三，一个单位最有效的人才培养方式，不是把人送到多好的学校，而是形成一种"传帮带压学"的机制。对于笔杆子的培养，尤其如此，哪有会了才去写的呢，都是写了才会。有了良好的机制加持，就像给大家建造了无形的学校，身在其中的人，能在干中学、在学中干，自然进化和迭代。这一点，临沧市政协做得很好。他们有文稿评比机制，有每日学习交流机制，有一帮有经验的"师傅"，有一帮虚心向学的"学徒"。学习的机制一旦建立，就会激发良性循环，继而产生"飞轮效应"，这比任何一所学校都好。

第四，一个单位笔杆子最幸福的事，不是能写出多好的文章，也不是能得到领导多丰厚的褒奖，而是单位领导对写作价值的洞见、对文字工作的深刻理解，这是一种战略上的重视。愚以为，哪位领导能真正洞见写作的价值，谁就能获得写作红利，获得思想的回馈，并且这种洞见越深，红利越多。从临沧市政协各位同志的精神状态来看，很显然，这个单位获得的红利匪浅。

在此，祝临沧市政协各位笔杆子工作顺利，年年风调笔顺、个个巨笔如椽。

通过这篇短文，我谈几点感受。

1. 写作无处不在

若想练笔，千万别抱怨没机会。

事实上，工作或生活中有的是机会。只要你有训练的意识，每个场景、每次经历，每读一本书，每见一个人，都可以写，也可以从任何你喜欢的角度去写，不要拘泥于形式。只要你想，哪怕在地铁上，哪怕只有 10 分钟，哪怕只谈几点感受，发个朋友圈，没什么不可以。最重要的是，你在这个过程中思考了、分析了、体会了。

所以，我建议初学的同志务必养成动脑、动笔的习惯，有"刻意练习"的意识。比方说，有很多同志每天都会转一些好文章，这个时候不要一转了之，不妨谈谈自己的感受，形成自己的观点，并尽量系统化、条理化、个性化，麻烦点不要怕，久而久之、日积月累，时间的函数一定会给你一个大大的"值"。送大家一句话：做一个优秀的笔杆子，最好的时间在十年前，其次就是现在。

2. 从不缺写作素材，只缺敏锐的眼睛

有些同志经常抱怨写作过程中没东西可写。

我看不然，不是"没"东西，而是没"看见"东西。事实上，不管是写公文也好，写"私"文也罢，材料不在别的地方，就在你眼睛里，在你大脑中。一旦你打开脑洞，素材非常多，但凡所学、所思、所察、所悟、所感，皆可入文。关键是你要有意识地"看见"它们，否则它们从你眼皮底下溜走都不知道。

怎么才能"看见"呢？

这就需要大家平时养成勤于思考的习惯，哪怕是喝水呛了一口、走路摔了一跤，哪怕是看到一则奇闻逸事，听到一个"狗血"故事，都该按下你思考的"按钮"，想一想是什么、为什么、怎么办、与我何干，不要想写多少字好，其实写 200 字或 300 字都无所谓，关键在于洞察、洞见。这就是公文写作不可或缺的分析能力、研究能力，一旦习惯成自然，你的写作之路就通了。

3. 不拘一格地练习

有些朋友以为，成为公文高手，必然只能天天泡在公文里，对着一摞摞红头文件来练，那才是正道。

我看未必。

学什么就有针对性地练什么，这是没问题的，以前我也这样练过。问题在于，学什么就只知道练什么，这就局限了。其实，不管应用文写作还是文学写作，本质上都是写作，是文字表达方式的一种。只要能够训练表达能力的方式，都可以尝试。

事实上，很多人都是这么练习的。有很多写小说的人为了训练语感，常常练习写诗。古代一些武术名家为了练好本门功夫，通常会去参详其他门派的特点，融会贯通。很多公文高手，业余都会写一些散文、随笔、日记等作品。就拿我来说，我每日坚持写日记，把学、思、践、悟都写下来，编为《行思录》，每年一本，上面那篇感言也算是当日的日记。这种方法对表达能力的锻炼很有效，大家不妨试试。

4. 结构不要太复杂

据我个人经验，即兴感言一般都短，往往几分钟、1000~2000 字，追求短、平、快。

所以，写这种文章，结构上一定不要叠床架屋、层层嵌套。每个观点甚至可以不需再用标题来概括，开门见山、直陈观点更好。整体结构上，可用平行结构，或者递进结构，只要铺排有序，让读者容易理解就是好的。就像我这个感言，讲四点感受，平行抛出，谁先谁后都无所谓。

大家在工作中遇到这样应景性文章的时候，一定要把握这个原则。这种文章最典型的就是新年致辞，有兴趣的同志可以研究一下这些年习近平总书记及各大报刊、媒体的新年致辞，看看人家是怎么写的，如果换作你会不会这样思考。

5. 有感而发

古人说：感人心者，莫先乎情。

这个观点我是很赞同的。在我看来，感言，感言，感字当头，一定是先有了感受，才能引发感动。而感字又是以"心"为底，暗示了感受是发自内心的，不能无病呻吟。

怎么才能发出真情实感呢？

很简单，那就是来自实际，把话说到点子上，说应景的话，挠到读者或听众的痒处。比如，我在文中特意点了市政协"大练兵"这件事情，点到他们的文稿评比机制、每日学习交流机制，还谈到几位领导"专心听讲"的情景，目的就是让感受更真实、更具象、更可信。

后　记

走得再远，都不能忘记来时的路。

五年以后，回首写作过程，感触良多。原想两年写完，没想写了五年，可见当初是多么低估写作之难啊！

令人欣慰的是，这五年心血浇灌的小树苗，终于开了花，结了果。对我来说，这五年是一个破茧成蝶的修炼过程。

五年前，一位好友建议说："你干了这么多年文字工作，别只顾独善其身，应该把经验好好总结一下，分享给大家，帮大家提升写作能力嘛！"还说："如果大家写作水平都提升了，至少你也不用那么辛苦了。"

我一听，觉得有理，盘算道："这事既可以'造福'别人，也可以惠及自己，何乐而不为呢？"于是打着这个"小算盘"开始了。

一开始，我的"野心"很大："不写就不写，要写，就写出点水平来。"我不满足于写一些"零散"的小文章，而是立志于写一本系统化的专著，雕刻出自己的思想，展现出自己的风格，甚至开辟一种新的公文写作范式。

2017年新年伊始，我着手谋划，花了很长一段时间思考写什么、从什么角度切入、采用什么结构体例、塑造怎样的写作风格、如何让读者喜欢这种风格、怎么让读者认同我的观点等问题。

为此，我周末经常到咖啡吧里，找个靠窗的位置坐下来，点上一杯卡布奇诺或热的蜂蜜柠檬茶，呆呆地啜饮着，以便放松自己，让思绪自由跑动。从一开始，我就有个强烈的想法，不能人云亦云，做文字的"搬运工"，仅仅让文字做空间位置的改变，也不能板起面孔说话，做苍白的"说教者"，讲那些令人生厌的教条和规范，更不能仗着自己是文字工作的"过来人"，不分青红皂白，强行兜售难以复制的个人经验。我憧憬着做一个有思想、有情怀的写作者，做一个不怕酸的人，我想让我的文字亲切些，柔软些，让它们真正会说话，帮我宣扬文字工作者的精神、文字工作的情怀；我想让我的文字有见地，把是什么、为什么、怎么办讲清楚，透过现象，把底层逻辑揭示出来；我想让我的文章变得有趣，变得对大家有启发，让思维变得有"活性"，让自己变成一个有优美姿势的"思考者"。

"最好的服务，是带你去你不知道的地方。"

这是知识大咖罗振宇在《时间的朋友 2016》跨年演讲里说的一句话。我深有同感，大家都知道的地方，何须人带呢？

问题是，什么才是大家不知道的地方？

这个问题我也不知道，但为了搞清这个问题，我做了大量调研和观察，同上百个同行交谈，买了不下百本写作书来研究，目的就是看哪些地方是人家已经知道的，已经有人带了。这几年，我的办公桌和书架上，升起了一摞一摞的参考书，几乎要把我淹没了。五年多来，我把自己完全交给了这个问题，一门心思搞研究，就看实践中大家都在怎么对待写作、有什么困惑、有哪些现象，看书本上作者如何解构写作、如何带领大家去领略写作，看理论和实践到底在哪里脱节了，根源是什么……为了塑造一个全新的自己，我先把自己放空，以"空杯"心态开始学习，以"输入"支持"输出"，以"输出"倒逼"输入"，思考什么是公文、为什么写公文、写作的本质是什么、写作与社会实践是什么关系，尽量从理论的原点出发，多向度延伸思考，扩大认知的半径。

几年下来，我走出了自己的"舒适区"，在理论和思考的滋养下获得了自我完善，与之前仅凭经验写作的我相比判若云泥，最重要的是，我看到了以前不知道的地方——跨界思维。

经反复斟酌和无数次的思想试验，越来越觉得，写作的本质是思维活动，若想理解写作，必须研究思维、突破思维藩篱。我毅然决定跳出文稿看文稿，尝试用跨界思维思考写作，融汇多学科理论，把风马牛不相及的事物联系起来，发现了很多以前"不知道的地方"。

发现"新大陆"后，我便开始"远航"。这五年多，近 2000 个日夜，我采取"零敲牛皮糖"战术，一字一句地想、一篇一篇地啃，死缠烂打，完成了 70 余个小课题的研究，写下了 40 余万字。刚开始，一个小课题要花很长时间来构思、起草和打磨，最长的写了三个多月。

这五年里，我就像蜗牛一样，慢慢在格子上爬行。然而，我没有着急，我还记得老家有句话叫不怕慢，就怕站。正如有人说的"最慢的步伐不是跬步，而是徘徊；最快的脚步不是冲刺，而是坚持。"做任何事情，只要盯着不放，坚持下去，哪怕慢一点，也能抵达。所以，我在 2017 年日记开篇写下一句话：上了路，就不要怕遥远！

这五年，每完成一个课题，我都及时同大家交流，以求获得反馈，进而修正认知。几年下来，我的微信公众号"一纸文章为时著"有了数万粉丝，在《秘书工作》《秘书》《应用写作》等核心期刊上发表文章 30 余篇，还在"云岭大讲堂"上做了分享，得到大家好评。这个过程形成了一个知识运转的环，如同一个转轮，第一次闭环，第二次让轮子转起来，转一圈加点力，一圈又一圈，越转越快，形成了"飞轮效应"，认知也跟着迭代升级了。

这五年很苦，我支付了太多业余时间，付出了太多机会成本。当别人享受着周末的安逸时，我却在电脑屏幕前手指飞舞，敲动键盘发出嗒嗒的声响；当别人邀朋相聚，举杯畅饮、谈笑风生时，我独坐沉思，为一个灵感寻找安身之地。我在地铁上、公交车上都在思考，一旦迸发了灵感，便会立马记下来，即便骑着自行车，也毅然为之驻足。五年下来，视力下降了一百多度，然而我坚信这是有价值的，我愿意用视力的模糊换得思想的清醒、清晰。

有朋友问我，这值吗？我说：当然值。

在我心里，写作既是思考问题，也是研究工作的过程，它不仅是工作的方法，也是人生的态度，甚至可以说是一种修行。通过写作，人可以实现自我相处、自我雕刻、自我迭代、自我进化。正如黄奇帆先生在《分析与思考》一书中写的："授业解惑是人生再学习再研究最好的生活方式，是最好的人生归宿。""为了不误人子弟，每次授课前我都会做大量的调查研究，对逻辑思路仔细推敲，不清楚的问题查阅资料、咨询专家学者；一定要对数据、案例逐一核对、验证，确保引用的数字准确无误，课程内容没有纰漏；发表的观点在角度、高度、深度上下功夫，做到不拾人牙慧、道人所未道；为了找到问题的对策，我常常思考工作到深夜，这个过程虽然枯燥，也蕴含着无穷的乐趣。""与教授知识相比，我更注重教授解决问题的思维方法。"我很赞同这样的观点和态度，虽不敢与黄先生相提并论，但不妨碍我与他持有相同的人生态度和体验。

这五年多来，得到了单位领导、同事的大力支持，尤其是处里的同志们，不仅为写作提供直接帮助，还提供写作灵感和生动的实践样本，有的同志还为我勘正错误、编排文本，在艰难跋涉中给我力量。

这五年多来，得到了诸多好友的帮助，有的当发表文章的伯乐，有的为出版鼎力相助，这种友情甚至比书的出版本身更有价值。这几年，每当我有文章分享，都有一些朋友鼓励我，溢美之词不仅饱含着满满的善意、极高的温度，还有蓬勃的力量，推我向前、给我赋能。

这五年多来，感谢家人对我的支持，尤其妻子以高远的格局纵容我"不务正业"，总是原谅我常常因沉溺思考或独坐写作而忽略的陪伴，最为难得的是，为我校对文章，提出意见，不厌其烦地褒奖，源源不断地向我输出写作的动力和信心。

这五年间，我过了不惑之年，始终不敢忘记母亲的养育之恩，她像故乡的山，在我心里，永远那么巍峨、那么淡定、那么无私，永远包容一切，这就是"大山精神"——耐得住寂寞、守得住清贫、经得住诱惑，也正是笔杆子不可或缺的基因。我之所以要在《公文写作 32 讲：从思维构思到笔法语言》一书的后记里写我的母亲，就是为了礼赞这种精神。

最后，由于水平有限，难免有错误之处，敬请大家批评指正！

薛贵辉

2022 年 4 月